KB236448

천재적 공부법

케임브리지 뇌과학 박사의
천재적 공부법
il metodo geniale

1판 1쇄 펴냄 2026년 3월 2일

지은이 줄리오 데안젤리
옮긴이 김지우
발행인 김병준 · 고세규
발행처 생각의힘
편집 박소연 디자인 김경민 마케팅 김유정 · 신예은 · 최은규

등록 2011. 10. 27. 제406-2011-000127호
주소 서울시 마포구 독막로6길 11, 2, 3층
전화 편집 02)02-6925-4185 영업 02)6925-4188 팩스 02)6925-4182
전자우편 tpbook1@tpbook.co.kr 홈페이지 www.tpbook.co.kr

* 책값은 뒤표지에 있습니다.
* 잘못된 책은 구입하신 서점에서 교환해 드립니다.

ISBN 979-11-94880-43-1 (03190)

케임브리지 뇌과학 박사의
천재적 공부법

줄리오 데안젤리 지음 | 김지우 옮김

우리 뇌의
잠재력을
폭발시켜라

생각의힘

나에게 각별한 우정을 나눠주고,
아버지 같은 따뜻함으로 늘 감동을 주며,
내 삶과 앞으로의 계획에 큰 영향을 준
귀도 바릴라에게 이 책을 바친다.

차례

일러두기

1. 단행본은 겹화살괄호(《》), 영화, 기사, 노래 제목 등은 홑화살괄호(〈〉)로 표기하였다.
2. 각주는 모두 옮긴이주다.
3. ◉ 기호의 내용은 한국어 독자의 이해를 돕기 위해 예시를 든 것이다.
4. 인명 등 외래어는 국립국어원의 표준어 규정 및 외래어 표기법을 따르되 일부는
   관례와 원어 발음을 존중하여 그에 가깝게 표기하였다.
5. 국내에 소개된 작품명은 번역된 제목을 따랐고, 국내에 소개되지 않은 작품명은
   원어 제목을 독음대로 적거나 우리말로 옮겼다.

뇌를 알면 공부라는 고통에서 해방된다

"너 자신을 알라." 높은 곳을 향해 비상하고 싶은 인간의 가장 오랜 염원을 담고 있는 다분히 파우스트적인 명언이다. 우리가 주변에서 일어나는 일을 제대로 이해하려면, 뇌가 어떻게 작동하는지 알아야 한다. 공부도 마찬가지다.

사실 나는 학창 시절에 내게 얼마나 큰 행운이 따랐었는지 이제야 깨달았다. 대학교에 입학할 때 신경과학을 어느 정도 알고 있었고, 이러한 배경지식은 학습 루틴의 방향성을 잡는 데 도움이 되었다. 대학교를 막 입학한 첫날만 해도, 그로부터 6년 후에 이탈리아 최초로 다섯 개 전공 학사 학위를 평균 점수 만점으로 수료하게 되리라고는 상상도 하지 못했다. 여기서 확실히 짚고 넘어갈 점은, 내게 무슨 엄청난 초능력 같은 것이 있어서 이러한 성과를 이루어낸 건 아니라는 사실이다. 다섯 개 전공 학위 수료의 비결은 나만의 학습법이다. 돌이켜 보면, 불과 얼마 전까지만 해도 나는 뇌와 기억력의 중요성을 제대로 알지 못했던 듯하다. 내게 초능력이라고 부를 만한 것이 있다면, 그

건 모두 신경과학 덕분이다. 나는 뇌를 앎으로써 나 자신을 알게 되었는데, 그것은 내 학우들 대부분은 받지 못한 소중한 선물이었다.

공부가 어려운 이유는 간단하다. 인간의 진화가 공부를 돕기 위해 진행되지 않았기 때문이다. 학습은 인류의 진화 과정에 아무런 영향을 미치지 않았다. 주상화하고, 사고를 정교화하고, 플라톤적 이데아 계에서 사물을 구축할 수 있는 인간의 능력은 자연의 장난 때문에 생긴 결과물일 뿐이다. 학습은 전혀 '자연스러운' 활동이 아니다. 그렇기에 인간은 본성적으로 학습에 서툴고, 공부하는 과정에서 뇌가 스스로 만들어놓은 수많은 함정에 빠지곤 한다. 우리가 가장 자연스럽고 객관적이라고 생각했던 수많은 학습 방식도 장기적으로는 오류가 있는 것으로 나타났다.

학습 최적화를 위한 전략과 방법은 정교한 신경과학 연구를 통해서만 찾을 수 있다. 이러한 기법들은 우리가 학습해야 할 내용이나 정보를 뇌의 특정 기능을 활용할 수 있는 다른 형태로 재프로그래밍해 준다. 이러한 과정은 당연하지도, 직관적이지도 않지만, 개념적 사고와는 달리 진화 과정에서 우선순위가 주어진 뇌의 특정한 기능을 활용하기에 '자연스럽게' 느껴진다. 다시 말하자면, 학습이라는 본능적으로 서투른 활동을, 수천 년의 진화를 거쳐 우리 뇌가 자연스럽게 수행하게 된 '기억'이라는 활동으로 전환하는 것이다.

올바른 학습법을 모르는 학생들 대부분은 효율적이지 않은 학습법을 택한다. 이것은 아이러니하게도, 우리 뇌의 작동 방식에 부합하는 몇 안 되는 학습 기법들이 모두 반직관적이기 때문이다. 예를 들어 사람들은, 기억력이란 비디오 카메라와 같아서 특정 자료에 많이 노출될수록 기억에 또렷하게 남는다고 생각한다. 기억의 원리가 그렇게 단순하다면 얼마나 좋을까!

통계에 따르면 학생들이 가장 보편적으로 사용하는 학습법은 교과서를 반복적으로 읽는 것이라고 한다. 하지만 이러한 방법은 대놓고 과학에 주먹을 날리는 격이나 마찬가지다. 그 이유는 그보다 훨씬 효율적인 방식[1,2]이 많기 때문이다. 게다가 경우에 따라서는 재독이 기억력 향상에 전혀 도움이 되지 않을 때도 있다. 실제로 특정한 지문을 한 번 읽은 학생들과 여러 번 반복해서 읽은 학생들의 시험 성적에 별 차이가 없다는 사실을 증명하는 다수의 실험 결과가 있다.[3] 여러 번 읽으면 그만큼 기억이 더 잘 날 거라는 잘못된 믿음은 사람들을 현혹하는 미끼에 지나지 않는다.

사람마다 자신에게 맞는 학습 스타일learning styles이 다르다는 이론 역시 학습법과 관련된 잘못된 통념 중 하나다. 시각, 촉각, 청각 등 사람마다 효율적인 이해를 돕는 학습 방법이 다르다는 이 이론은 너무나 당연하고, 그럴싸하게 들리지만, 이에 대한 실험심리학적인 근거가 없다. 더구나 이러한 사실과 정반대되는 결과들이 지속적으로 나오고 있다.[4]

마지막으로 학습법에 대한 세 번째 잘못된 통념은, 어떤 정보를 기억하지 못했을 때 자동적으로 기억의 실패로 결론을 내리는 것이다. 이때도 역시, 우리의 뇌는 예상하지 못했던 방식으로 작동한다. 기억이 나지 않더라도, 정보의 대부분은 이미 우리 머릿속에 굳게 자리 잡고 있을 때가 많다. 정보를 기억하지 못하는 것은 머릿속에 정보가 존재하지 않아서가 아니라 정보에 접근하지 못해서, 즉 이미 존재하는 정보를 인출retrieval하지 못해서이다.[5] 기억 인출에 실패했을 때, 기존에 공부했던 내용을 똑같이 복습해 봤자 소용이 없다. 젖은 땅에 물을 붓는 격일 뿐이다. 기억 인출에 실패했을 때는 단순한 반복 노출이 아니라, 인간의 본능에 반하는 반직관적인 연습이 필요한데, 이러한 연습을 '인출 연습'이라고 한다.

이 모든 것을 '학습력이 부족한 학생들'의 잘못으로 돌릴 수는 없다. 이러한 현상은 결국 전 세계 학교와 학계를 지배하는 그릇된 사고, 즉 열심히 공부하는 학생은 당연히 공부를 잘하고, 열정적인 교사는 당연히 잘 가르칠 것이라는 생각의 산물이기 때문이다. 안타깝게도 이러한 생각은 현실과 거리가 멀다. 사실 학교에서 사용하는 학습법은 다양하지 않을 뿐 아니라, 그마저도 뇌과학 이론과는 정반대일 때가 많다.

뿔테 안경을 쓴 전형적인 20세기 선생님은 '쓰다 보면 외워진다'라고 가르쳤다. 물론, 필기하다 보면 기억에 남는 내용도 있을 것이다. 하지만 적절한 기법을 도입하지 않은 채 무작정 필기만 하는 방법은 효율성 면에서 최악이다. 학생과 교사를 이러한 원죄로 이끈 유혹의 뱀은 관성이라는 이름의 폭군이다. "왜 이렇게 해야 하지?"라는 질문에 "항상 그래왔으니까"라고 답하는 고질적인 인간의 집착이다.

나는 학습에 꼭 필요한 뇌과학 지식을 기반으로, 앞서 열거한 병리적인 현상들을 근절하고, 학습에 대한 올바른 관점이 형성되게 하겠다는 사명을 가지고 이 책을 집필했다. 나는 이 책을 학문적인 여정에서 순풍에 돛을 올린 배처럼 나를 이끌어주었던 마법의 '알약'으로 만들고 싶다. 먹기만 하면, 누구든 '슈퍼 학생'이 되는 그런 알약 말이다. 하지만 그것은 진짜 마법이 아니라 방법의 문제다. 물론 모든 사람이 학습법을 연구하는 학습학자learning scientist가 될 수는 없겠지만, 누구나 지식을 갈구하는 과학적인 학자scientists learning는 될 수 있다.

유년 시절부터 나는 창의적이고 실험 정신이 강했다. 한 가지 일을 하면서도 머릿속으로 오만 가지 생각을 하는 그런 아이였다. 그런 기질은 공부할 때 귀중한 자원이 되었다. 그동안 나 자신을 대상으로 수많은 학습법을 실험했다. 말 그대로 할 수 있는 건 다 해봤다. 그 과정을 함께해 준 나의 소중한 친구들과 동료들은 내 말이 사실임을 증명해 줄 것이다. 나는 기상천외하고 파격적인 학습법을 고안하고 실행하면서 조금도 주저하거나 부끄러워하지 않았다. 지식과 학문, 그리고 궁극적으로는 삶을 향한 나의 사랑이 그만큼 깊었기 때문이다. 심지어는 밤새 딴짓을 하지 않으려고 스스로 의자에 몸을 묶은 적도 있다. 뭐랄까…, "나는 그 정도로 지식을 원하고, 탐닉하고, 갈망했다."

내 패러다임 안에서 공부는 무엇보다 심미적 경험이자, 조화의 탐구이자, 세계를 감싸는 우주의 우아함을 인지하는 놀라운 과정이다. 신경과학의 위대한 원칙을 배우는 것도 중요하지만, 학습의 궁극적인 목적은 우리를 둘러싼 세계가 작동하는 원리를 이해함으로써 문화를 사랑하는 것이다. 그러니 공부를 지겨워하지 말라. 학습을 놀이처럼 생각하고, 새로운 학습법을 시험하고, 과목별로 그에 맞는 학습법을 실험하고, 각자의 특성에 따라 맞춤형 학습법을 연구하라. 창조하고, 변주하라. 내가 이 책으로 당신에게 전하는 내용을 당신의 것으로 만들어라. 무엇보다 전통과 관성이라는 명목하에 당신의 영역을 제한하는 것을 허용하지 말라.

누군가 나에게 '학습법 기본 정리'라 부를 수 있는, 학습에서 가장 핵심적이고 근본적인 원칙이 무엇인지 묻는다면 나는 이렇게 답할 것이다.

"(일반적으로) 모든 수동적passive 학습법은 능동적 학습법보다 덜 효과적이고, 모든 능동적 학습법은 모든 창의적creative 학습법보다 덜 효과적이다."

여기서 수동적 학습법이란 학습자의 직접적인 개입이 없고, 학습자에게 어떠한 형태로든 결과물output을 내라고 요구하지 않는 학습법을 뜻한다. 예를 들면, 필기하지 않고 책을 읽거나, 수업을 참관하거나, 아무것도 하지 않고 발표를 듣기만 하는 행위가 여기에 해당한다. 이와 반대로 능동적 학습법은 밑줄을 긋거나, 형광펜으로 강조하거나, 소리 내어 말하거나, 필기하는 등 학습자의 구체적인 행동을 수반한다.

마지막으로 '학습법 기본 정리'의 최고 단계는 창의적 학습법이다. 학습자가 자신의 지식과 자원을 활용해서 정보를 가공하고, 나름의 독창적인 결과물을 도출해 내는 것을 창의적 학습법이라고 한다. 뒤에서 학습법 기본 정리를 뒷받침하는 실험 결과들이 얼마나 견고한지 확인할 것이다.

이 책에서 각각의 큰 주제는 관련된 신경과학 이론을 소개하는 짧은 장들로 시작한다. 여기에서 나는 당신에게 최선을 다해 신경과학의 최정점에 있는 이론들을 소개할 것이다. 이어지는 장에서는 실용적인 내용을 재미있게 다루면서 일상적인 학습에 필요한 최적의 지침들을 도출하는 데 주력할 것이다. 각 장마다 '나만의 노하우'에서는 학창 시절, 내가 실제로 시도했던 무모한 학습법 중에서 가장 효과적이었던 방법과 함께 나만의 은밀한 비법을 당신에게 고백할 것이다.

이 책을 읽는 데는 며칠 걸리지 않을 것이다. 뇌를 이해하는 것이 내 삶에 큰 영향을 주었듯, 이 책을 읽으며 보낸 짧은 며칠이 '평생 학습자life-long-learners'인 당신의 삶에도 도움이 되기를 진심으로 바란다. 그렇게 '너 자신을 알게 되면서' 언젠가는 당신도 고대 철학자 루크레티우스Lucretius의 말을 빌려 이렇게 말할 수 있기를 바란다.

"해안에 서서 광활한 바다를 격동하게 하는 거친 풍파 속에서 고통받는 이를 바라보는 이유는, 타인의 고통에서 기쁨이나 쾌락을 느껴서가 아니라, 그 모습을 바라보는 자신의 삶이 그가 겪는 고통으로부터 자유롭다는 사실을 깨닫는 것이 아름답기 때문이다."

1

<u>오해</u>

기억이 잘 안 되는 건
머리가 나빠서다?

어린 시절, 어느 날 오후 나는 교과서를 펼쳐 들고 인체에 대한 설명이 나오는 부분을 읽고 있었다. 그때 초등학교 4학년이었는데, 페이지를 넘기던 중 어떤 그림이 어린 나의 상상력에 불을 지폈다. 그것은 바로 인간의 뇌, 더 정확하게 말하자면 뇌 피질을 알록달록하게 색칠한 그림이었다. 각기 다른 색으로 표시된 부위마다 해당 영역의 '기능'이 화살표로 연결되어 있었는데, 그중에서 내 뇌리에 박힌 부분이 있었으니, 그것은 바로 뇌 중에서도 '기억'을 관장하는 부분이었다. '기억'이라는 단어를 보는 순간, 호기심이 발동했다. 기억을 관장하는 부분은 뇌 중에서도 정말 특별한 영역일 것 같았다!

한참 그림을 들여다보다가 '대체 어떻게 이런 걸 알아냈을까?' 하는 생각이 들었다. 교과서 부록에 실린 그 그림은 누군가가 시계와 같이 정교한 인간의 사고를 거의 '분해'하다시피 연구했다는 사실을 의미했다. 인간의 감정, 사고력, 언어능력, 심지어 기억이라는 현상까지 해독할 정도로 의학이 발달한 것이다.

그렇게 생각하니 인간의 정신은 컴퓨터 소프트웨어이고, 우리는 그저 걸어 다니는 컴퓨터에 지나지 않는 것처럼 느껴졌다. 나 같은 어린아이도 뇌 그림 이면에 담긴 지식이야말로 창조주의 가장 은밀한 비밀을, 인간의 의식적 경험의 근원과 궁극적인 삶의 본질을 해독할 수 있는 열쇠라는 사실을 알 수 있었다. 당시 이러한 생각이 너무나 재미있게 느껴졌고, 더 깊게 파고들 만한 가치가 있다고 생각했다.

그로부터 17년이 흐른 지금, 현실은 어린 시절 교과서에서 보았던 그림보다 훨씬 복잡하다는 사실을 깨달았다. 현재 나는 의사이자 과학자다. 신경과학을 전공했지만, 초등학교 4학년 시절, 교과서를 펼쳐 들었던 그날 오후에 느꼈던 열정에는 변함이 없다. 나는 이 책의 첫 장에서 우리의 기억이 어떻게 작동하는지를 대중의 눈높이에 맞추어 쉽고, 간단하게 설명해 보려 한다. 이 과정을 즐겁게 따라오기를 바란다. 기억의 원리를 이해하는 것은 결코 사소한 일이 아니다. 기억은 우리가 알고 있는 그 어떤 장비에도 비할 수 없이 복잡하고 경이로운, 난공불락의 '기계'이기 때문이다.

먼저, 이번 장에서 우리는 한 가지 종류의 기억만을 다룰 것이다. 그것은 바로 명시적 기억explicit memory 또는 서술 기억declarative memory이다. 이는 일상적인 경험(일화 기억)episodic memory이나 학습한 지식(의미 기억)semantic memory처럼 말로 표현 가능한 모든 기억을 의미한다. 반대로, 말로 표현할 수 없는 기억은 암묵적 기억implicit memory으로 분류된다. 자전거 타기(절차 기억)procedural memory, 거울에 비친 글씨 읽기(지각 기억)perceptual memory 등이 여기에 포함된다. 이제부터 설명할 내용은 전통적인 방식과는 거리가 먼, 저자인 나의 지극히 개인적인 의견을 바탕으로 한 매우 독창적인 방식으로 구성되었다. 나는 당신과 함께 문자 그대로 '여정'을 떠나려 한다. 기억이 인간의 여러 기관에 포착된 순간부터, 그것이 뇌에 각인될 때까지의 여정. 이제 그 여정을 시작해 보자.

이번 장은 분량은 짧지만, 책 전체에서 가장 집중해야 하는 부분이다. 그러나 단언컨대, 이 장에 쏟은 집중력은 앞으로 이 책 전반에 등장할 모든 실용적인 학습법을 과학적으로 뒷받침해 줄 중요한 자산이 될 것이다. 다음 몇 페이지가 다소 어렵게 느껴진다 해도, 그것은 전혀 이상한 일이 아니다. 나를 믿고 따라와 주면, 이후의 여정이 갈수록 수월해질 것이다. 이제 본격적으로 여행을 떠나보자!

뇌는 정보를 감각에 각인한다

감각 기억

우리 몸의 감각 시스템은 매 순간 어마어마한 양의 정보를 뇌로 전달한다. 한번 생각해 보자. 우리 뇌는 감각신경을 거쳐 수다스러운 감각 기관들과 쉴 새 없이 '통화' 중이다. 우리의 눈, 귀, 혀, 코, 피부, 근육, 심지어 내장 기관들은 단 1초도 입을 다물지 않는다. 이 끊임없는 정보의 흐름은 뇌가 도와달라고 비명을 지르고 싶을 정도로 방대한 양의 미가공 자료를 뇌에 퍼붓는다.

그렇다면 뇌는 이 '정보의 침공'을 어떻게 감당할 수 있을까? 해답은 단순하다. 뇌는 이 모든 데이터를 일단 '감각 기억sensory memory'이라는 저장소에 잠시 저장한다. 이 기억은 순간적인 것으로, 시각 정보는 약 0.25초, 청각 정보는 최대 4초 정도 유지된다. 그 후 뒤이어 유입되는 새로운 데이터는 기존 정보를 덮어쓴다. 뇌는 영리하기 때문에, 이처럼 잠시만 정보를 유지함으로써, 방대한 정보 중에서 정말로 흥미롭고, 스스로 처리할 수 있는 몇몇 정보만 선별해 낸다. 그렇게 선별된 극소량의 정보만이 잊히기 전에 복사되어 다음 저장소인 작업 기억working memory으로 옮겨진다. 이처럼 필요한 정보를 불필요한 정보에서 걸러내는 과정이 바로 우리에게 익숙한 이름인 '집중력'이다.

컴퓨터의 작동 원리

우리는 이 여정의 경유지마다, 뇌의 작동 원리와 컴퓨터의 작동 원리를 비교해 볼 것이다. 뇌와 컴퓨터의 비교는 놀라울 정도로 잘 들어맞는다. 이것은 결코 우연이 아니다. 컴퓨터의 구조는 뇌를 커닝…. 음, 아니 그보다는 뇌의 생물학적 특성에서 영감을 얻은bioinspired, 이른바 신경형 설계의 결과물이라고 표현할 수 있다. 예를 들어, 그림 1처럼 인간의 시각을 초고해상도 USB 웹캠에 비유해 보자. 웹캠은 매초 수십 장의 대용량 이미지를 생성한다. 컴퓨터는 이 모든 이미지를 한꺼번에 처리할 수 없기 때문에, 이미지들을 임시 저장소인 버퍼buffer, 즉 감각 기억에 잠시 보관하고 있다가, 새 이미지가 들어올 때마다 오래된 이미지 위에 덮어쓴다. 그러다 특정 이미지가 중요해 보이면, 해당 이미지를 USB 케이블을 이용해 RAM(=작업 기억)으로 전송한다. 놀랍게도 여기까지 뇌와 컴퓨터의 비유는 정확히 들어맞는다!

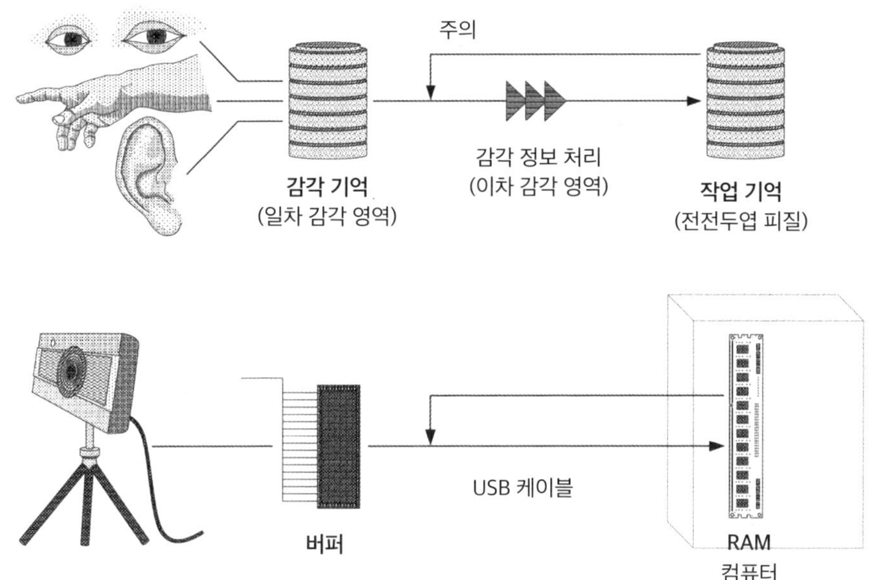

그림 1. 컴퓨터와 감각 기억 비유

뇌의 작동 원리

이제 다시 뇌로 돌아가 보자. 정보가 감각 기억에서 머무는 짧은 순간을 각인impression이라고 부른다. 일상에서 직관적으로 사용되는 의미와 정확하게 일치하는 표현이다. 우리 모두 그런 경험을 해본 적이 있다.

예를 들어, 창밖을 내다보다 어둠 속에 천둥·번개가 내리치는 순간, 아주 잠깐 그 윤곽이 선명하게 '각인되면서' 마치 눈앞에 보이는 것처럼 느껴질 때가 있다. 아니면, 누구나 어릴 적 새해 전야에 불꽃 막대기를 가지고 놀아본 적이 있을 것이다. 공중에 불꽃을 내뿜는 막대기를 휘저으며 기하학적인 모양이나 알파벳 글자, 새해의 연도를 그리면서 말이다. 이때도 손을 재빨리 움직이면, 허공에 그린 형상이 한동안 눈에 '각인된' 것처럼 보이곤 한다. 이와 비슷한 예는 수없이 많다.

다음으로 그림 2를 통해 감각 기억이 해부학적으로 어디에 저장되는지 살펴보자. 가공되지 않은 데이터를 잠시 보관하는 역할을 맡은 부위는 감각 기관과 직접 연결되어 있어서, 마치 '전화선'으로 연결된 것처럼 실시간으로 정보를 주고받는다. 그렇기 때문에 감각 기억의 위치는 감각 정보를 가장 먼저 받아들이는 뇌의 특정 부위와 동일하다.[1, 2] 이처럼 특별한 역할을 맡은 매우 얇은 대뇌피질 부위를 일차 감각 영역primary sensory areas이라고 부르는데, 이는 감각 처리sensory processing 의 첫 단계이자 가장 기초적인 단계에 해당하며, 이후 부가 감각 영역accessory sensory areas들을 거치면서 점점 더 정교해진다.

이 시점에서 명심할 것은, 기억이나 지식이 제대로 저장되려면, 이 여정의 모든 단계가 제대로 수행되어야 한다는 점이다. 여기서 가장 핵심적인 요소는 바로 집중력이다. 집중력은 수다스러운 감각들이 제공하는 방대한 정보의 바다에서 가공할 가치가 있는 얼마 되지 않는 정보를 선별하는 '재판관' 역할을 하기 때문이다. 예를 들어, 지금 당신은 이 책에 적힌 글자를 읽는 데 집중하고 있다. 하지만 그러는 동안에도 뇌는 수많은 추가 정보를 받아들이고 있다. 책 주변으로 보이는 방안의 모습, 배경 소음, 맛과 냄새, 피부, 근육, 내장의 압력과 진동 같은 온갖 감각 자극들 말이다. 그렇다면 이 모든 정보는 어떻게 될까?

이들은 순식간에 걸러지거나 덮어 쓰인다. 실제로 뇌에서 처리되

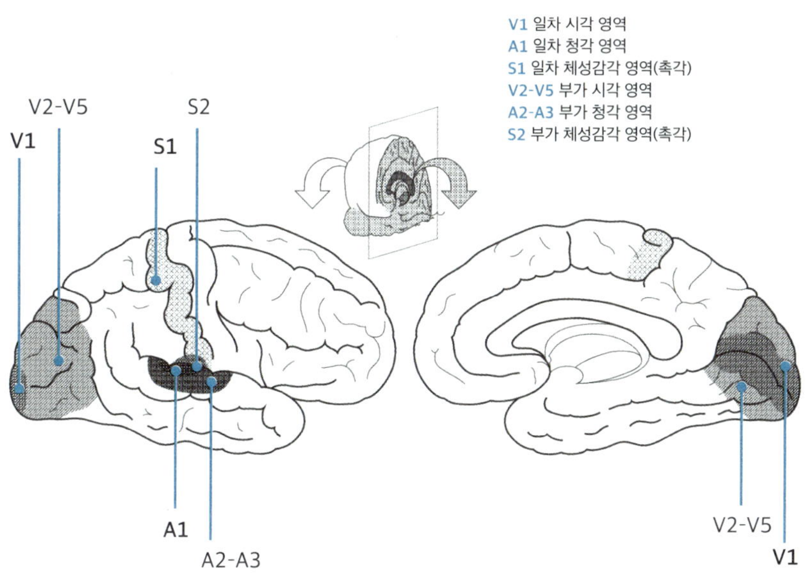

그림 2. 감각 기억 해부도: 일차 감각 영역들

는 것은 이 책의 텍스트뿐이다. 왜냐하면, 이 순간, 당신의 주의력이 책에 집중되어 있기 때문이다.

많은 학생이 자기는 암기를 잘하지 못한다고 생각하거나, 공부에 소질이 없다고 생각하는 경향이 있는데, 연구 결과에 따르면 본인이 생각하는 것처럼 기억력 자체에 결함이 있어서가 아니라, 훨씬 더 단순한 이유, 즉 기억해야 할 정보만 선별해서 기억하는 선택적 집중력 selective attention이 부족해서일 때가 더 많다고 한다. 기억이 제대로 저장되지 않는 이유가 기억의 시작 단계에서부터 선택적 집중력을 발휘하지 않았기 때문일 때가 생각보다 많은 것이다.

초두 효과와 마법의 숫자 '7'

첫 번째 관문을 통과한 정보들은 일차 감각 영역을 지나 여러 이차 감각 영역들을 통과하며 여정을 계속한다. 이 복잡한 경로를 통해 시각 정보에서는 이미지의 형태, 색상, 움직임이 추출되고, 청각 정보에서는 음절과 단어가 추출된다. 이런 과정을 거쳐 다듬어진 정보들은 두 번째 저장소인 작업 기억이라고 불리는 곳으로 이동한다. 작업 기억은 때로는 단기 기억short-term memory이라고 불리는데, 이는 정확한 표현이 아니다. 작업 기억은 우리의 사고와 의식적 경험이 일어나는 장소로, 소위 '정신' 또는 '의식' 라는 개념과 가장 근접한 기능을 수행하는 장소이며, 여러 정교한 실험을 거쳐 다음과 같은 네 가지 하위 시스템[3]으로 구성되어 있다는 사실이 밝혀졌다.

- 중앙 집행기central executive: 정보를 다른 세 하위 시스템에 어떻게 배분할지 결정하는 조정자 역할을 한다. 중앙 집행기를 제외한 세 하위 시스템이 올바른 의미의 단기 기억을 구성한다.
- 음운 루프phonological loop: 청각 정보를 저장하고 의식적으로 처리하는 공간으로, '정신의 귀'라 할 수 있다.
- 시공간 스케치패드visuospatial sketchpad: 앞과 유사한 방식으로 시각

정보를 저장하며, '정신의 눈'이라 할 수 있다,

- 일화 버퍼episodic buffer: 기존 기억과 현재 경험을 연결하여 의미를 부여하는 곳이다.

하지만 작업 기억도 안전하지는 않다. 정보는 이곳에서 최소 5초에서 최대 20초 정도 머무를 뿐이다. 그 시간이 지나면 정보 앞에는 두 가지 운명이 펼쳐지는데, 첫째는 그냥 소멸하는 것이고, 둘째는 제임스 조이스적 의식의 흐름*에 따라 우리의 의식4에 유입되는 새로운 정보로 덮어 쓰이는 것이다.

그러나 우리가 어떤 정보가 중요하다고 판단해서 이를 머릿속으로 '반복 시연rehearsal'을 하면, 정보 소멸 타이머를 '초기화'할 수 있다. 누구나 전화번호를 외우려고 자기도 모르게 몇 번 되뇌어본 경험이 있을 것이다. 이러한 반복 시연에는 기억 타이머 초기화 외에도, 우리가 모르는 또 다른 효과가 있는데, 그것은 바로 정보를 다음 단계, 즉 장기 기억long-term memory으로 안전하게 보내는 것이다. 이것이 바로 소위 '부호화encoding'라 불리는 과정이다.

이제 컴퓨터의 세계로 돌아가 뇌와 컴퓨터의 비유가 여기서도 유효한지 그림 3을 살펴보자. 컴퓨터에도 모든 정보의 처리를 조정하는 중앙 처리 장치 혹은 CPU(=중앙 집행기)가 존재한다. 바로 이 CPU가,

---

* 의식의 흐름은 현대 심리주의 소설 기법으로, 소설 속 인물의 파편적이고 무질서한 의식 세계를 가감 없이 그려내는 방법을 의미한다. 대표적인 작품으로는 제임스 조이스의 《율리시스》가 있다. 여기서는 생각의 자연스러운 흐름에 따라 유입된 새로운 정보로 인해 기존 기억이 사라지는 것을 의미한다.

웹캠으로 촬영한 사진을 중앙 메모리, 즉 RAM(=단기 기억) 안에 임시로 저장할 수 있도록 공간을 확보해 주는 것이다. RAM은 컴퓨터에서 가장 빠른 속도의 기억 장치로, 실제로 어떤 데이터든 논리-산술 연산 장치를 거쳐 반복적으로 처리되려면(=반복 시연 순환) 반드시 이 RAM을 거쳐야 한다. 계산이 끝나면, 그 결과를 저장해야 하는데, 이러려면 RAM에 임시로 담겨 있던 데이터가 하드디스크(=장기 기억)로 복사된다. 그렇다! 여기서도 뇌와 컴퓨터의 비유는 완벽하게 들어맞는다.

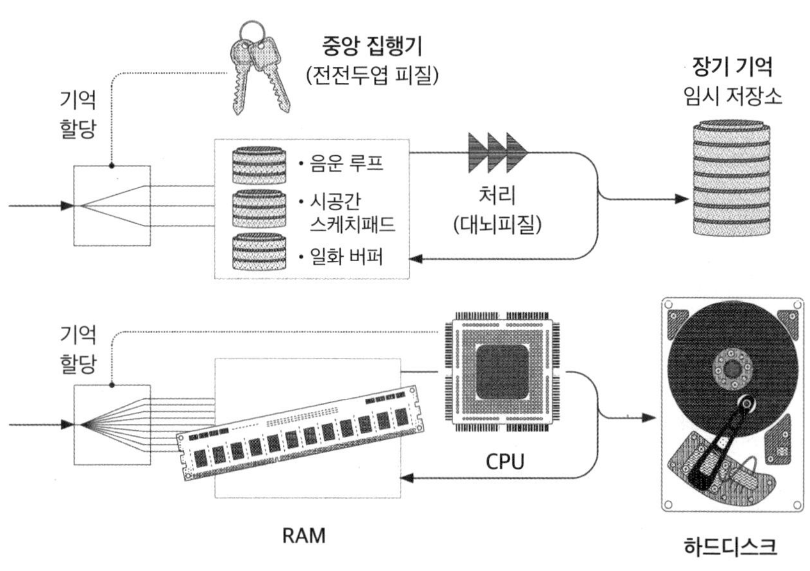

그림 3. 컴퓨터와 작업 기억 비유

전전두엽 피질의 기능

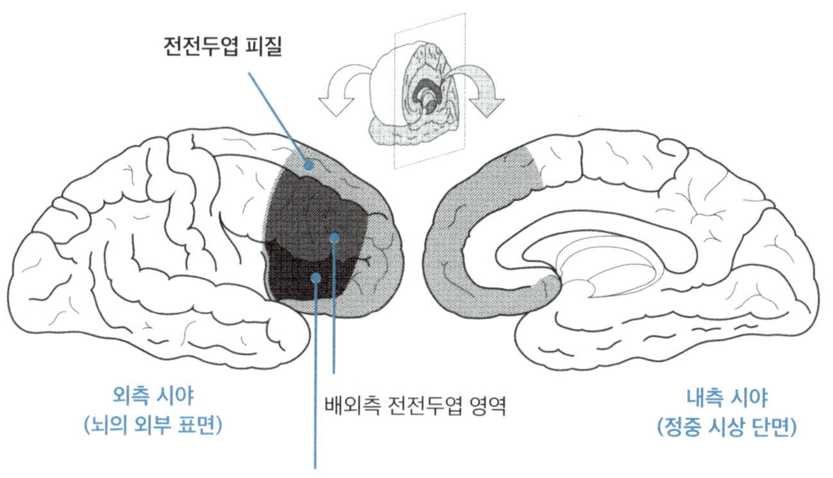

그림 4. 작업 기억 해부도: 전전두엽 피질

이제 다시 뇌 이야기로 돌아가 보자. 작업 기억은 인간의 의식적 경험의 본거지라 할 수 있다. 그러한 고귀한 역할을 하는 장치라면, 그에 걸맞은 특별한 거처가 있어야 할 것 같은데, 실제로 그렇다. 작업 기억은 그림 4에서 볼 수 있듯 뇌의 여러 영역 가운데 가장 뛰어난 전전두엽 피질에, 그중에서도 복외측 영역과 배외측 영역에 위치한다.

감히 말하건대, 우리의 전전두엽 피질은 다른 모든 포유류에 비해 '뻔뻔할 정도로' 크다. 체중 대비 비율로 따지면, 인간의 전전두엽 피질은 우리의 '사촌'인 유인원을 포함한 다른 포유류보다 무려 30퍼센

트 더 크다.[5] 전전두엽 피질은 진화상 가장 최근에 등장한 뇌 구조이
며, 그만큼 신경 발달 과정에서도 가장 늦게 성숙하는 영역 중 하나이
기도 하다. 이는 곧 전전두엽 피질이 호흡이나 심장박동처럼 생명을
유지하는 원초적 생리 기능을 담당하는 원시적인 뇌 회로가 아니라
창의성, 지능, 비판적 사과와 같은 고등 인지 기능을 담당하는 고귀한
시스템이라는 사실을 뜻한다. 실제로 전전두엽 피질은 우리를 지금
의 인간으로 만들어주는 가장 중요한 단일 뇌 구조라고 할 수 있다.

이 두 번째 단계에서도 실용적인 측면에서 매우 중요한 두 가지 특
이한 특징이 있다. 첫 번째는 이른바 초두 효과primacy effect와 최근 효과
recency effect라 불리는 현상이다.[6] 숫자나 단어가 열거된 자료를 외울
때, 우리의 뇌는 무의식적으로 맨 처음에 나오는 내용과 맨 마지막에
나오는 내용을 더 잘 기억하는 경향을 나타낸다. 처음 항목들을 더
잘 기억하는 이유는 단순하다. 정보들이 반복 시연 사이클을 더 많이
거치면서 장기 기억으로 전이될 시간이 많기 때문이다.

반면에 일반적으로 사람들이 마지막에 나오는 항목들을 더 잘 기
억하는 이유는 그 후에 유입된 새로운 정보가 아직 기존 정보를 덮어
쓰지 않았기 때문이다. 이 두 가지 효과는, 이후 우리가 학습 전략을
세울 때 매우 중요한 의미가 있다.

두 번째 특징도 흥미로운데, 그것은 바로 작업 기억의 용량이 놀
라울 만큼 일정하다는 사실이다. 작업 기업의 용량은 사람마다 다를
것 같지만, 의외로 지역이나 문화권에 상관없이 누구든 다섯 개에서
아홉 개의 항목, 즉 7±2개의 항목을 기억할 수 있는 정도의 작업 기
억 용량을 일정하게 유지한다. 여기에서 정보의 묶음을 청크chunk(덩

어리)라 부른다. 이것이 바로 그 유명한 조지 밀러_{George Miller}의 '마법의 숫자 7' 규칙이다.[7] 사실 이 규칙은 헤르만 에빙하우스_{Hermann Ebbinghaus}의 선구적인 연구로 이미 19세기부터 알려진 이론이었다. 전해지는 이야기에 따르면, 처음 미국에 전화망이 보급되던 시절, 지역 번호를 제외한 전화번호가 일곱 자리 숫자(지역 번호 제외)로 정해진 이유는 한 사람이 기억할 수 있는 최적의 숫자 길이가 일곱 자리였기 때문이다. 이보다 더 흥미로운 사실이 있다. 심리학 연구 결과, 일정한 한도 내에서 작업 기억의 '확장'이 가능하다는 점이다. 즉, 각각 청크의 복잡도를 높이면, 일곱 개의 항목만 기억하더라도 그 안에 담긴 정보의 양을 더 늘릴 수 있다.[8]

예를 들어, 14개의 숫자를 하나하나 따로 기억하는 것은 불가능에 가깝지만, 이 숫자들을 두 개씩 묶으면 두 자리 숫자 일곱 개로 구성된 하나의 목록이 되기 때문에 암기가 가능해진다. 이처럼 목록에 있는 항목들을 묶어 더 '복합적인 청크_{complex chunks}'로 만드는 기법을 청킹_{chunking}이라고 부른다. 이 방법은 단순한 숫자 외에도 단어 목록이나 개념 설명을 나열한 목록에도 적용할 수 있다.

나만의 노하우

나는 학창 시절, 청킹 기법을 적극적으로 활용했다. 의대 교재를 읽다 보면 끝없이 나열된 증상들의 목록을 암기해야 할 때가 얼마나 많은지 모른다. 그럴 때 내 전략은 매우 단순했다. 일곱 개 이상의 항목들로 구성된 목록은 서로 비슷한 항목들끼리 묶어서 하나의 복합적인 청크로 재구성하여 목록을 단순화했다. 이런 방식으로 정리한 내 노트에서는 모든 목록이 '칠계명'으로 바뀌어 있었다.

　칠계명은 열 가지 원칙으로 이루어진 십계명과 달리, 일곱 가지 원칙으로 목록을 만들어야 한다는 의미로 내가 붙인 이름이다. 그래야만 정보를 작업 기억에 무리 없이 저장할 수 있으니까. 이러한 인간의 보편적인 인지 한계를 인식하고, 교과서 편찬 단계에서 일곱 개를 초과하는 부담스러운 목록들은 아예 빼버리는 편이 좋겠다는 생각도 든다.

기억력을 강화하는 장기 기억 저장소의 힘

　이제 지금까지 이야기한 내용을 정리해 보자. 정보는 작업 기억의 반복 시연 사이클을 거쳐, 장기 기억 영역의 새로운 저장소로 복사된다. 하지만 단순히 정보를 기억하는 것만으로는 충분하지 않다. 마지막 단계, 학습으로 넘어가야 한다. 즉, 단순히 정보를 저장하는 데 그치지 않고, 그것을 자기 걸로 만들어야 하는 것이다. 새로운 정보를 기존 지식과 유기적으로 연결해 지식 체계 속으로 완전히 통합시켜야 나중에 필요한 정보를 다시 떠올리고 활용할 수 있다.

　이 지점에서 당신에게 하고 싶은 말이 있다. 우리는 이제 여정의 중간 지점에 도달했을 뿐이다. 지금은 장기 기억이라고 해도 다 똑같은 장기 기억은 아니다. 실제로 장기 기억에는 두 개의 다른 저장소, 즉 임시 저장소와 영구 저장소가 있다. 첫 번째 저장소는 말 그대로 작업 기억에서 '복사-붙여넣기'를 한 정보를 담고 있다. 여기서부터 길고도 흥미로운 재처리 과정이 시작되는데, 이를 '강화consolidation'라고 부른다. 강화는 결국 학습으로 이어지는데, 인간을 단순히 앵무새처럼 정보를 암기하는 존재에서 벗어나 사유하는 존재로 만드는 것이 바로 이런 과정이다. 강화란 우리의 뇌가 새로운 데이터의 논리적 구조나 패턴을 정밀히 분해해서 기존의 문화적·지식적 배경과의 유사점이나 차이점을 찾아내는 정교한 탐사 작업이다.

이러한 논리적 분석의 산물은 우리 기억의 최종 데이터베이스인 영구 저장소에 저장된다. 말하자면 이곳은 기억의 안식처이자 성전, 즉 발할라Valhalla*와 같다. 놀라운 사실은, 강화 과정이 완전히 무의식적으로 진행된다는 점이다. 어떤 정보를 접하면 우리의 뇌는 그 후 며칠 동안, 무의식적으로 계속해서 정보를 조용히 연마한다.[9]

- 강화 과정의 절반은 우리가 깨어 있는 동안 진행된다. 강화는 식사하거나, 몸을 씻거나, 아무 생각 없이 창밖을 바라보는 등 두뇌를 어떤 뚜렷한 목적을 가지고 사용하지 않고 멍 때리고 있을 때처럼, 소위 '자동 행동'이라 불리는 행동을 할 때 진행된다. 사실 뇌는 아무 생각 없이 쉰다고 생각할 때 가장 활발히 활동한다!
- 강화 과정의 나머지 절반은 수면 중에, 특히 서파 수면slow-wave sleep, SWS이라 불리는 단계에서 진행된다.

---

* 북유럽신화에서 신들의 왕 오딘이 다스리는 아스가르드의 거대한 저택.

간단한 정보는 이 정도로도 충분하지만, 복잡한 정보는 노출 한 번으로는 부족하다. 시간이 흐른 뒤 같은 내용을 반복해야 한다. 그래야만 정보를 접한 후 며칠에 걸쳐서 우리가 인지하지 못하는 상태에서 뇌가 정보를 강화할 수 있다. 밥을 먹고, 샤워를 하고, 휴식을 취하고, 무엇보다 잠을 잘 때 말이다. 그래서 복습이 필요한 것이다. 복습은 뇌가 일상적으로 수행하는 강화 작업의 대상이 우리가 기억하고자 하는 정보가 될 수 있도록 방향을 재설정해 준다. 놀라운 것은 하나의 정보가 완전히 강화되어, 임시 저장소에서 영구 저장소로 온전히 이전되는 데 걸리는 시간이 무려 10년에서 30년에 달한다는 사실이다![10] 어떤 정보를 진정으로 내 것으로 만들어 영원히 기억하려면 그 정도로 오랜 시간이 필요하다.

학습과 머신러닝

잠시 컴퓨터공학자의 입장으로 돌아가 컴퓨터가 하드디스크(=장기 기억의 임시 저장소)에 저장해 놓은 이미지들을 어떻게 처리하는지 생각해보자. 컴퓨터도 뇌와 마찬가지로, '복사-붙여넣기'를 한 이미지들을 단순히 저장해 두는 데 그치지 않고, 유용한 정보를 추출하여 학습(기계 학습machine learning)해야 한다. 이러려면 컴퓨터는 일종의 학습 알고리즘을 실행해 이미지들을 반복적으로 처리하는데, 그때 사용되는 도구가 바로 인공신경망Artificial Neural Network, ANN 범주에 속하는 프로그램이다. 컴퓨터는 이 소프트웨어를 통해 이미지 속에서 의미 있는 정보를 추출해 내고, 잘 다듬은 소중한 데이터를 두 번째 하드디스크(=장기 기억의 영구 저장소)와 같은 컴퓨터 내 다른 데이터베이스에 끼워 넣는다(=강화). 앞으로 차차 알게 되겠지만, 학습과 머신러닝과의 비교는 단순한 은유가 아니다.

강화는 뇌 중에서도 매우 특별한 장소인 해마hippocampus에서 일어난다. 여기서 잠깐 복습을 하자면, 강화란 단순한 '사진 이미지'에 불과하던 데이터를 온전히 자신의 것으로 만들어 자유롭게 사용할 수 있게 해주는 재처리 과정이다. 해마는 뇌의 양쪽 측두엽temporal lobes 깊숙이 자리한, 작지만 경이로운 대뇌피질의 조각이다. 정확히 말하면 해마는 좌뇌와 우뇌에 존재하기 때문에 좌해마, 우해마라 불러야 할 것이다. 해마도 대뇌피질의 일부이긴 하지만, 겉에서는 전혀 보이지 않는데, 그것은 진화 과정에서 측두엽 부피가 점점 커지면서 해마가 뇌 내부 깊숙한 틈새로 들어갔기 때문이다. 이처럼 안쪽으로 접히고 휘어진 구조 덕분에 해마는 바다에 사는 해마海馬를 닮은 독특한 형상을 띠게 되었다.

여기서 잠깐. 해마라는 이름을 붙인 해부학자 줄리오 체사레 아란치Giulio Cesare Aranzi가 해마의 구조를 옆모습으로 본 것인지, 아니면 측두엽을 따라 길게 누운 소시지 모양으로 본 것인지는 확실치 않다.[11] 하지만 개인적으로는 옆모습 가설이 더 설득력 있다고 본다.

극히 드물긴 하지만, 과거 양쪽 해마가 모두 손상된 환자들이 있었는데, 그중 가장 유명한 인물이 바로 헨리 몰레이슨Henry Molaison이다. 의학계에 아직 해마의 기능이 제대로 알려지지 않았던 1953년, 헨리는 중증 간질을 치료하기 위해 양측 '내측' 측두엽medial temporal cortices 절제 수술을 받았다.

수술이 끝난 후, 헨리는 새로운 선언적 기억declarative memory을 형성하는 능력을 상실했다. 그 후 그는 매일 같은 잡지를 읽었고, 그를 담

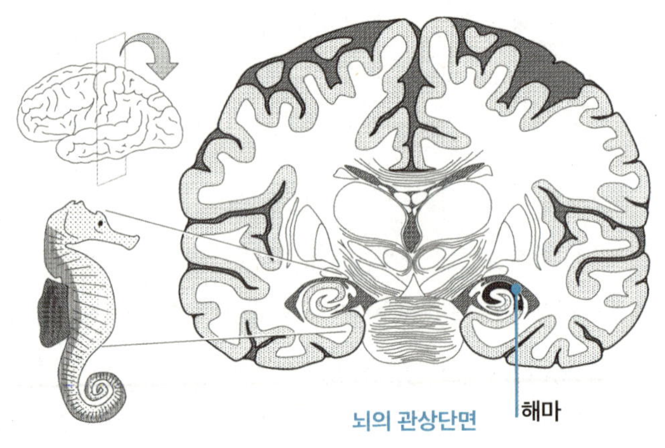

그림 5. 기억 강화가 일어나는 곳: 해마

당하던 의사는 병실에 들어갈 때마다 처음 만난 사람처럼 매번 자기를 소개해야 했다. 결국, 헨리는 '현재 시제에 머무르는 남자'로 불리게 되었다.[12] 여기서 주목할 점은, 그의 작업 기억은 완전히 정상이었다는 것이다. 실제로 헨리는 집중하면 특정 정보를 머릿속으로 계속해서 반복 시연하면서, 그 기억을 몇 분간 유지할 수 있었다. 전해지는 이야기로는, 어느 날은 숫자 584를 무려 15분간 기억했다고 한다. 어쨌든 헨리의 사례와 드물게 사고나 질병 때문에 해마에 손상을 입은 또 다른 환자들의 사례 덕분에, 그림 5에서 알 수 있듯 해부학적으로 기억 강화가 해마에서 일어난다는 사실이 확인되었다.

기억 강화 메커니즘

그뿐만이 아니다. 놀랍게도 신경과학자들은 해마에서 일어나는 기

36

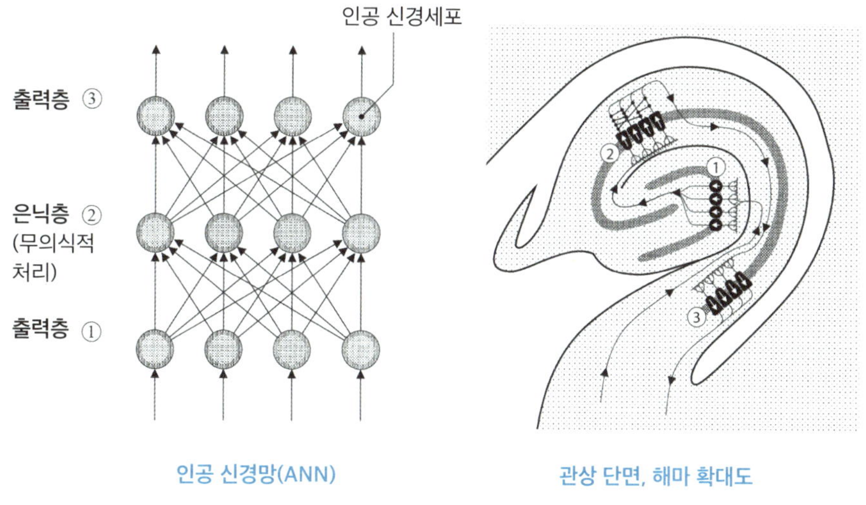

그림 6. 장기 기억과 컴퓨터의 비유

억 강화 과정을 극도로 정밀하고 단순하게 설명할 수 있다. 그럼 지금부터 그 과정을 간단히 살펴보자. 신경세포들의 연결 구조를 보면, 해마의 경로는 일방통행이다. 즉, 그림 6처럼 정보가 한쪽에서 들어와(입력층input layer), 서로 밀접하게 연결된 여러 신경세포층을 통과한 뒤(은닉층hidden layers), 반대쪽으로 빠져나간다(출력층output layer). 이 내부 층들의 가장 큰 특징은 높은 가소성plasticity이다. 가소성이 높다는 것은 시간이 흐르면 뉴런의 연결을 유동적으로 재구성할 수 있음을 의미한다. 해마의 구조를 그대로 본떠 컴퓨터 생물정보학적 모델bioinformatic model을 만들어, '신경세포 시뮬레이터'를 작동시키면, 놀랍게도 그 프로그램은 스스로 학습하는 능력을 갖추게 된다.[13]

예를 들어 이 프로그램에 특정 데이터를 반복적으로 입력해 주면,

처음에는 출력값이 점진적으로 변할 것이다. 이는 은닉층에 있는 신경세포들의 연결이 조정되기 때문이다. 그런데 같은 데이터를 일정 횟수 이상 입력하면 출력값이 더는 바뀌지 않는다. 내부 연결망이 그 정보를 '학습했다'라고 말할 수 있는 상태에 도달했기 때문이다. 그리고 바로 그 시점부터 출력되는 정보는 단순히 입력값을 복사한 게 아니라, 입력한 데이터의 핵심 내용과 논리적 구조를 표현할 수 있는 재가공된 결과물이다. 해마의 층별 구조를 모방하여 설계된 신경 시뮬레이터는 오늘날 인공지능 소프트웨어 구조와 정확하게 일치한다.

검색 엔진부터 음성 합성기, 이미지 해석기와 지능형 로봇에 이르기까지 우리의 감탄을 자아내는 거의 모든 최신 인공지능 응용 기술들은 모두 우리의 뇌, 특히 해마에서 영감을 얻은 신경형 생체모사의 산물이다. 하지만 인공지능과 해마 사이에 결정적인 차이가 있는데, 그것은 바로 학습 속도다. 인간의 해마는 현대의 머신러닝 알고리즘보다 반복 횟수가 훨씬 적어도 정보를 학습할 수 있다. 그러나 언젠가 인공지능이 인간의 뇌를 더욱 정밀하게 모사할 수 있게 된다면, 인류는 마침내 인간과 동등한 범용 일반지능Artificial General Intelligence을 만들어내려고 했던 프로메테우스의 꿈에 한 발 더 가까이 다가갈 것이다.

기억의 '영역'

이제 장기 기억의 임시 저장소와 영구 저장소의 해부학적 위치를 알아보자. 임시 저장소의 위치는 아직 확실하지 않지만, 영구 저장소는 대뇌피질 전체에 넓게 분산된 것으로 밝혀졌다. 더 정확히 말하면 대뇌피질에서 아주 작은 부위는 제외되기 때문에, '신피질neocortex'에 위치한다고 해야겠지만, 이는 매우 세부적인 사항이므로, 일반적으로 대뇌피질에 위치한다고 해도 무방하다. 사실 해마는 단순한 저장소라기보다는 통역사나 마찬가지다. 즉, (어디에 있는지 모르는) 임시 저장소에 저장된 '사진'들을 넘겨받아, 이를 강화 과정을 거쳐 의미 있는 학습 정보로 변환해서 사용 가능한 형태로 다듬은 후, 영구 저장소인 대뇌피질 전역으로 보내는 역할을 한다. 여기에서 중요한 건 해마는 학습 과정 전체의 중심축이 되는 핵심 구조물이긴 하지만, 최종 기억을 저장하는 장소는 아니라는 점이다!

어린 시절 나의 상상력을 사로잡았던 비밀이 드디어 밝혀졌다. 초등학교 4학년 교과서에 나오는 다양한 색으로 채색한 뇌 그림 속에서 '기억'이라는 글자가 쓰여 있던 그 수수께끼 같은 뇌의 영역은 바로 해마였다.

이 책을 읽다 보면, 임시 저장소와 영구 저장소라는 두 단계로 구성된 장기 기억의 기묘한 구조가 학습 방식과 일상적인 학습 습관에 얼마나 큰 영향을 미치는지 수없이 확인하게 될 것이다. 복습을 반복할 때는 반드시 시간 간격을 두어야 한다는 간격 효과spacing effect나 수면의 중요성 등 우리가 직관적으로는 받아들이기 힘든 역발상적인 학습 전략들도 모두 이 기억 체계의 구조에서 비롯된다. 소위 제대로 된 학습법이라 불리는 공부법의 핵심 원리는 모두 기억 강화 메커니즘에서 직접 파생된 논리적 결과라 해도 과언이 아니다. 강화 메커니즘이야말로 학습의 중심축이자 본질이기 때문이다.

정보 간 연결 고리를 만들면 평생 잊지 않는다

마침내 이 여정의 종착점이자 장기 기억의 마지막 저장소인 영구 저장소에 도착했다. 앞서 우리는 영구 저장소가 대뇌피질 전체에 분산되어 있다는 사실을 살펴보았다. 하지만 그렇다고 해서 각각의 영역이 저장하는 기억의 종류에 구분이 없다는 뜻은 아니다. 예를 들어, 순수한 시각적 정보는 시각 처리와 관련된 영역에 저장된다. 다른 감각 정보들도 마찬가지다. 그러나 실상 우리가 기억하는 정보 대부분은 감각 하나에 국한되지 않고 다양한 감각으로 구성된 정보이므로 자연스럽게 뇌의 여러 부위에 걸쳐 동시다발적으로 분산 저장된다.[14] 따라서 정확하게 말하면, 모든 대뇌피질 영역은 어떠한 방식으로든 기억 저장에 기여하지만, 모든 영역이 다 똑같은 방식으로 기여하는 건 아니다. 얼마 남지 않은 우리의 여정을 마무리하기 전에, 이러한 질문을 던지고 싶다. "뇌에 저장된 '파일'은 대체 어떤 '형식'으로 저장되었을까? 우리의 대뇌피질에 저장된 정보는 물리적으로 어떤 상태일까?" 당신도 한 번쯤은 가져보았을 의문일 것이다.

컴퓨터 세계에서는 정보의 물리적 형식이 매우 명확하다. 데이터는 메모리 안에서 비트bit의 연속으로 표현된다. 여기서 비트란, 광학, 자기, 기계, 전기 등 다양한 방식으로 구성된 아주 작은 장치들로, 0과 1이라는 이진값을 저장할 수 있는 단위다. 하지만 뇌에는 이런 것이 존재하지 않는다.

이 지점에서 떠오르는 질문이 있다. 어떻게 해야 생물학적 조직에 정보를 저장하는 법을 가르칠 수 있을까? 지금까지 유효했던 뇌와 컴퓨터 비교가 완전히 무너지는 것이 바로 이 지점이다. 여기서 뇌는 컴퓨터에 압도적인 승리를 거두게 되는데, 그 이유를 설명할 테니 집중해 주시길!

알려진 것처럼, 정보는 시냅스 가소성 현상을 기반으로 신경 조직에 저장된다. 여기서 시냅스란 뉴런과 뉴런 사이의 전기적 연결부를 말하는데, 그 힘은 시간이 지나며 증가할 수도 있고, 감소할 수도 있다.

시냅스가 강할수록, 뉴런 쌍의 첫 번째 뉴런이 두 번째 뉴런에 미치는 흥분 또는 억제 효과도 커진다.[15] 우리 뇌는 극도로 높은 시냅스 가소성을 가진 채, 즉 매우 민감하고 유연하게 학습을 대할 수 있는 상태로 태어난다. 그러나 신경 발달이 진행되면서 이 능력은 점차 감소하고, 성인기에 이르면 최하 수준에 도달한다. 이 수준이 바로 우리가 새로운 것을 학습하기에는 충분하면서, 이미 축적된 기존 지식은 지나치게 흔들리지 않는, 최적의 균형점이다. 뇌는 이 가소성, 즉 뉴런 간 연결의 강도를 조절하는 능력을 활용해, 학습을 거쳐 대뇌피질의 뉴런들 사이에 새로운 전기회로를 만든다. 이 회로들이 바로 엔그램engram이다.

엔그램은 기억의 물리적인 표현으로, 상호 연결된 여러 뉴런의 집합으로 구성되어 있다. 이들은 서로 '반사하듯' 신호를 주고받을 수 있는 연결 구조로 되어 있어, 일부만 자극해도 회로 전체가 활성화된다.[16] 우리의 경험이 쌓일수록, 당연히 기억도 복잡해진다. 복잡한 현상을 학습한다는 것은 결국 여러 개의 새로운 연결을 구축하는 것을 의미한다.

관계적 패러다임

이제 우리는 단테의 《신곡》과도 같았던 우리의 여정에서 마침내 '순결한 장미Candida Rosa'* 앞에, 즉 마지막 깨달음의 순간에 이르렀다. 뇌과학자들은 현대 기억의 패러다임을 관계 기억relational memory이라고 한다. 이번 장에서 다룬 내용을 이해했다면 이 말의 의미를 알 수 있을 것이다.

이 책 전체를 관통하는 주제는 연결이다. 학습은 곧 연결을 의미한다. 학습이란 결국 개별 뉴런들을 서로 연결해 하나의 엔그램을 형성하고, 각각의 엔그램들을 연결해 복합적인 개념을 형성하는 과정이다.

여기서 주목해야 할 점은, 엔그램이 이를 처리하는 장치이기도 한 대뇌피질 내부에 존재한다는 사실이다. 놀랍게도 뇌 안에서 기억과 정보 처리는 두 얼굴의 야누스처럼 하나의 존재다. 컴퓨터 하드디스크와 프로세서처럼 분리된 시스템이 아니라, 기억 장치가 곧 처리 장치다. 인간의 기억은 바로 이러한 면에서 컴퓨터 메모리와는 비교할 수 없을 정도로 강력하다. 인간의 기억은 단순한 비트의 배열이 아니라, 관계로 얽힌 네트워크다. 이 네트워크는 정보를 저장하는 동시에 그것을 처리할 수 있다. 세상에 이보다 놀라운 능력이 또 어

---

* 단테의 《신곡》 중 〈천국〉편 제31곡에 등장하는 상징으로, 궁극적인 계시를 상징한다.

디 있겠는가.

기억의 관계적 패러다임이 학습 방법 전반에 미치는 영향은 크다. 관계적 패러다임은 학습이란 결국, 뇌에 있는 엔그램들이 전기적으로 연결되는 과정이라는 사실을 보여준다. 예를 들어, 모차르트의 전기를 이야기할 때, "모차르트는 인생의 고난기에 뮌헨에서 파리로 여행을 떠났다"라고 할 때보다, "모차르트는 복잡한 애정 문제 때문에 뮌헨을 떠나려 했다"라는 문장이 기억에 남는 이유는 첫 번째 문장과 비교했을 때, 두 번째 문장에 논리적 연결 고리가 하나 더 있기 때문이다.[17] 이는 곧 논리적 연결 고리 생성을 촉진하는 학습법이 더 효과적임을 의미한다. 학습은 관계를 형성하려는 인간의 본성이 만들어낸 가장 빛나는 보석이며, 인간의 사고는 그로 인한 결과물이다.

다음 표는 이런 기억 저장과 관련된 세 가지 키워드를 정리한 것이다.

		집중력	부호화	강화
	감각 기억	작업 기억	장기 기억: 임시 저장소	장기 기억: 영구 저장소
능력	매우 높음 : 우리의 처리 능력을 초과할 정도	7±2 청크 : 약간 복잡한 청크 포함	명확히 규명되지 않음	사실상 무제한
지속 시간	시각적 기억 250ms, 청각적 기억 1~3초	5~20초, 반복 시연 통해 연장 가능	최대 10~30년	사실상 무제한

위치	일차 감각 피질 영역: 시각(V1), 청각(A1), 체감각(S1)	전전두엽 피질	명확하지 않음	대뇌 신피질
기억인출 가능성	매우 높음	매우 높음	부분적	부분적
실전 핵심개념	필요한 정보를 선별하기 위해서는 집중력이 중요함	초두 효과, 최근 효과, 마법의 숫자 7	간격 효과, 강화를 위해서는 수면이 중요함	관계적 패러다임

2

오해

복습은 매일 반복할수록 좋은 것이다?

이제부터 본격적으로 완벽한 학습법을 설계해 보자. 로마가 하루아침에 건설되지 않았듯, 학습이라는 '대성당'을 세우는 작업에도 오랜 시간이 필요하다. 인간의 학습을 특징짓는 온갖 반직관적인 특이사항들 외에도 수많은 돌발 변수와 예측 불가능한 상황을 고려해야 한다. 이러한 복잡한 과정을 거쳐 최적의 학습 구조를 만들려면 정밀하고 꼼꼼한 '수학적' 계획을 세울 필요가 있다. 우리 모두 학습 공학자가 되어, 최소한의 노력으로 최대의 성과를 끌어낼 전략을 면밀히 계획해 보자.

이렇게 하려면 먼저 학습 공학이라는 독특한 파생 학문을 지배하는 법칙과 이론들을 정확히 알아야 한다. 특히 이번 장에 나오는 간단한 이론들은, 다음 장에서 실제로 건설하게 될 학습의 대성당을 세우는 데 필요한 이론적 토대가 될 것이다. 우리가 건설할 대성당은 실용적이고 구체적인 학습법이자 수학적인 정확함을 바탕으로 정교하게 구축되었기 때문에 모든 분야에 적용할 수 있다. 이제 연필을 귀에 꽂고, 제도용 자를 손에 들고, 학습법이라는 대성당을 설계할 준비를 시작해 보자.

성적은 복습에 비례해서 증가하지 않는다

학습 공학의 첫걸음은 학습의 수학적인 측정 도구인 학습 곡선 learning curve과 학습 곡선의 반대 개념인 망각 곡선forgetting curve을 이해하는 데 있다. 두 개념은 심리학이 학문으로 자리 잡기 시작한 1885년, 독일 학자 헤르만 에빙하우스에 의해 등장했다. 그는 정보가 기억되는 시간을 수학적으로 측정한 최초의 신경과학자이자,[1] 작업 기억의 용량을 나타내는 이른바 '마법의 숫자 7' 원칙을 발견한 인물이기도 하다(1장 참조).

망각 곡선

초기 실험에서 에빙하우스는 학생들에게 무의미한 음절 리스트 sinnlose Silbenreihen를 주고 일정 횟수를 반복해서 읽어 암기하도록 했다. 그 후 몇 시간 또는 며칠이 지난 시점에 학생들을 상대로 기억력 검사를 실시해, 시간이 지난 후에 음절을 몇 개나 기억하는지 측정했다. 그 결과, 그림 7에서 알 수 있듯 기억 곡선은 전형적인 감소 함수의 형태를 나타냈다. 이는 수학의 음지수함수negative exponential function에 해당한다.

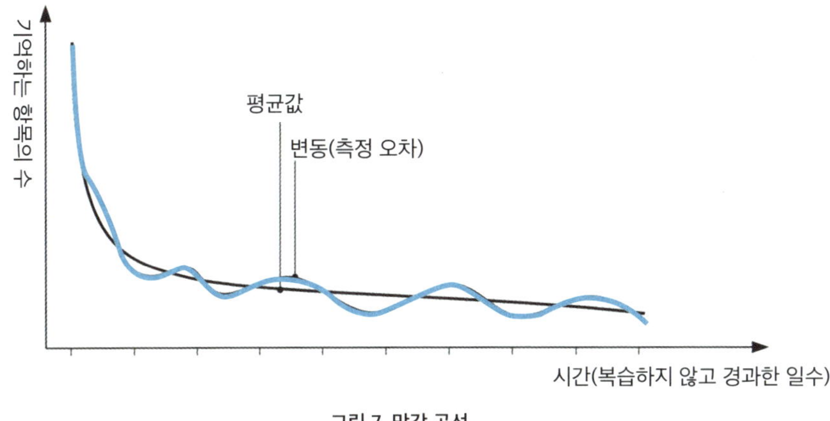

그림 7. 망각 곡선

좀 더 직관적으로 설명하면, 이 곡선은 알파벳 'L'자 형태와 비슷하다. 음절의 대부분은 20분 이내에 급격히 잊히지만, 다음 날부터는 기억하고 있는 음절 수가 거의 일정한 수준으로 안정화된다. 에빙하우스는 이 그래프에 망각 곡선forgetting curve이라는 이름을 붙였다.

학습 곡선

지금까지의 내용은 그리 놀랍지 않을 것이다. 하지만 조금만 기다리면 훨씬 더 흥미로운 내용이 나온다. 에빙하우스와 그의 뒤를 이은 후대 심리학자들은 학생들에게 암기할 자료를 일정한 간격으로 복습하게 하는 방식으로 기존 모델에 하나의 변수를 추가했다. 여기에서 기억된 항목의 수와 복습 횟수, 즉 학습하는 데 사용한 전체 시간을 함수로 나타낸 완전히 새로운 형태의 곡선이 등장하게 되는데, 에빙하우스는 이를 학습 곡선learning curve이라고 불렀다. 직관적으로 생각하면, 복습할수록 기억하는 정보의 양도 함께 증가할 것 같다. 복습할 때마다

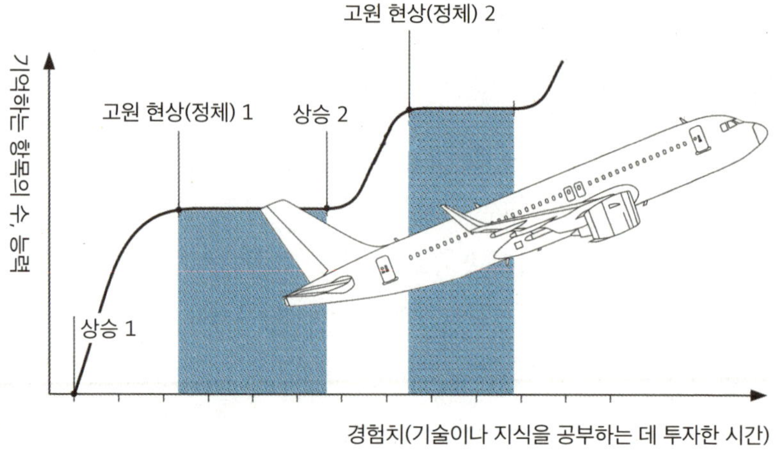

그림 8. 학습 곡선

무의미한 음절을 외우려고 학습이라는 자원을 더 투자하는 것이니까. 하지만 현실은 이와 다르다. 이 정도 진도가 나갔으면, 이미 예상했겠지만, 뇌와 관련된 사안에 대해서 직관은 결코 현명한 안내자savio duca*가 아니다. 에빙하우스는 학습 곡선이 단순한 상승 곡선이 아니라는 놀라운 사실을 발견한다. 즉, 기억할 수 있는 정보의 양이 복습에 비례해서 증가하는 것은 아니라는 것이다. 실제로 그림 8에서 알 수 있듯 곡선은 뚜렷한 변동을 나타냈다. 심지어 때로는 완만하지만 지속적인 하강 구간도 있었다. 이유는 분명하다. 복습 주기가 반복되는 동안 시간이 흐르기 때문에, 그 사이 처음에 효율적으로 기억되었던 정보가

---

* 단테의 《신곡》에서 단테를 안내하는 로마 시인 베르길리우스를 의미한다. 단테는 종종 그를 현명한 안내자라는 의미인 savio duca라고 불렀다.

일부 잊히기 때문이다. 망각은 학습과 경쟁 구도를 형성하며, 학습 곡선에 불규칙하고 비직관적인, '단조롭지 않은non-monotonic' 특성을 만들어낸다.

심리학자들뿐 아니라 기업 효율성을 연구하던 경제학자들도 에빙하우스가 제시한 수학적 모델의 위력을 바로 깨달았다. 그 후 학습 곡선은 과학 논문에서 지속적으로 사용되며 20세기 초부터 지금까지 통용되고 있다. 현재는 경험치(기술이나 지식을 공부하는 데 투자한 시간)와 실력proficiency(획득한 기술 또는 정보)과의 함수 관계를 나타내는 그래프에 일반적으로 적용되는 개념으로 확장되었다.

학습 곡선의 특성

시간이 흐르면서 '전형적인' 학습 곡선의 특징을 규정하려는 더욱 심도 있는 연구가 진행되었다. 이러한 연구를 거쳐 확립된 기본 전제가 바로 학습 곡선의 불규칙성이다. 학습 곡선은 언제나 상당한 수준의 통계적 잡음statistical noise을 포함하는데, 이는 학습자의 생산성이 일정하지 않기 때문이다. 어떤 날은 학습자가 기운이 넘치고 집중력도 높을 수 있지만, 또 어떤 날은 기운이 없고, 진도를 제대로 못 나갈 수 있다. 하지만 이러한 잡음에도 불구하고, 새로운 분야를 학습할 때 반복적으로 나타나는 몇 가지 흥미로운 고정 패턴도 있다.

먼저, 학습 초기에는 항상 빠른 능력 향상의 단계가 있다. 이 시기는 소위 초심자의 열정이라 불리는 단계로 학습자의 학습 의지가 불타오르는 시기다. 그러나 곧이어 이 초기 상승 곡선은 학습 속도가 둔화하는 두 번째 단계로 이어진다. 이 시기에는 곡선이 평평해지는

데, 심리학에서는 이를 낙담의 정체기plateau of despond라고 부른다.[2] 이러한 전환, 즉 급격한 상승에서 정체 구간으로의 변화는 지극히 자연스러운 생리적 과정이지만, 학습자는 깊은 좌절감에 빠질 수 있다. 정체기에 접어든 학습자는 지금까지 배운 모든 것을 잊은 듯한 느낌을 받는다. 노력보다 능력이 눈에 띄게 향상하지 않으면, 자신이 해당 분야에 맞지 않는다는 생각에, 공부 자체를 시간과 에너지 낭비로 받아들일 수 있기 때문이다. 설상가상으로 방금 배운 정보 일부를 잊을 때는 자신의 실력이 부족하다고까지 생각할 수도 있다. 이때 학습자는 공부가 오히려 해가 되는 것이 아닐까 하는(잘못된) 인상을 받는다. 이 정체기는 학습 동기가 저하되는 시기다. 하지만 어느 정도 시간이 지나면(이 시기는 학습 분야와 학습자에 따라 다르다) 학습 곡선은 갑작스럽게 다시 상승한다.

이와 같은 정체기와 그 뒤에 오는 급진적인 진전은 학습을 하면 할수록 반복적으로 나타난다. 이 이야기의 핵심은 분명하다. 학습자는 단기적으로 나타나는 비정형적이고 불규칙한 흐름이 정상적인 생리적 현상이라는 점을 인식하고, 즉각적인 실력 향상에 대한 기대를 잠시 내려놓고, 인내심을 가져야 한다. 이러한 끈기만 잃지 않는다면, 전공 분야에서 큰 도약을 하는 만족감을 누릴 수 있을 것이다.

낙담의 정체기의 원인

학습 곡선에서 이른바 낙담의 정체기라 불리는 정체 구간이 생기는 원인은 다양하다.[3] 우선, 특정 학문을 공부할 때, 초반에 배우는 기초 개념들은 말 그대로 기초적이라 이해하기 쉽다. 또, 처음 배우는 사람 특유의 호기심과 새로운 세계를 탐험하는 설렘도 빠른 학습 속도에 도움을 준다. 마지막으로 이에 못지않게 중요한 또 하나의 중요한 요인은 완전 초보 시절에는 실력이 눈에 띄게 향상한다는 사실이다.

예를 들어 외국어를 처음 배울 때, 명사, 동사, 형용사 등의 기초적인 원리들은 금방 익힐 수 있지만, 어느 정도 수준이 높아진 후에 잘 사용하지 않는 동사의 시제 변화나 불규칙과 같은 정교하고 특수한 세부 사항들을 다루게 되면, 학습 진전 속도는 느려질 수밖에 없다.

이러한 현상은 결국 '절대량 대비 상대량'의 법칙으로 설명할 수 있다. 처음에는 기존 지식이 거의 없기에 그 양을 두 배로 늘리는 것이 쉽지만, 어느 정도 수준이 높아진 단계에서는 지식이나 능력치를 두 배로 끌어올리려면 훨씬 큰 노력이 필요한 것이다. 어떤 심리학자들은 이러한 정체기가 불가피한 현상이라고 보지만, 또 어떤 심리학자들은 기초가 부족해서 정체기가 오는 것이라고 주장한다.

정체기의 원인이 무엇이든, 중요한 것은 학습자가 이 비직관적인 현상의 존재를 인지하고 있어야 한다는 점이다. 그래야 학습의 결과를 단기적으로 성급하게 판단하는 오류를 피할 수 있다. 정체기는 지극히 정상적인 과정이므로, 학습자는 이를 실패나 후퇴로 오해하지 않고, 당장의 결과에 흔들리지 않고 열심히 공부해야 한다.

학습 곡선과 관련된 표현에 대하여

여기서 잠시, 학습 곡선과 관련된 표현법에 소견을 덧붙이고자 한

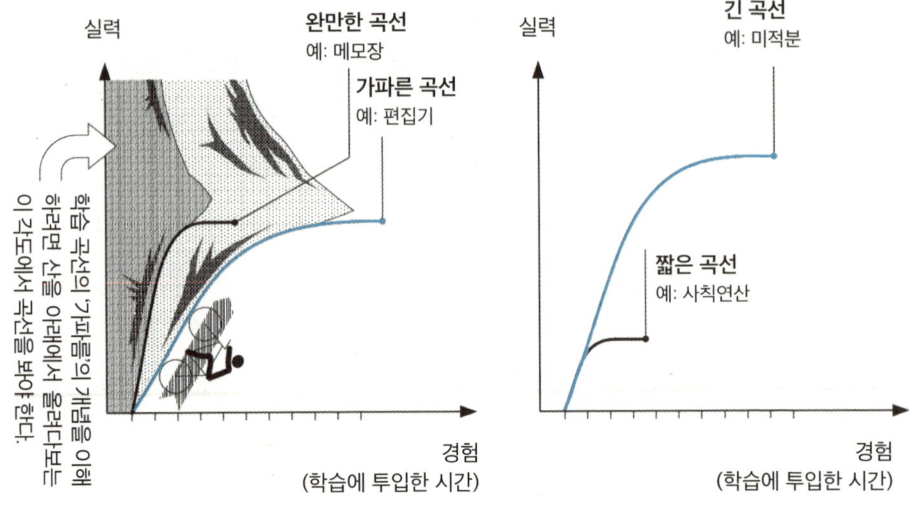

그림 9. 가파른 학습 곡선, 완만한 학습 곡선, 짧은 학습 곡선, 긴 학습 곡선

다. 배우기 어려운 특정 과목이나 스포츠, 혹은 소프트웨어를 두고 "학습 곡선이 가파르다"라는 표현을 사용하는 것을 들어본 적이 있을 것이다. 영어로도 무언가를 배우는 데 걸리는 시간과 난이도가 높을 때 "a steep learning curve"라는 표현을 쓴다. 누구든 한 번쯤 이 말의 의미에 의문을 가졌을 법하다. 사실 '가파르다steep'를 문자 그대로 해석하면, 가파른 학습 곡선은 적은 노력(수평축의 작은 이동)에도 실력 향상의 폭(수직축의 이동)이 크다는 의미가 된다. 즉, 적은 노력으로 빨리 배운다는 의미다. 언뜻 들으면 그럴듯하게 들리지만, 실제로는 영미권에서 흔히 말하는 잘못된 명칭misnomer이다. 사실 '가파른 곡선'은 수평축이 노력을 나타내고, 수직축이 결과인 그래프가 아니라 오히려 그 반대인 구조다. 그림 9를 보면 이해하기가 쉽다. 산의 경사를 노력으로 생각해 보면 경사가 가파를수록 오르기가 더 힘들 것이다.

한편 '학습 곡선이 가파르다'라는 표현보다는 비교적 대중적이지는 않지만, 가끔 사용되는 표현 중에 '학습 곡선이 길다' 혹은 '학습 곡선이 짧다'라는 표현이 있다. 이때에는 각기 다른 두 가지 목표 수준에 도달하기까지 걸리는 시간의 길이를 의미한다.

가장 효과적인 최적의 복습 주기

집중 연습과 분산 연습

이제 지금까지 심리학이 밝혀낸 법칙 중 아마도 가장 보편적이며, 가장 강력하고, 가장 견고한 원칙인 간격 효과를 소개할 시간이다. 간격 효과는 "집중 연습과 분산 연습 중 어떤 방식이 더 효과적인가" 라는 오랜 논란에 종지부를 찍는다.

가령 외워야 할 어떤 정보, 예를 들어 한 편의 시가 있는데, 정확하게 학습 시간이 한 시간 주어졌다고 가정하자. 이때 당신은 두 가지 전혀 다른 학습 방식 중 하나를 선택해야 한다.

- 먼저 집중 연습(massed practice 또는 crammed practice)을 활용하는 방식이 있다. 집중 연습은 주어진 한 시간을 한 번에 몰아서 사용하는 방식, 즉 쉬지 않고 계속 시를 반복해서 외우는 방법이다.
- 집중 연습과 완전한 대척점에 있는 방식이 바로 분산 연습 distributed practice이다. 이 방식은 총 학습 시간을 짧게 여러 번 나누어 사용하는 것이다. 예컨대 한 시간을 10분씩 6회로 나누어

학습하는 식이다.

당신이라면 느낌상 어떤 방식을 선택하겠는가?

간격 효과

여기에 대답은 "경우에 따라 다르다"이다. 구체적으로 말하자면, 기억을 얼마나 오래 유지해야 하는지에 따라 달라지고, 더 솔직히 말하면 시험이 언제인지에 따라 달라진다.

학습자의 목표가 불과 몇 시간 뒤에 치를 시험에서 질문에 무난히 대답하고, 뒤돌아서자마자 시를 곧바로 잊어버리는 것이라면, 그러니까 말 그대로 '머릿속에 욱여넣기'식 암기를 해야 한다면 집중 연습 전략이 더 효과적인데, 그것은 최근 효과로 인해 시험 직전에 외운 정보가 더 잘 떠오르기 때문이다(1장 참조).

그러나 이것은 일종의 '병리적'인 현상이다. 실제로 우리와 관련된 상황 대부분, 그러니까 정보를 장기적으로 기억해야 할 때는 이야기가 완전히 달라진다. 적어도 24시간 이상 정보를 기억해야 하는 상황에서는 주제에 상관없이, 어떤 환경에서나 분산 연습이 항상 더 효과적인 전략으로 나타난다. 그 주체가 동물이든 사람이든, 어린아이든, 어른이든, 노인이든 상관없다. 이것은 시대를 초월하는 불문율이다. 이처럼 모든 상황에 적용 가능한 보편성이라는 간격 효과의 특성은 많은 심리학자를 흥분시켰다. 간격 효과는 거의 모든 분야에서 효율적이다. 놀라운 점은, 실제로 현실에서 학습 전략을 선택할 때 대부분 집중 연습 전략을 선택한다는 사실이다. 그것은 학생들뿐 아니라 교사들도 마찬가지다.[4] 모두 단기적으로는 성과가 좋아 보이는 집중 연습에 쉽게 현혹되지만, 이는 기만적인 착시일 뿐이다. 장기적인 관점에서 보면, 학습 시간을 여러 날에 걸쳐 분산하는 전략이 항상 더 효과적이다. 그리고 때로는 그 효과가 정말 놀라울 정도다.

앞에서 살펴본 내용을 제대로 이해했다면, 신경과학적 관점에서 간격 효과를 손쉽게 이해할 수 있을 것이다. 당신은 특정 정보를 접한 후, 그 직후 아무것도 하지 않는 시간에 장기 기억이 강화된다는 사실을 기억할 것이다. 강화 과정은 일정 시간 뒤에 동일한 정보를 다시 접할 때마다 다시 시작된다. 그래서 학습 계획을 며칠에 걸쳐 분산하면, 뇌는 정보를 여러 번 소화하고, 새로운 연결을 구축해서, 이미 알고 있었던 기존 정보들과의 유사점과 차이점을 비교할 기회를 얻게 된다.

이는 앞서 언급한 관계적 패러다임(1장 참조)에 정확히 부합하는 방식이다. 그뿐만 아니라 복습에 시간 간격을 두는 방식은 통제할 수 없는 기억의 공백을 점검하고 보완할 기회를 제공한다. 예를 들어, 특정한 내용을 공부한 지 일주일이 지난 뒤에 같은 내용을 두 번째로 복습한다고 가정해 보자. 이때 학습자는 어떤 정보가 장기 기억에 저장되고, 어떤 정보는 저장되지 않았는지 확인한 후에 저장되지 않은 정보를 집중적으로 공부할 수 있다. 세 번째, 네 번째 복습할 때도 마찬가지다.

이러한 일련의 복습 과정은 기억의 공백이 생길 수밖에 없는, 기억이 가진 본질적인 확률적 특성을 보완할 수 있다. 이와는 달리, 집중 연습은 학습자가 소화를 제대로 하지 못한 정보를 덩어리째 통째로 삼키는 것이다. 이러한 방식으로 학습할 때, 작업 기억의 한계를 초과해, 이른바 인지 과부하cognitive overload 상태에 이를 위험이 있다. 그 결과 학습자는 지치고 비효율적으로 공부하게 된다.

간격 효과의 보편성은 수없이 반복된 실험적 연구에 기반을 두고 있으며, 대체로 정형화된 형태로 진행된다. 그림 10처럼 학습자 집단을 모집해 특정 자료를 최소 두 번 이상 학습하게 한다고 가정하자. 이때, 두 학습 세션을 각각 S_1과 S_2라고 부르고, 두 세션 사이에는 일정한 간격spacing gap을 두자. 이 간격이 0일 때 집중 연습이다. 반대로 두 세션 사이에 간격이 있으면 분산 연습이다. 이때 두 세션 사이의 간격은 몇 초에서 몇 주까지 다양하게 설정될 수 있다. 중요한 것은 간격이 0보다는 커야 한다는 것이다. 마지막 학습 세션이 끝난 뒤, 다시 일정 시간이 지난 후 학습자가 정보에 대한 기억을 얼마나 유지하고 있는지 기억 검사를 시행하는데, 이 지연 시간을 시험 지연test delay이라고 부른다.

이 실험에서 눈여겨볼 것은, 학습 세션 사이의 간격에 따라 실험 참가자들이 획득한 '평균 점수'의 변화를 나타내는 그래프다. 극단적인 경우, 즉 시험 지연 시간을 매우 짧게 설정하고 학습 직후 바로 시험을 치르는 '병리적 사례'들을 제외하면, 일상에 유의미한 모든 실험에서는 학습 세션 사이에 0이 아닌 간격이 존재하는 것이 항상 효율적이라는 사실이 명확히 드러난다. 다시 말해, 학습 세션 분산은 언제나 결과가 더 좋고, 여기에 예외는 없다.[5]

효과적인 학습을 위한 최적의 간격

이제 지금까지 배운 내용을 실전에 적용하기 위한 중요한 질문이 남아 있다. 그것은 바로 "어느 정도가 최적의 간격인가"이다. 간격 효

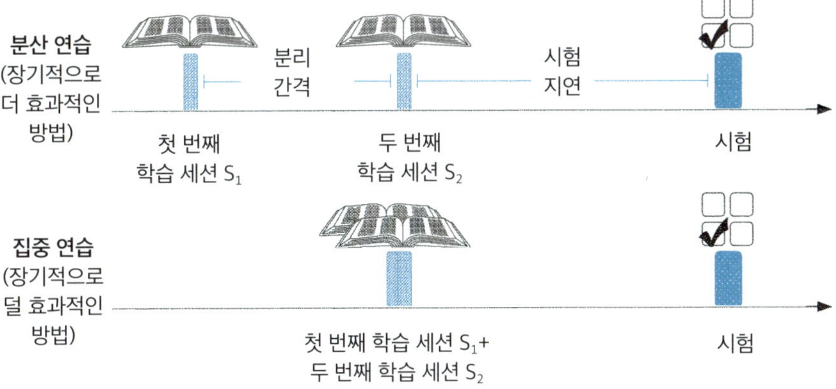

그림 10. 간격 효과

과를 다뤘을 때 나온 내용을 바탕으로 생각해 보면, 이 질문에 대한 답은 "공부한 내용을 얼마나 오래 기억해야 하는가"라는 또 다른 질문의 답에 따라 결정된다는 사실을 유추할 수 있을 것이다. 복습 세션 간격이 너무 짧으면, 학습 성과는 집중 연습을 했을 때와 거의 비슷해진다. 이때, 기억력은 단기적으로는 극대화되지만, 장기적으로는 급격히 쇠퇴한다.[6] 반대로, 간격이 비정상적으로 길어지면, 특히 학습 초기에 복습 간격이 길어지면 비효율적인 결과로 이어질 수 있다.

즉, 첫 번째 세션에서 배운 내용을 완전히 잊어버린 상태에서 두 번째 세션을 시작할 수 있는데, 이는 곧 사실상 학습을 처음부터 다시 시작해야 하는 것을 의미한다. 따라서 최적의 간격을 찾으려면 이 두 극단 사이에서 타협점을 찾아야 한다.

그림 11에서 알 수 있듯 기억을 유지하고 싶은 전체 기간의 10퍼센트에서 20퍼센트에 해당하는 시간을 간격으로 선택했을 때 가장 좋

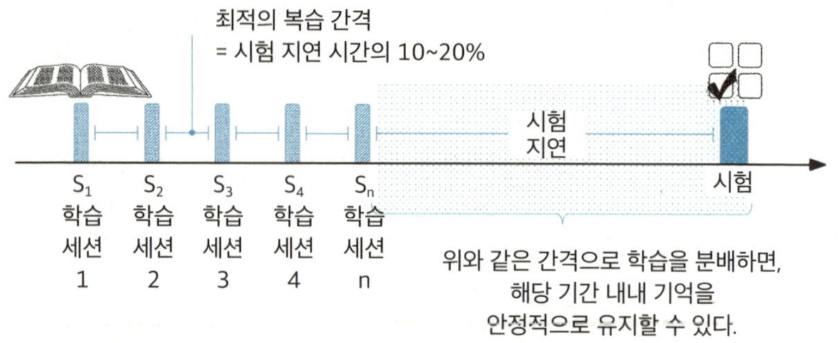

그림 11. 최적 복습 간격

은 성과를 낼 수 있다.[7] 예를 들어, 특정 정보를 열흘 동안 유지하고 싶다면, 학습 세션 간격은 하루에서 이틀 정도가 적절하다는 뜻이다. 반대로, 특정 정보를 몇 달 혹은 평생 기억하고 싶을 수도 있다. 이 때에는 원하든, 원치 않든 수개월 혹은 수년 단위의 매우 긴 간격을 적용하는 수밖에 없다. 하지만 현실에서는 수업 시간에 다루는 주제는 대개 몇 시간 혹은 몇 주 만에 몰아서 공부한 뒤 다신 다루지 않는다.

공부할 과목이 많을 때 기억력을 높이는 법

블록 학습과 교차 학습

간격 효과보다는 일반적이지 않고, 덜 강력하지만, 그럼에도 충분히 언급할 가치가 있는, 간격 효과의 '동생' 격인 원칙이 있다. 그것은 바로 교차 학습 효과interleaving effect다. 이 효과는 흔히 간격 효과의 부산물처럼 간주되지만, 사실은 완전 별개의 현상이다. 교차 학습interleaved practice 역시 두 가지 학습법을 다루지만, 간격 효과와는 조금 다른 점에 초점을 맞춘다.

예를 들어 하루에 세 시간씩, 세 달 동안 고대사, 중세사, 근현대사라는 세 가지 주제를 공부해야 한다고 가정하자. 이때 우리는 두 가지 학습법을 선택할 수 있다.

- 첫 번째는 블록 학습blocked practice이다. 블록 학습 방식은 각각의 주제에 순차적으로 집중하는 학습 방식이다. 예컨대, 첫 달은 고대사만, 두 번째 달은 중세사만, 세 번째 달은 근현대사만 공부하는 식이다.
- 블록 학습에 대척점에 있는 방식이 바로 교차 학습이다. 교차 학습은 매일 세 가지 주제를 일정 비율로 나누어 동시에 학습하는 방식이다. 예를 들어 고대사, 중세사, 근현대사를 매일 한 시간씩 고르게 분배해 세 달 동안 반복 학습하는 형태다.

당신은 직관적으로 어느 방식에 더 끌리는가?

교차 학습 효과

정답을 말하면(예외는 있지만) 대부분의 경우에는 교차 학습의 결과가 더 낫다. "그게 뭐 대단한 발견이냐, 다 아는 얘기 아니냐"라고 말할 수도 있다. 그림 12에서 알 수 있듯 교차 학습이 더 효과적인 이유는 매일 세 가지 주제를 조금씩 학습하므로, 각 주제에 대한 학습 시간을 긴 기간에 걸쳐 고르게 분산하기 때문인데, 이는 앞서 살펴본 간격 효과의 이점을 그대로 활용하는 구조다. 맞는 말이지만, 교차 학습에는 간격 학습 이상의 효과가 있다. 가령 두 명의 학생이 있다고 하자.

- 학생 A는 앞서 설명한 대로 교차 학습 방식을 따라서 매일 고대사, 중세사, 근현대사를 한 시간씩 공부했다.
- 학생 B는 같은 기간 동안 중세사와 근현대사는 손도 대지 않고 하루에 한 시간씩 오직 고대사만 공부했다.

그런데도 학생 A의 성과가 더 뛰어난 이유는 단순히 학습 기간을 분산했기 때문만이 아니라, 여러 주제를 섞어서 학습하면서 얻어지는 고유한 이점이 있기 때문이다. 그 핵심은 서로 다른 개념들 사이에 새로운 논리적 연결을 생성할 가능성에 있다.

이 흥미로운 현상을 교차 학습 효과 또는 교차 배열 효과interleaving effect라고 부르는데, 이 효과는 이 책의 마지막 장에서 다룰 다학제적 사고방식의 이론적 기반이 된다.

교차 학습 효과 역시 수많은 실험을 거쳐 증명되었다. 예를 들어 한 학급 학생들에게 세 가지 유형의 운동 과제를 가르친다고 가정하자. 테니스공을 던져 목표물을 맞히는 세 가지 동작을 연습시키면서 학생들을 두 그룹으로 나누어보자.

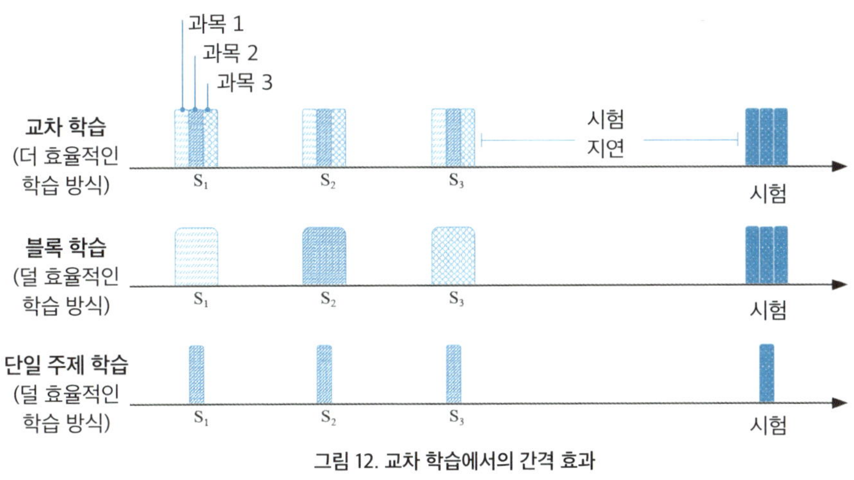

그림 12. 교차 학습에서의 간격 효과

- 블록 학습법을 따르는 그룹에 속하는 학생들에게는 첫 번째 기술을 18회, 두 번째 기술을 18회, 세 번째 기술을 18회, 총 54회 연습할 기회를 준다.

- 교차 학습법을 따르는 그룹에 속하는 학생들에게도 마찬가지로 기술별 18회의 훈련 기회를 주되, 그 순서는 무작위로 뒤섞어 연습하게 한다.

연습 중에는 블록 학습 그룹에 속하는 학생들의 학습 속도가 빨라서 성과가 좋은 것처럼 보인다. 하지만 열흘 후에 재시험을 보면, 흥미로운 현상이 나타난다.

시험을 블록형으로 실시하면, 즉 1번 기술, 2번 기술, 3번 기술의 순서로 실시하면 두 그룹 간 실력 차이가 거의 없지만, 시험 순서를

무작위로 실시할 때, 교차 학습 방식으로 훈련한 학생들의 성과가 훨씬 뛰어나게 나타나는 것이다.[8]

사실 현실에 훨씬 가까운 것은 두 번째 방식이다. 현실에서는 축적한 데이터베이스를 예측 불가능하고 무작위적인 순서로 불러내야 하는 때가 많기 때문이다. 예를 들어 의사는 대학교에서 내과, 외과, 신경과 과목들을 따로 배우지만, 실제 진료 상황에서는 각 전문 분야 지식을 한순간에 통합적으로 꺼내야 한다. 교차 학습은 현실에서 필요한 핵심 역량을 기를 때 블록 학습보다 훨씬 효과적이다.

앞서 언급했듯이 교차 학습 효과는 '맏형' 격인 간격 효과에 비교해 적용 범위가 다소 제한적이다. 특정한 경우 블록 학습이 오히려 더 효과적일 수 있다. 대표적으로 학습 내용의 난이도가 매우 높은 때가 그렇다. 이럴 때는 한 번에 하나의 주제에만 집중하는 방식을 거쳐 이해도를 높일 수 있다. 물론 어디까지나 예외적일 때지만 말이다.[9] 이로써 공학 중에서 과소평가되었던 학습 공학에 대한 이론적 고찰을 마무리하고, 다음 장에서는 지금까지 다룬 이론들을 구체적이고 실용적인 학습법에 적용해 보자.

3

오해

공부를 못하는 이유는 의지가 약해서다?

지금까지 살펴본 내용을 바탕으로 당신은 학습 설계에 능통한 엔지니어가 되었다. 이제 이런 이론들을 바탕으로, 책 전반에 적용될 학습법의 외골격에 해당하는 기본 틀을 구성해 보자. 이 과정에서 길지 않은 이번 장은 일종의 목차이자 우리가 다루는 학문의 상부 구조물 역할을 할 것이다. 그리고 이후에 나오는 장들은 학습법과 신경과학적 내용으로 구조물의 빈칸을 하나씩 채워가게 될 것이다. 이제 학습이라는 대성당의 첫 번째 주춧돌을 놓아보자.

메타인지

그 전에 '이렇게 학습을 설계하고 체계화하는 노력이 정말 실질적인 성과로 이어질까?'라는 의문이 떠오를 수 있다. 누군가는 이 모든 것이 공허한 이론 놀음에 그치는 건 아닌지, 칸트와 쇼펜하우어식으로 말하자면 정신적 자위에 그치는 건 아닌지 의심할 수 있다. 이 지점에서 떠오르는 기억이 있다.

대학교 시절, 약간 괴짜 같은 친구가 있었는데, 직접 쳐보지 않고 피아노를 배워서, 인류가 기억하는 한 최초이자 마지막으로 '이론 전용 피아노 배우기' 과정을 개설해 보겠다고 나섰다.

만약 당신의 마음속에서도 비슷한 의심이 떠올랐다면, 그건 잘못된 생각이다. 단순히 내 생각이 그렇다는 것이 아니다. 그러한 우려가 잘못되었음을 증명하는 과학적 증거가 있다. 학습을 의식적으로 계획하고, 그 성과를 면밀하게 점검하는 행위는 심리학자들이 메타인지metacognition라 부르는 능력에 속한다.

메타인지는 말 그대로 '생각에 관한 생각'이다. 우리가 어떻게 사고하는지 되돌아보는 행위, 이 책에서는 자신이 어떻게 학습하는지 스스로 인식하고 평가하는 능력이다. 하지만 연구 결과에 따르면, 일반적으로 학생들은 메타인지 능력이 놀라울 정도로 부족하다.[1] 학생 대부분은 자신의 학습 수행을 계획하고 점검하는 데 매우 서툴다. '그렇게 열심히 공부했는데 왜 점수가 이 모양이지?'와 같은 좌절이 반복되는 이유도 여기에 있다.

하지만 다른 한편으로 메타인지도 습득할 수 있는 능력이고, 이것이 곧 성공적인 학습으로 이어진다는 연구 결과들도 있다.[2] 심리학에서는 자신의 학습을 효과적으로 점검하고 조정할 수 있는 사람을 자기조절 학습자self-regulated learnertuden라고 부른다. 이들은 지적 성취의 선순환에 진입해, 그 안에서 스스로 동기를 부여하고, 평생에 걸쳐 지식과 교양을 쌓는다.[3]

그러니 당신은 안심해도 좋다. 지금부터 소개할 내용은 당신의 삶에 거대한 영향력을 발휘하게 될 테니까.

동일한 자료에 여러 번 노출당해라

본격적인 이야기에 들어가기에 앞서 벤저민 프랭클린의 명언 "계획하지 않으면, 실패를 계획하는 것이다"를 기억하자. 여기서는 내가 당신에게 소개하려는 학습법의 '기본' 구조를 살펴볼 것이다. 1장에서 설명한 두 단계의 기억 구조와 2장에서 설명한 간격 효과를 바탕으로 생각해 보면, 학습법의 핵심은 결국 동일한 자료에 여러 번에 걸쳐 나누어 노출당하는 것이다. 이러한 일련의 노출 단계들을 최대한 단순화해서 '학습 회차'라 불러보겠다. 그림 13을 보자.

- P_1: 1회차 학습

  첫 번째 회차에서 학습자는 암기가 아니라 이해comprehension에 초점을 맞춘다. 이 단계에서 학습자는 책을 읽거나(4장 참조) 강의를 들으며 노트를 정리하는(5장 참조) 방식을 선택할 수 있다.

- P_c: 창의적 학습 회차

  특별히 학습에 능숙하고, 창의력이 뛰어난 학생들은 1회차 학습이 끝난 뒤에 이른바 '창의적 학습 회차'를 도입하곤 한다. 이때 학생들은 자기주도적인 학습 자료를 작성하거나(9장 참조), 특별한 암기법(14~18장 참조)을 활용한다.

- P_2: 2회차 학습

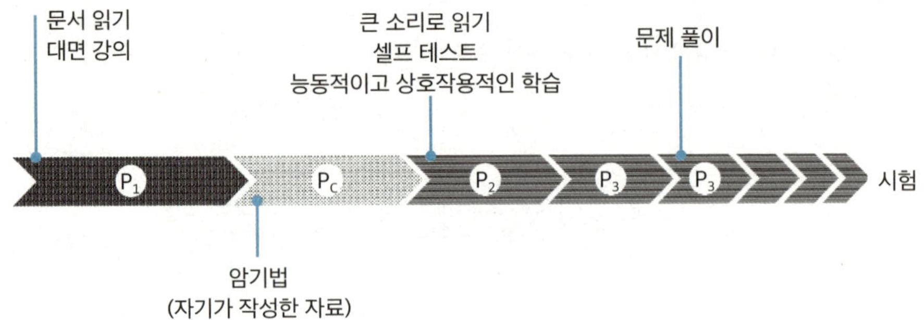

그림 13. 학습법의 구조

복습(8장 참조)이 시작되는 회차로, 1단계에서 이해한 내용이나 '창의적 학습 회차' 단계에서 자기주도적으로 작성한 자료를 복습한다. 이 단계에서는 단순한 반복이 아니라, 1장에서 제시한 학습법 기본 정리에 따라, 더 고차원적이고 능동적인 전략으로 전환shift되어야 한다. 이는 곧, 반복 학습은 반드시 능동적이거나 상호작용적인 방식으로 이뤄져야 한다는 것을 의미한다. 단순한 다시 읽기나 다시 듣기 같은 수동적인 기법은 피해야 한다! 나중에 다룰 셀프 테스트법self-testing(8장 참조)이나 플래시 카드 기법 (9장 참조)과 같이 능동적이고 상호작용적인 방식이 반드시 포함되어야 한다. 특히 여기서는 낙담의 정체기가 자주 나타나는데, 학습자는 이런 사실을 인지하고, 뒤이어 두 번째 상승 주기가 올 것이라는 믿음으로 공부를 계속해야 한다.

- P_3: 3회차 학습

3회차 학습 이후 회차들은 시험일이 가까워질수록 학습 시간이 현저히 짧아져야 한다. 실습이나 문제 풀이를 수반하는 과목의 경우(10장 참조), 이론적 복습을 충분히 했다고 느껴지면 바로 실습을 시작한다.

- 마지막으로 시험 직전과 시험 당일에는 막판last minute 복습을 거쳐 세부 사항을 빠뜨리지 않도록 점검하고, 초인적인 능력을 발휘하게 하는 최근 효과를 활용해 시험 직전까지 기억을 최적화하면 시험 준비 완료다!

간격 효과 실전 적용법

간격 효과를 다루면서 우리는 각 학습 세션, 혹은 앞에서 언급한 학습 회차 사이에 적절한 간격을 두는 것이 매우 중요하다는 사실을 배웠다. 대학교 시험처럼 시험 범위가 넓으면, 회차를 한 번 소화하는 데만 몇 날 며칠이 걸릴 수 있다. 이런 경우 대부분은 굳이 계획하지 않더라도, 자연스럽게 간격 두기를 하게 된다. 다시 말해, 간격 두기 효과는 여러 회차로 구성된 학습 구조에 내재한 속성이다.

교차 효과 실전 적용법

대학교 강의를 수강할 때, 학기 말까지 기다리지 않고 미리 복습을 시작하는 것이 분명 바람직하다. 하지만 이런 상황에서는 각 회차의 학습 시간이 짧을 수밖에 없다. 이럴 때는 어떻게 해야 할까? 바로 이때 또 하나의 중요한 학습 원리인 교차 효과가 유용하게 작동한다. 교차 학습법에 따르면 하루에 여러 과목을 동시에 진행해야 한다. 하지만 이보다 더 중요한 것은, 한 과목 내에도 교차 학습을 적용하는 것이다. 예를 들어, 각 학습 회차에서 복습하는 과목의 챕터 순서를 매번 뒤섞는 식으로 말이다. 9장에서 다룰 셀프 테스트법이나 플래시 카드 기법은 이런 유연한 구성에 적합한 기법이다.

공부를 방해하는 세 가지 증후군

세 가지 '병리적' 사례

자, 이제 계획을 실행에 옮길 준비가 되었는가? 하지만 본격적인 실행에 들어가기 전에, 당신에게 몇 가지 조언을 주고 싶은데 그것은 바로 경영학management에서 농담 삼아 '증후군'이라 부르는 위험 신호에 대한 것이다. 아무리 계획이 완벽해도 이러한 증후군들 때문에 실행을 망칠 수 있기 때문이다. 이 병적 '신호와 징후'를 조기에 진단하고, 신속하게 '치료'할 책임은 오롯이 당신에게 있다.

학생 증후군

그림 14를 보자. 지금 당장 누군가 당신에게 2주 안에 힘들고 귀찮은 과제를 완료하라고 했다고 가정하자. 솔직히 언제부터 과제를 시작할 것인가? 왼쪽의 이론과 달리 대다수 사람은 오른쪽 그림처럼 아직 시간이 많다는 생각에 처음 며칠간은 일에 손도 대지 않을 것이다. 그러다 기간이 반쯤 남으면 슬슬 일을 시작할 수도 있다. 물론 흥미롭고 재미있는 일부터 말이다. 어차피 그래도 상관없으니까. 반면에 지루하고 성가신 부분은 마지막까지 미루고 미루다 마감일이 임박해서야 허둥지둥 처리할 것이다. 어디서 많이 본 패턴 아닌가? 악

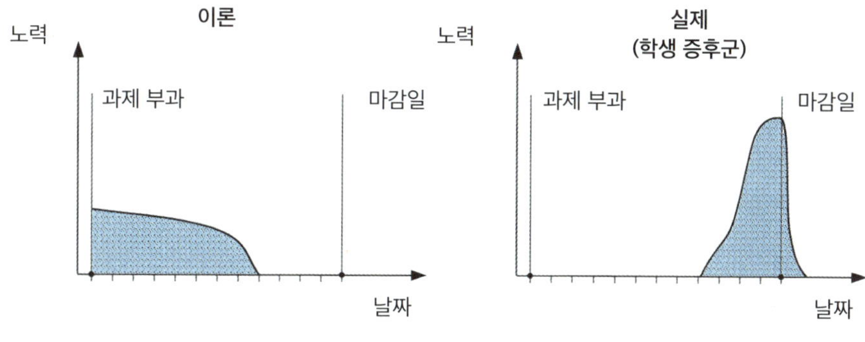

그림 14. 학생 증후군

마의 속삭임 같은 유혹, 짜증 나는 일을 미루라고 하는 내면의 악마는 학생들에게 더 강한 영향을 미친다. 프로젝트project 관리자들은 이러한 현상을 '학생 증후군student syndrome'이라 부른다. 이 명칭은 이스라엘의 사업가 엘리야후 모세 골드렛Eliyahu Moshe Goldratt이 자신의 소설 《임계 사슬Critical Chain》에서 처음 사용한 것이다. 학생 증후군 해결책은 자명하다. 바로 동기부여(12장 참조)다. 즉, 하루빨리 학습은 귀찮은 일이 아니라고 생각해야 한다. 학습은 꼭 필요한 활동이며, 무지한 상태로 남기를 거부하는, 자신을 위한 투자다. 두 번째로, 게으름 탓에 일을 미루고 있다는 사실을 스스로 자각해야 한다. 하루 학습량을 자신과 약속해서 정하고, 이를 반드시 지켜야 한다. 하루 목표를 끝내기 전에는 절대 잠자리에 들지 말아야 한다.

타이머 증후군

다음으로 흔한 전형적인 병리적 현상은 학습이 시간제 노동인 것처럼 학습 시간을 측정하는 데 집요하게 집착하는 학생들이다. 나는 이러한 증상을(내가 만든 단어이기는 하지만) "타이머 증후군timer syndrome"이라 부르고 싶다.

개인적인 이야기지만, 내가 한창 다섯 개나 되는 전공을 위한 강의를 병행하던 시절, 사람들에게 가장 자주 받았던 질문은 "대체 하루에 몇 시간이나 공부하나요?"였다. 하지만 이 질문은 수학자들이 흔히 말하는 '잘못된 문제 제기'다. 제대로 된 학생이나 학자는 굳이 책상 앞에 앉아 있는 시간을 헤아리지 않는다. 10시간이든, 20시간이든, 30시간이든 상관없다. 학습은 스스로 고통을 강요하는 자학적인 수행이 아니니까.

진짜 문제는 책상 앞에 앉아 있는 시간이 아니라, 제한된 시간을 아껴 쓰는 것이다. 배우고 싶은 것은 많은데, 공부할 시간은 늘 부족하니까. 일단, 이 선순환에 들어서는 사람은 괴로워하지 않고 자발적으로 온종일 공부하거나 학업과 관련된 활동을 하게 된다. 13장에서도 다시 다루겠지만, 타이머, 알람, 스톱워치 같은 것은 과감히 버려라. 우리는 지금 고문당하는 것이 아니라, 신나는 공부를 하고 있으니까!

같은 이유로 나는 '포모도로 기법pomodoro technique'도 권하지 않는다.4 포모도로 기법은 주방 타이머를 설정해서 집중 25분과 휴식 5분을 반복하는, 참으로 기괴하기 이를 데 없는 학습 방식이다. 뇌가 인지 과부하를 느껴 스스로 쉬고 싶어질 때 멈춰야지, 멍청한 타이머가 울릴 때 쉬어야 할 이유는 없다. 공부는 출퇴근 시간 카드로 계산할 수 없다. 게다가 확실한 동기를 가지고 집중해서 공부한 학생의 10분은 '토마토 모양 타이머'가 울리기를 기다리며 한 손에는 책을, 다른 한 손에는 휴대폰을 든 채 건성으로 공부한 학생의 세 시간보다 훨씬 값지다.

99% 증후군

마지막으로, 상대적으로 드물지만 지나치게 완벽주의를 추구하는 불안한 학생들에게 나타나는 증후군이 있다. 성격 탓일 수도 있지만, 그보다는 가족이 주는 과도한 심리적 압박 때문일 때가 더 많다. 이들은 심한 시험 공포증 때문에 좀처럼 시험을 보려 하지 않는다. 매번 "준비가 덜 됐다"라며 시험 일정을 미루는 바람에 학습 기간이 무한정 늘어난다. '99% 증후군99% syndrome'이라 불리는 이러한 현상은 기업에서도 관찰된다. 프로젝트가 순조롭게 진행되어 완료 직전인 99퍼센트까지 왔지만, 마지막 1퍼센트를 마무리하는 데 지나치게 오랜 시간이 걸리는 현상이다.

아무리 어려운 과목이라도, 언젠가는 결단을 내리고 시험을 치러야 한다. 답 없는 완벽주의에 굴복해서는 안 된다. 원하는 성적을 받을 수 있을 거라는 확신이 설 때까지 기다리는 것도 무의미하다. 정말이다. 운과 불운은 모두 변수이며 언제 튀어나올지 모른다.

나만의 노하우

이 장에서 나는 내가 직접 개발하고, 다듬은 학습법의 전체적인 틀을 소개했다. 이것은 대학생 시절 내가 실제로 사용한 방법일 뿐만 아니라, 피사대학교를 비롯해서 하버드대학교와 케임브리지대학교 등 세계적인 명문대에서 만난 수

많은 기록 갱신형 학생들이 따르던 방식과 거의 일치한다. 따라서 나는 이 학습법이 타당하고 보편적인 적용이 가능하다는 사실을 확신한다. 앞으로 당신이 모든 기술을 정확하게 이해하고, 효과적으로 적용할 수 있게 이 학습법을 구성하는 모든 요소들을 하나하나 자세히 설명할 것이다. 자, 계속해서 함께 가보자!

4

실전

뇌가 좋아하는
암기법

과거 학자에게 "당신의 광기 어리고 절망적인* 지적 활동은 무엇으로 구성되었는가"라고 묻는다면, 대답은 매우 짧았을 것이다. 사실, 20세기까지만 해도(반복적인) 읽기와 공부는 거의 동의어처럼 사용됐으니까. 하지만 우리는 레오파르디의 자손이 아니라 갈릴레오의 자손이기에, 맹목적인 전통이 아닌 과학적 증거의 샘에서 목을 축인다. 프롤로그에서 살펴본 현대 신경과학 이론에 따르면, 똑같은 자료를 수동적으로 여러 번 읽는 것은 장기 기억 형성에 별 도움을 주지 못한다!

결과적으로 무엇을 공부하든 읽기를 통해서는 고작해야 1회차 학습에서 얻을 수 있는 정도의 성과만 얻을 수 있다. 물론 그렇다고 읽

---

* 이탈리아 시인 자코모 레오파르디Giacomo Leopardi가 엄격했던 아버지의 통제 아래 억지로 공부하던 시절을 묘사한 문장을 인용한 것이다.

기가 중요하지 않거나 하찮다는 의미는 아니다! 읽기는 학습자가 처음으로 특정한 자료를 접하고 각인하는 매우 중요한 과정이다.

먼저 이제 소파에 편하게 앉길 권한다. 이번 장은 지극히 실용적인 장으로 최초 읽기를 최대한 상호작용적이고, 생산적이며 효과적으로 만들기 위한 독서 에티켓과 이에 대한 모범 사례들을 소개할 예정이다. 오늘의 '메뉴' 중 우리가 가장 먼저 맛볼 전채 요리는 읽기에 임하는 '심리적 태도'이다. 그다음 '어디에서 읽을 것인가'라는 첫 번째 요리를 거쳐, '자료 출처'라는 메인 요리와 '읽기 기법'이라는 사이드 디쉬를 맛본 후, 마지막 디저트 '밑줄 긋기와 하이라이팅 노하우'로 오늘의 성찬을 마무리할 예정이다. 모두 즐거운 식사 되시길!

선생님과 학생, 1인 2역을 하라

심리적 태도

우선 인간의 정신은 매우 섬세하다는 것을 전제로 이야기를 풀어 나가 보자. 일반적으로 학습에 임할 때는 되도록 낙관적이고 적극적인 자세를 유지하는 것이 좋다. 예컨대, '이 내용을 분명 기억할 수 있을 거야!'와 같은 마음가짐처럼 말이다. 이와 동시에, 학습자와 읽어야 할 자료 간 감정적 유대감이 형성될 때 기억이 더 잘 된다는 사실을 알아둬야 한다. 실제로 학습자가 처음 접하는 개념들에 주관적이고 감정적인 평가를 내리는 것은 매우 고전적인 암기 요령이다.[1] 호감 또는 반감, 동의 또는 반대, 즐거움 또는 불쾌함 같은 감정들이 여기에 해당한다. 쉬운 예로 역사적 인물 중 누가 '팔로우할 만한 인물인지' 생각해 보는 식으로 접근하면 기억이 더 잘 된다. 이 지점에서 재미있는 일화를 소개하겠다. 신경과학자 스티븐 추_{Stephen Chew}는 언제나 흥미로운 실험 이야기로 강의를 시작했다고 한다. 그는 학생들에게 단어 20개가 적힌 종이를 나눠주고, 그들 중 절반에게는 단어에서 'G'와 'E'가 각각 몇 번 나오는지 세어보라고 하고, 나머지 학생들에게는 각 단어별로 '기분이 좋아지게 하는 정도'를 판단해 보라고 했다. 이런 식으로 그는 단어의 다양한 요소에 감정적 연결 관계를 형성했다. 결과는 놀라웠다. 두 번째 그룹이 첫 번째 그룹보다 최대 80퍼센트 더 많은 단어를 기억하는 것으로 나타났다.[2] 어떤 단어에 '좋아요_{like}'를 누를지 1, 2초 생각하는 것만으로도 암기력이 향상된 것이다!

자기 설명의 장점

읽으면서 기억력을 향상하기 위한 다양한 심리적 전략 중 압도적인 챔피언은 바로 자기 설명_{self-explanation}이다.[3] 언뜻 들으면 대단해 보이지만, 자기 설명이란 결국 "스스로 질문하고, 스스로 답하라"는 일종의 소크라테스식 자가 산파술이라고 정의 내릴 수 있다. 고역일 것 같다고? 물론 그렇게 느낄 수 있지만 그 효과는 정말 놀랍다. 일정한 간격으로 스스로에게 질문을 던지고 답을 찾는 과정은 단기 기억뿐 아니라 장기 기억도 획기적으로 향상한다. 단, 이때 스스로에게 던지는 질문은 단순 암기가 아니라 개념적인 내용을 담아야 하며, 텍스트 중 두 문단 이상에서 나오는 정보들을 창의적으로 통합해서 답할 수 있는 것이어야 한다. 눈치 빠른 독자들은 이미 알아챘겠지만, 이제 우리는 드디어(프롤로그에서 다룬) 학습법 기본 정리의 정점에 있는 '창의적 사고'를 향해 한 발자국 내디뎠다. 자기 설명에는 기억력 향상 이상의 부가적인 효과들이 있다. 예를 들어, 텍스트에 명확하게 드러나지 않은 숨은 의미를 파악하거나, 스스로 대답하는 과정에서 논리적 모순을 발견해서 앞서 놓친 오류를 깨닫게 해준다. 또 현재 공부하고 있는 자료뿐만 아니라 그 기반에 있는 기존 지식까지 되짚게 한다. 여기서 흥미로운 점은 자발적으로 자기 설명 전략을 읽기에 사용하는 극소수 학생들의 성적이 매우 우수하다는 사실이다. 다행히도 연구 결과에 따르면, 외부 권유 때문에 자기 설명 방식을 인위적으로 도입한 학생들 역시 비슷한 성과를 냈다고 한다.[4]

나는 자발적 자기 설명의 충실한 신봉자다. 집착으로 가득한 만화 캐릭터에 가깝다고 할 정도다. 특히 복잡한 수학 이론 시험을 준비할 때도, 나는 엄청난 인내심을 가지고 차분하게 텍스트를 읽으면서 해당 내용과 기존 배경지식을 끊임없이 비교하고, 질문을 던졌다. 내 이런 공부 방식은 친한 친구들 사이에서도 유명했다. 그들은 가끔 나의 지나친 꼼꼼함을 놀리곤 했는데, 솔직히 그럴 만도 했다. 수학 공식으로 가득한 교과서 한 페이지를 한 시간 내내 붙잡고 늘어졌으니 말이다. "이런 줄리오, 아직도 같은 페이지야?"라는 불만이 나올 법도 했다. 하지만 나는 거의 강박적으로 질문을 던지고 답을 찾는 과정에서 논리적 흐름을 완벽하게 파악했고, 덕분에 다른 사람들은 쉽게 놓치는 숨은 의미나 의

외의 오류도 포착해 낼 수 있었다. 그러니 위대한 소크라테스께서 옳으셨다는 말 외에 무슨 말을 할 수 있겠는가.

암기력을 높이는 공간의 힘

방에서 읽기

'읽기를 대하는 올바른 자세 매뉴얼' 중 이번에는 읽기에 적합한 환경을 다뤄보자. 독서에 적합한 환경의 첫 번째 조건은 바로 정적이다. 나는 원래 조용한 밤에 책을 읽는 것을 좋아한다. 만물이 침묵하는 고요 속에 맑은 밤공기를 들이마시며 책을 읽다 보면 밤 특유의 몽환적인 분위기에 취해 이 세상에 오직 나와 책만이 존재하는 것 같은 기분이 든다. 두 번째 조건은 몸을 피곤하게 하지 않는 것이다. 이러려면 편안한 의자가 필요하다. 학창 시절 내 방 리클라이너 의자는 학생들 사이에 전설처럼 회자되곤 했다. 등받이를 완전히 세우지도 눕히지도 않게 고정해 두면 서너 시간 내리 책을 읽어도 힘들지 않았다. 세 번째 조건은 편한 복장이다. 몸을 조이지 않는 편한 복장을 갖추는 것이 집중력을 유지하는 데 도움이 된다.

다른 사람들과 함께 읽기

마지막으로 다룰 주제는 모든 학생의 실존적 문제인 질문, 즉 '도서관 VS 자기 방'이다. 학생들에게 도서관에서 공부가 더 잘되는지 아니면 자기 방에서 더 잘되는지 물으면, 각자 선호하는 곳이 다르다. 결국, 그만큼 주관적인 사안이라는 의미다. 물론 이런 선택은 어느 정도 습관의 영향도 받는다. 뇌는 학습 모드와 특정한 환경 사이에 연관성을 만들어내기 때문이다(7장 참조). 여기서 분위기 깨는 이야기를 하나 하자면, 수다 타임을 하려면 도서관을 선택하는 것은 바람직하지 않다. 주변에 사람이 있든 없든, 텍스트에 온전히 몰입할 수 있어야 한다.

공기의 질

이 오래된 논쟁에 객관적인 해답을 제시해 줄 수 있는 건 이번에도 뇌신경과학뿐이다. 연구에 따르면, 공부할 때 도서관이나 교실처럼 밀폐되고 사람이 많은 공간을 피하는 것이 좋은 이유는 공기 때문이다. 그중에서 집중력과 인지능력에 영향을 주는 두 가지 요소는 공기 중 산소(O_2)의 농도와 이산화탄소(CO_2)의 농도다. 즉, 산소는 많을수록 좋고, 이산화탄소는 적을수록 좋다. 산소의 농도는 기본적으로 식물의 유무와 관련이 있다. 실제로 식물이 많을수록 인지력과 주의력이 크게 향상하는 것으로 드러났다. 반대로 이산화탄소는 공간 내 사람의 밀도와 환기 상태에 영향을 받는다. 다음 표는 CO_2 농도(단위는 ppm, 즉 parts per million으로 나타내는데, 공기 100만 분자 중 이산화탄소 분자의 수를 의미한다)를 기준으로 우리가 일상적으로 사용하는 공간을 정리한 것이다.

CO$_2$ 농도	공간
400ppm	야외 자연 환경
500ppm	도심
600ppm	원룸 사무실
800ppm	인구 밀도가 높고, 환기 상태가 양호한 공간
800ppm	숙면 후 환기를 한 침실
1000~3000ppm	일반적인 교실이나 회의실 같은 밀집 공간
1000~3000ppm	밤새 창문을 닫은 채 사용한 침실
4000ppm	창문이 닫힌 자동차 내부

완벽한 환기 시스템이 작동하지 않는 이상, 실내의 이산화탄소 농도는 야외 기본값보다 현저히 높아지기 마련이다. 게다가 공간 내 인구 밀도가 높아지면 이산화탄소 수치가 급격히 상승해 1,000ppm을 훌쩍 넘길 수 있다. 이산화탄소 농도가 1,000ppm을 넘으면 인지능력에 치명적인 악영향을 미치는데, 공부처럼 복잡한 작업일 때 타격이 더 크다. 예를 들어 2002년 실행한 연구 결과에 따르면, 미국 텍사스주 학교 21퍼센트에서 교실의 CO$_2$ 농도가 3,000ppm을 초과하는 것으로 나타났다.[5] 이쯤 되면 무시하지 못할 수준이 아닌가! 참고로 학교의 환기를 개선하면 학생들의 성적이 극명하게 향상된다는 사실은 이미 여러 실험을 거쳐 입증되었다. 예컨대 2012년에는 의사결정을 요구하는 다양한 과제를 수행하면서 이산화탄소 농도가 참가자들의 인지능력에 미치는 영향을 측정하는 실험을 진행했는데, 그 결과는 가히 충격적이었다. 이산화탄소 농도가 1,000ppm일 때, 인지 성과가

11퍼센트에서 24퍼센트 감소했고, 2,500ppm일 때는 무려 44퍼센트
에서 94퍼센트까지 떨어졌다.[6] 결론적으로, 공부할 공간을 찾아 헤맬
생각이 아니라 환기부터 하고 보자!

너무 적어도 안 되고, 너무 어려워도 안 된다

자료의 양

자료 선택은 학습을 위한 독서 에티켓을 결정하는 데 가장 중요한
요소 중 하나다. 나는 자신이 투입할 수 있는 시간에 맞추어 암기할 수
있는 정보의 양을 구체적으로 계획한 다음, 이를 바탕으로 적합한 자
료를 한두 가지 선택해서 그것을 세세한 부분까지 완벽하게 숙지하며
집중하는 것이 효율적인 학습법이라고 생각한다. 단, 반드시 명심해야
할 점이 하나 있다. 지적 교만에 사로잡혀 실제로 필요한 것보다 훨씬
방대한 분량의 자료를 덥석 선택하는 휴브리스ὕβρις*를 저질러서는 안
된다는 것이다. 자료 분량이 지나치게 많아지면, 복습 횟수는 줄어들
수밖에 없고, 그 결과 정보를 장기적으로 기억하기 힘들어진다.

자료의 난이도

이와 같은 논리는 자료의 난이도를 결정할 때도 적용된다. 이러

---

* 고전 그리스 윤리·종교 사상에서 질서 있는 세계 속에서 인간의 행동을 규제하
고 있는 한계를 불손하게 무시하는 자만 또는 교만을 일컫는 말.

한 내용을 다루는 것이 바로 심리학의 하부 분야인 인지 부하 이론 cognitive load theory이다. 인지 부하 이론을 간단히 설명하면, 너무 쉬운 자료는 학생을 지루하게 하고, 반대로 너무 어려운 자료는 인지적 과부하를 유발한다는 내용이다. 특정 자료가 다루는 내용에 대한 기본 지식을 충분히 갖추지 못한 상태에서 텍스트를 읽으면, 뇌는 문맥 속에서 부족한 부분을 유추하며 '땜질'을 하려 든다. 이러한 과정이 문단마다 반복되면, 작업 기억은 학습자가 메꾸어놓은 수많은 '땜질'을 다 기억하지 못하고 흐름을 놓치게 되고, 결국 학습자는 읽기를 그만두고 땜질이 제대로 버텨주기를 바라면서 처음부터 다시 읽어야만 한다.

따라서 자료의 난이도를 선택할 때도 학습자의 기존 지식 수준에 맞는 수준의 자료를 선택하는 것이 중요하다. 그래야 학습자의 몰입도와 만족도, 이해도가 향상할 수 있기 때문이다. 심리학에서는 외부에서 자극을 받을 때 진동이 극대화되는 주파수를 공명 주파수resonant frequency라고 하는데, 학습자의 성과를 극대화하는 자료를 학습자와 공명하는 자료라고 표현할 수 있을 것이다.

오류가 있는 학습 자료

흥미로운 사실 하나. 조금 이상하게 들릴 수도 있지만, 자료에 오류가 포함되어 있어도 학습 효과는 전혀 저하되지 않는다는 사실이 확인되었다. 단, 능동적으로 자기 설명을 하면서 학습할 때 한해서이지만 말이다. 예컨대 초등학교 4학년과 5학년 학생 두 그룹에 소수에 관한 학습지를 나누어준다고 가정해 보자. 첫 번째 그룹에는 모든 예시가 정확한 자료를, 두 번째 그룹에는 엉터리 예시들을 여기저기 끼워 넣은 자료를(이래도 신경과학자들은 유머 감각이 없다고 할 텐가!) 배포했다고 하자. 그 결과 놀랍게도, 두 번째 그룹 아이들의 학습 성과가 더 뛰어난 것으로 나타났다.[7] 이 실험으로 얻을 수 있는 결론은 다음과 같다. 학습지와 같이 온갖 학문적 쓰레기로 오염된 문서들이라 할지라도, 자기 설명이라는 든든한 무기만 있다면, 훌륭한 학습 자료가 될 수 있다.

메타기억을 높이는 SQ3R 기법

SQ3R 기법

메타인지(3장 참조)를 기억에 적용한 메타기억metamemory을 바탕으로 한 기법을 논하지 않고서는 독서에 대한 논의를 제대로 마쳤다고 할 수 없을 것이다. 대표적인 기법이 바로 SQ3R 기법이다. SQ3R 기법은 다음의 5단계로 구성된다.[8]

1. Survey(훑어보기): 제목, 굵은 글씨, 그림 등을 훑어보며 글의 핵심 내용을 유추한다.
2. Questions(질문하기): 본문에 대답이 있을 것 같은 질문들을 만들어본다.
3. Read(읽기): 텍스트를 읽는다.
4. Recall 또는 Recite(복기하기 또는 암송하기): 핵심 내용을 빠르게

정리해서 복기한다.

5. Review(복습하기): 본문을 다시 읽으며 자신이 정리한 내용이 완전하고 정확했는지 점검하고, 빠뜨리거나 잘못 이해한 부분을 수정한다.

이후 SQ3R의 인기에 힘입어 PQ4R(개관하기Preview, 질문하기Questions, 읽기Read, Reflect, 복기하기 또는 암송하기Recall, Recite, 복습하기Review), READS(복습하기Review, 검토하기Examine, 질문하기Ask, 실행하기Do it, 요약하기Summarize)와 같은 다양한 변형 기법들도 등장했다.

이런 기법들의 효과는 여러 실험을 거쳐 입증되었고, 몇몇 국가에서는 실제로 정규 교육 시스템에서 적용하고 있다. 하지만 다른 한편으로, 실제 교육 현장에서 제대로 활용되지 못한다는 평가도 있는데, 그 이유는 효과가 나타나기까지 시간이 너무 오래 걸리기 때문이다. 그렇기에 지나치게 추상적이라든가, 실전에 적용하기 힘들다는 이유로 이런 기법들을 비판하는 사람들도 있다. 물론 이런 비판도 일리가 있다. 상식적인 선에서 생각해도 읽기 기법을 일상에 사용할 수 있으려면, 일반적인 읽기에 필요한 시간과 비슷한 시간이 소요되어야 할 것이다.

하지만 이렇게 많은 시간이 소요되어도 SQ3R 중 '3R(Read, Recall 또는 Recite, Review)이 모든 학습법에서 빠져서는 안 될 핵심이라는 점도 분명한 사실이다. 나는 이 기법을 조금 다른 방식으로 변형해서 적용한다(이 책도 그러한 방식을 따르고 있다). 보다 현실적이고 실용적인 활용을 위해, 처음 텍스트를 읽을 때는 '3R'을 생략하고, 2회차 학습(7장 참조)부터 적용하는 것이다. 이렇게 하면, 1회차 학습에서는 장황하고 지루한 SQ3R 절차를 생략하고, 자료 이해에 집중할 수 있다.

효과적인 밑줄 긋기와 하이라이팅법

밑줄을 그을 것인가, 형광펜으로 하이라이팅할 것인가?

이번 장을 마무리하기 전에 독서의 가장 듬직한 우군들을 소개하고자 한다. 그들은 바로 밑줄 긋기와 하이라이팅이다. 학습 교재는 전쟁터에서 함께 싸우는 충직한 전우와도 같은 존재로, 학습자 못지않게 손을 더럽혀야 한다. 실제로 주석을 달거나, 그림을 그리거나, 밑줄을 긋는 행위(혹은 실질적으로 이와 동일한 효과를 내는 하이라이팅)는 정보를 자신의 것으로 만드는 데 도움이 되며, 기억을 강화할 뿐 아니라 해당 정보를 실제 상황에 전이transfer하는 데에도 효과적이라는 사실은 과학적으로도 널리 입증되었다.

여기에서 재미있는 일화를 하나 소개하겠다. 나를 포함한 모든 산탄나고등연구대학원* 동기들은 시험을 볼 때마다 말 그대로 책장이

헤어질 정도로 공부하곤 했는데, 흥미롭게도 교과서의 물리적 상태가 시험 점수를 예측하는 지표로 사용되곤 했다. 학창시절, 잊을 수 없는 시험 중 하나가 바로 해부학 시험이었는데, 당시 산탄나고등연구대학원 학생들 사이에서는 "책 겉표지가 떨어져 나가지 않으면, 시험을 망친다"라는 전설이 나돌 정도였다. 실제로 해부학 수업 수강생 중 열에 아홉의 책은 그런 운명을 맞이했다. 그런데 친한 친구 한 명이 하필 그 1퍼센트에 해당했다. 소문을 들은 친구는, 내가 보는 앞에서 책 겉표지를 시원하게 뜯어버렸다. 나는 그건 반칙이라고 항의했지만, 결국 녀석은 30점 만점에 30점을 받았다.

밑줄 긋기와 하이라이팅의 적정량은?

일반적으로 공부할 때 밑줄 긋기와 하이라이팅의 효과는 같은 것으로 간주된다. 그렇다면 얼마나 자주 밑줄을 긋거나 하이라이팅을 해야 할까? 학자들 대부분은 최대한 절제해서, 핵심 문장만 강조하는 것이 좋다고 한다. 표시된 부분을 읽는 데 드는 시간이 전체 본문을 읽는 시간과 비슷하다면 밑줄을 긋는 것은 무의미하다는 의미다. 실제로, 실험 결과 단락마다 한 문장에만 밑줄을 긋도록 제한할 때, 학습 성과가 높은 것으로 나타났다.[9] 하지만 이러한 방식에는 치명적인 단점이 있는데, 그것은 바로 이런 식으로 공부하면 세부적인 사항을 기억하지 못하고 본문의 큰 의미만 파악하게 된다는 점이다. 하지만 실제로 공부할 때에는 세부 내용을 기억하는 것도 매우 중요하다. 특히 앞서 서술했듯, 선택한 교재가 학습자의 배경지식 및 학습 목적과 '공명'한다면, 세부 사항까지 모두 기억해야 한다.

나는 밑줄을 긋는 횟수를 제한해야 한다는 주장에 전혀 동의하지 않는다. 그래서 당신을 위해 나만의 특별한 밑줄 긋기 방법을 소개하려고 한다.

나는 교재에 나오는 내용을 크게 두 가지 종류의 문장(혹은 문장의 일부)으로 분류하는데, 여기 그럴듯한 이름을 붙이자면 다음과 같다.

1. 정보 제공문: 새로운 정보를 전달하는 문장 또는 문장의 일부. 아무리 사소한 정보라도, 새로운 정보를 포함하는 문장은 여기에 해당한다.
2. 연결문: 글의 흐름을 부드럽게 하고 가독성을 높이는 모든 문장. 독자의 이해를 돕는 윤활유 역할을 한다. 반복되는 설명이나 텍스트를 읽으며 유추할 수 있는 예시도 여기에 포함된다. 이러한 유형의 문장은 빠른 이해를 도와주므로 1회차 학습에서는 매우 유용하지만, 이후 복습 단계에서는 불필요해진다.

이렇게 하면 밑줄 긋기(또는 하이라이팅)의 목적은 아주 단순하고 명확해지는데, 그것은 바로 정보 제공문과 연결문을 구분하는 것이다. 정보 제공문과 연결문을 구분하게 되면, 학습자가 암기해야 하는 정보를 온전히 담은 최소한의 내용을 따로 추려낼 수 있다. 이렇게 하면, 반복 학습 단계에서는 최소한의 내용만 복습하면 된다. 물론, 이런 최소한의 내용은 학생의 기존 배경지식에 따라 달라진다. 이미 잘 알고 있는 개념에 다시 밑줄을 그을 필요는 없다. 그런 걸 다시 복습하는 건 전적으로 시간 낭비니까. 또한, 텍스트별로 정보 제공문와 연결문의 비율이 다르다는 점도 주의해야 한다. 예컨대 이 책처럼 읽기 쉽게 쓰인 교양서일수록 연결문의 비중이 더 높다. 반면, 정보의 밀도가 높은 전공 교재는 전체 텍스트의 80퍼센트에서 90퍼센트를 밑줄 그어야 할 수도 있다. 하지만 그래도 상관없다. 나는 솔직히 밑줄을 긋는 행위 자체만으로도 강력한 심리적 효과가 있다고 생각한다. 밑줄을 그으면 무의식적으로 그 정보가 중요하다고 확신하게 되기 때문이다.

결론적으로 석판에 새긴 함무라비 법전처럼 밑줄을 텍스트 총 분량 대비 20퍼센트 이상 그으면 안 된다는 식의 기준은 근시안적인 발상이다. 밑줄을 긋는 것은 실용적인 이유 때문이다. 밑줄 긋기는 "다음에 이 정보를 복습해야 하나?"라는 질문에 단번에 답할 수 있도록 도와주는 수단이어야 한다. (지금까지 말한 내용을 명확히 보여주려고 지금 당신이 읽고 있는 이 문단 자체를 예시로 사용했다.)

어떤 필기구를 써야 할까?

밑줄을 긋거나 하이라이팅을 할 때 사용하는 필기구에 관해 이야기하면, 개인적으로는 연필, 형광펜보다는 전통적인 사인펜을 선호해서, 밑줄을 그을 때는 얇은 사인펜을, 하이라이팅을 할 때는 두꺼운 사인펜을 사용했다. 사인펜의 장점은 셀 수 없이 많다. 우선, (경험상) 사용 기간이 더 길다. 두 번째, 색상이 굉장히 다양하다. 마지막은 가장 사적인 이유인데, 형광펜 특유의 화려하고 세련되지 않은 색감이 보기 싫기 때문이다. 상냥한 목소리로 지혜롭게 정보를 속삭여주는 사인펜에 비해, 형광펜은 고래고래 소리를 질러대는 시끄러운 놈 같은 느낌이랄까. 게다가 사인펜은 끝이 끌처럼 평평하지 않고 뾰족해서 연필이나 볼펜으로 바꿀 필요 없이 밑줄도 긋고 메모도 할 수 있다.

나만의 노하우

다양한 색상의 사인펜으로 밑줄도 긋고, 메모도 할 수 있다는 점은 나만의 밑줄 긋기 기법의 지평을 넓혀주었다. 덕분에 밑줄 긋기나 하이라이팅은 복습할 문장을 골라내려는 행위에 그치지 않고(9장 참조), 복습 자체를 훨씬 더 효율적으로 만드는 과정이 되었다. 그 방법은 매우 간단하다.

밑줄 없는 원문을(다시) 읽을 때, 우리 뇌는 텍스트의 논리 구조를 매번 새롭게 파악하느라 상당한 인지 자원을 소비한다. 그런데 이 과정을 매번 되풀이해야 할 필요가 있을까? 효율적으로 복습하려면 1회차 학습 단계에서 텍스트의 논리 구조를 시각적으로 표현해 두어야 한다.

이때 활용할 수 있는 방법이 바로 '블록 구문론'이다.

구체적인 방법은 다음과 같다. 먼저 같은 내용을 다루는 블록을 식별해서 동일한 색상으로 밑줄(또는 하이라이팅)을 그어 강조하자. 각각의 색상은 하나의 정보 블록을 의미한다. 이때 블록에 제목을 붙이는 것이 중요하다.

제목은 두 가지 방식으로 붙일 수 있다. 먼저, 기존 텍스트에 있는 키워드를 네모 칸 안에 넣는 것이다. 텍스트에 키워드가 없다면, 같은 색 사인펜으로 제목을 직접 쓰면 된다. 복습할 때는 블록 제목이 곧 질문이 되고, 우리는 여기에 답을 떠올리는 식으로 해당 블록의 내용을 복습할 수 있다. 블록과 관련된 내용이 페이지 전체에 흩어져 있다면(그런 때가 많은 편이다), 밑줄 긋기를 하고, 추가로 같은 색상으로 화살표를 그어 흩어진 내용들을 연결해서 텍스트의 구조를 명확하게 할 수 있다.

예컨대 연속된 선으로 이으면, 두 문장의 일부를 연결해 하나의 문장처럼 읽게 할 수 있다. 이때 화살표와 연결선에 간단한 텍스트를 써넣어 논리적 관계를 표시할 수도 있다. 텍스트 안에 일종의 목록을 만들고 싶다면, 수직선을 하나 긋고 가지가 뻗어 나오듯, 수직선에서 화살표가 뻗어 나오는 식으로 표시하면 된다. 솔직히 나만의 화살표와 연결선 문법 체계가 따로 있을 정도로 복잡하긴 하지만, 효과 하나는 확실하다. 기회가 된다면 당신에게도 내 비밀 표기법을 공개하도록 하겠다.

블록이 다음 페이지로 이어질 때도 있는데, 이럴 때는 페이지 가장자리에 화살표나 별표를 그려 연속성을 표시할 수 있다. 원문의 표현이 지나치게 장황하면, 간결하게 요약한 내용을 직접 적거나 그림으로 시각화해 두어야 복습할 때 굳이 다시 읽을 필요가 없어진다.

마지막으로 정보의 유형이 고정화된 과목일 때에는, 사용하는 (사인펜의 색상을 표준화)하는 것도 좋은 방법이다. 예컨대 임상의학에서는 다음의 색상 체계가 유용할 수 있다. 빨간색 = 증상, 주황색 = 합병증, 초록색 = 진단, 파란색 = 치료 등.

결과, 장황한 내용 = 다시 쓰거나 그림 그리기!

이처럼 텍스트의 논리 구조를 직관적으로 시각화해서 종이에 기록하는 습관

을 들이면, 복습하는 데 드는 시간을 현저히 줄일 수 있다. 실제로 나는 이 방법

으로 2회차 학습에 들이는 시간을 1회차에 비해 평균 75퍼센트나 줄였다.

시간을 절약할 수 있다.

5

실전

경제적으로
필기하라

이제 우리의 여정에서 또 하나의 중요한 분기점에 도착했으니, 그것은 바로 대면 수업이다. 우리는 이번 장에서 전 세계 교육 제도의 전통이자 성배인 대면 수업을 통한 학습을 다소 특별한 방식으로 다루게 될 것이다.

이번 장에서 우리는 대면 수업을 피고인석에 세울 것이다. 당신은 이미 최근 수십 년 동안 전통적인 강의식 수업 방식이 거센 비판의 대상이 되었다는 사실을 알고 있을 것이다. 그럼 이제 본격적인 재판을 시작해 보자. 여기서는 검사와 변호사가 등장할 것이고, 대면 강의가 비효율적인 기법이라는 중대한 혐의가 유죄로 인정될 때, 학습법에서 추방당하는 혹독한 형벌이 내려질 수 있다. 물론 마지막 평결은 판사인 당신이 내리게 될 것이다. 과연 피고에게 유죄를 선고할 것인가, 무죄를 선언할 것인가. 법복을 갖춰 입고, 재판을 시작하자.

교실에서의 수업이 비효율적인 이유

고소인의 주장

먼저 고소인 측 변호인의 발언으로 시작해 보자. 그는 지난 50년에 걸쳐 축적된 다수의 실험적 증거들이 전통적인 강의식 수업의 효과성에 의문을 제기하며, 혁신적인 교수법을 지지하고 있다고 주장한다. 이에 대한 '법적 근거'로는 프롤로그에서 다룬 학습법 기본 정리를 들 수 있다. 이 정리에 따르면 강의를 듣는 것은 본질적으로 수동적인 행위로, 가장 낮은 학습 단계에 해당한다. 물론 요즘 들어 상호적인 방식을 도입하는 교사들이 늘고 있기는 하지만, 아직은 형식적이고 어설픈 시도에 그칠 때가 대부분이고 적용 범위도 제한적이다.

고소인 측 변호인은 이어서, 앞서 살펴본 인지부하 이론을 언급하며, 신경과학적 근거에 따르면 대면 강의의 가장 심각한 문제점은 바로 인지 과부하overload라는 점을 강조한다.

특히 대면 강의는 녹음기처럼 내용을 다시 듣는 것이 불가능하기 때문에 학생들은 실시간으로 강의 내용을 습득해야 한다. 우리는 앞서 정보의 전달은 작업 기억을 거쳐 처리되며, 그 용량이 매우 제한적이라는 점은 이미 살펴보았다. 즉, 작업 기억에서 뇌로 들어오는 정보의 흐름이 막히는 병목 현상이 일어날 수 있다. 이런 상황에서 전문지식이 많은 교사가 지나치게 빠른 속도로 강의를 진행하면서 정보를 마구 쏟아내기 시작하면, 이전 정보를 미처 다 처리하지 못한 상태에서 새로운 정보가 밀려 들어와 일종의 누전 현상처럼 인지 과부하에 걸리는 것이다. 그러다 보면 학생들은 강의의 논리적 흐름을 놓치게 마련이고, 그 결과 교사가 아무리 설명을 잘해도 정보 전달력이 떨어지게 된다. 반대로 강의 속도가 너무 느려도 지루해서 관심도가 떨어질 수 있다.

독서와 마찬가지로, 강의를 들을 때도 발표자의 속도와 청중의 사전 지식수준 사이에 공명이 울려야만 효과를 발휘할 수 있다. 하지만 현실적으로 그러한 공명을 유도할 수 있을 정도로 언변이 뛰어난 교사는 많지 않다. 이것은 교육계의 '원죄'라 할 수 있다. 즉 고등교육 과정이 학습법 훈련을 제대로 받지 못한 교사들의 주도로 진행되고 있는 구조 자체에 문제가 있다는 의미다. 이것은 단순히 개인적인 의견이 아니라 객관적 사실이다. 지금도 국가를 막론하고 대부분 학교에서 교사 개개인의 감각과 성향에 따라 수업이 진행되고 있다. 교사가 즉흥적으로 수행해도 되는 아마추어적인 직업인 것처럼 말이다. 그리고 그 결과는 이미 여러 연구에서 입증되었다. 대면 강의는 정보 전달 효율성이 낮을 뿐 아니라, 학생들의 행동 변화를 유도하는 효과도 미미하다. 그뿐만 아니라, 비판적 사고력 발달 면에서도 독학 individual study 등의 다른 학습법보다 비효율적인 것으로 나타났다.[1,2]

피고인의 변론

이번에는 피고 측 변호인 차례다. 그는 앞서 고소인이 제시한 증거를 강하게 반박하면서, 비록 소수지만 전통적인 교습법에도 일부 정당성이 있다는 사실을 증명하는 연구들이 존재한다고 주장한다. 적어도 정보 전달과 역량 강화 측면에서는 대안적 교습법들의 장점이 미미하다는 연구 결과들이 있다는 것이다.[3] 피고인 변호인은 학생의 지적 성장은 단순한 능력 향상 이상을 의미한다는 사실을 잊으면 안된다고 외친다. 대면 수업이 최선은 아닐지라도, 교실이라는 공간에서 교사와 직접 마주하며 형성되는 일종의 정신적 울림이 존재한다고 강조한다. 교사에 따라서 어떤 이는 학생들의 주의를 끌지 못하고 청중들의 집중도를 높이는 데 실패할 수 있지만, 또 어떤 이는 교습법이 완벽하지 않더라도, 자신의 학문에 대한 열정을 온몸으로 표현하며 학생들을 매료하기도 한다. 교사와의 특별한 관계는 단순한 지식 전달을 넘어, 인간적인 관계와 심리적인 차원에서 학생들의 마음에 학습 동기라는 성스러운 불꽃을 일으키는 촉매가 되어, 그들의 인생 전체를 바꾸어놓는 계기가 될 수 있다.

변호인은 실험 결과, 중간 이하의 학업 성취도를 보이는 학생들에게는 대면 수업이 독학보다 효과적이고, 학습 동기가 높은 우수한 학생들에게는 독학이 더 효과적이라는 사실이 증명되었다고 한다.[4] 사실 우리는 코로나 기간, 이러한 현상을 눈으로 직접 목격했다. 수업이 원격으로 전환되고, 학생과 교사 간 접촉이 사라지자, 교사의 인간적인 격려와 자극으로부터 학습 동기를 부여받았던 중간 수준 학생들이 가장 큰 타격을 받았다.

피고인의 변호인은 여기에서 멈추지 않는다. 그는 앞서 고소인의 변호인이 "강의 수강은 본질적으로 수동적인 활동"이라고 했지만, 현명한 학생은 이를 능동적 학습으로 전환할 수 있다고 외친다. 그는 이와 관련하여 판사인 당신의 판단을 돕고자 전문가 소견 두 개와 함께 기술 두 가지를 소개하겠다고 한다.

수업의 최대치를 뽑는 세 가지 방법

머릿속 가상 토론회

첫 번째 전문가 소견으로, 효율적인 강의 수강을 위한 검증된 요령들을 몇 가지 소개하려 한다. 수업에 임하는 심리적 태도는, 앞서 4장에서 효율적인 독서법을 위한 심리적 태도와 관련된 원칙들과 비슷하지만, 여기에 몇 가지 세부 사항들이 추가된다. 먼저 수업을 듣는 동안, 머릿속에서 일종의 가상 토론을 펼치는 것이 좋다. 교사의 설명을 하나하나 머릿속으로 비판적으로 검토하고, 자신의 기존 지식과 비교해 가며 유사점이나 모순점을 파악하는 식으로 말이다.

교사의 말에 동의 여부와는 상관없는 이러한 과정은 단순히 '딴지 걸기'처럼 보일 수 있지만, 실제로는 수업 내용을 더 깊이 각인하는 데 큰 도움이 된다. 이처럼 스스로 의문을 제기하고 반박하는 과정은 매우 효과적인 기억 강화 전략이다.[5]

사전 훈련 원칙

두 번째 요령은 심리학 실험을 거쳐 밝혀진 사전 훈련 원칙pre-training principle을 기반으로 한다. 실험 결과, 특정 주제에 약간의 사전 지식이 있으면, 그 이후에 접하는 멀티미디어 정보를 훨씬 더 효과적으로 받아들인다는 것이 증명되었다. 사전 훈련의 효과에 대한 유명한 실험이 있다. 세 개 학급에 자동차 브레이크 시스템이나 펌프와 같은 기계 장치의 작동 원리를 설명하는 애니메이션을 보여주면서, 학급별로 아래와 같이 각기 다른 학습 조건을 부여했다.

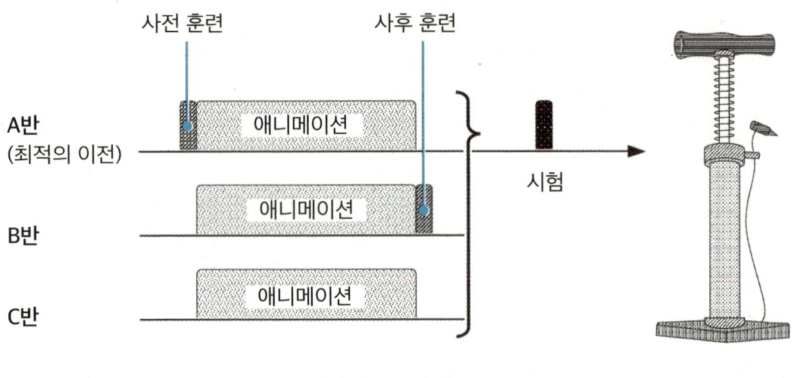

그림 15. 메이어Mayer의 연구(2002)

- A반(사전 훈련 그룹): 애니메이션을 보기 전에, 기어, 브레이크 슈, 피스톤 등 해당 기계 장치를 구성하는 기본 부품의 명칭과 역할을 짧게 설명해 준다. 이 '요약 예습'은 매우 기초적인 수준이고, 애니메이션에 나오는 내용은 이보다 훨씬 더 정교하고 복잡하다.
- B반(사후 훈련 그룹): 애니메이션이 끝난 뒤에 똑같은 설명을 듣는다.
- C반: 요약 설명은 생략하고 애니메이션만 시청한다.

습득한 지식을 측정하는 전이 테스트를 실시한 결과, 그림 15에서 알 수 있듯 세 학급 중 한 학급 학생들이 다른 두 학급에 비해서 거의 두 배나 높은 학업 성취도를 나타났다. 과연 어느 학급 학생일까? 바로 A반 학생들이다. 흥미롭게도 기억 유지retention*에 있어서는 세 학급 학생들 간 차이가 별로 없었다. 이는 사전 훈련이 암기보다는 이해력 향상에 더 큰 영향을 미친다는 점을 시사한다.[6] 결론적으로, 수업을 듣기 전에 짧게라도 스스로 관련 내용을 사전 학습을 해두면, 해당 주제에 대한 논리적 틀이 머릿속에 형성된다. 그렇게 되면, 수업을 들을 때 기존 틀 안에 세부 정보를 채워 넣기만 하면 된다. 이 방법은 실전에 적용하기도 쉽다. 수업 주제와 관련된 15분짜리 온라인 영상 하나만 봐두는 것만으로도 충분히 사전 훈련 효과를 누릴 수 있다. 중요한 것은 사전 정보 깊이가 아니라, 그것이 있는지 없는지의 여부이다.

필기하기

세 번째이자 마지막 요령은 수업이 끝나는 대로 노트를 다락방에 처박아둘 것이 뻔하더라도, 필기를 하라는 것이다. 두 그룹의 학생에게 동일한 지문을 읽게 한다고 가정해 보자.

- 첫 번째 그룹에는 직접 필기를 하게 한다. 이때 행과 열의 제목만 채워 넣은 표를 주고, 학생들에게 표 안에 들어갈 정보를 스스로 정리하게 한다.
- 두 번째 그룹에도 같은 표를 주되, 이미 내용이 채워진 완성본을 준다.

---

* 기억의 과정에서 정보를 저장하고 회복하는 능력.

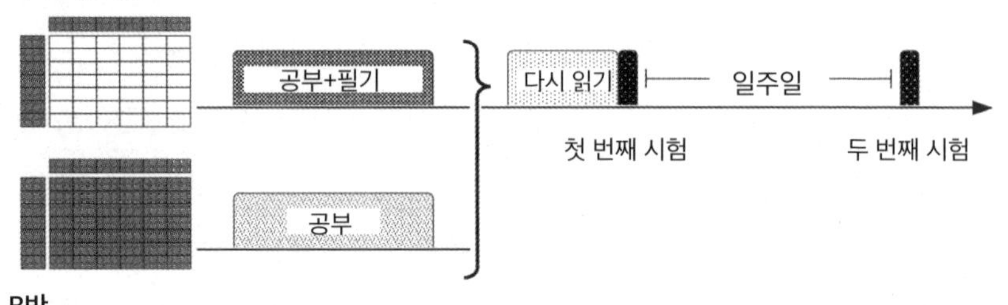

그림 16. 카타야마 Katayama**와 크룩스**Crooks**의 실험(2003)**

그림 16에서 알 수 있듯 수업이 끝난 후(첫 번째 그룹은 수업을 들으면서 필기를 병행한다), 학생들에게 표 안에 든 내용을 다시 읽어보라고 하자. 그런 다음 곧바로 첫 번째 시험을 보고, 일주일 뒤에 두 번째 시험을 본다. 두 번째 그룹 학생들이 받은 표가 정보의 정확성과 완결성 면에서 훨씬 우수하지만, 두 번 모두 첫 번째 그룹 학생들의 성적이 압도적으로 뛰어났다.[7]

이러한 결과는 수업 내용을 적극적으로 재구성하며 필기하는 것이(예컨대 표로 정리하는 방식처럼) 정보를 실시간으로 기억 속에 고정하기 위한 가장 효과적인 전략이라는 사실을 보여준다. 물론 이런 방식에는 작업 기억이 과부하에 걸릴 위험이 있다. 익숙하지 않은 분야일 때 그럴 가능성이 더욱 크다. 이때, 학습자는 장기 기억에 저장된 배경 지식에 의존할 수 없기 때문에, 실시간으로 훨씬 많은 정보를 기억해야 하고, 이로 인해 작업 기억이 포화 상태에 이르게 된다. 이러한 문제점을 고려하여 심리학자들이 권장하는 마법의 공식이 있다.

능동적으로 필기를 하다 수업의 흐름을 놓칠 것 같으면, 그때는 이 해하는 데 집중하면서, 교사의 말을 들리는 대로 충실히 받아 적는 것이(이른바 앵무새식 필기) 바람직하다. 이마저도 흐름을 따라가는 데 방해가 된다면, 그때는 아예 필기를 포기하고, 수업을 듣는 데 최대한 집중하는 편이 낫다.

화려한 필기를 둘러싼 오해와 진실

뇌가 좋아하는 효율적인 필기

존경하는 판사여! 이제 두 번째 전문가 소견으로 넘어가 보자. 이번에는 대면 수업을 들을 때 어떻게 필기하는 것이 가장 효율적인지, 그 모범 사례들을 살펴볼 것이다. 앞서 언급했듯, 필기의 핵심은 수업 내용을 어떻게 '재가공 또는 재구성' 하느냐에 있다. 흔히, 필기에는 두 가지 기능이 있다고 한다. 첫 번째는 정보 자체를 고정하는 기능이고, 두 번째는 정보를 '소화하기 좋게' 혹은 '먹음직스럽게' 부호화coding 또는 재부호화re-coding하는 기능이다. 학습자는 수업의 논리적 구조를 뇌에 가장 편리하고 효율적인 형태로 재배치해야 한다. 우리 머릿속에 있는 이미지나 기존 정보에 맞추어서 정보를 재구성해야 한다는 이 명령은, 신경과학 전반에 걸쳐 매우 폭넓게 적용되는 원칙에 근거한다. '학습법의 정수'라 불러도 무방할 정도로 이 핵심 원칙은 바로 8장에서 다룰 생성 효과effect of generation이다. 하지만 그에 앞서, 이번 장에서는 정보 재구성에 필요한 실용적인 요령을 소개하려 한다.

슬라이드 인쇄하기

첫 번째 요령은 다음과 같다. 수업 시간에 말 그대로 슬라이드에 있는 내용을 '책 읽듯이 읽는' 악명 높은 교수님들이 있다. 이러한 관행은 형편없는 교습법의 전형이지만, 필기할 때는 오히려 유용할 수 있다. 예컨대, 어떤 교수가 강의 시간에 슬라이드만 읽는다는 것으로 유명하면, 기지를 발휘해 수업에 들어가기 전에 해당 슬라이드를 인쇄해 가져가자. 전년도 자료라도 상관없다. 이렇게 하면 교수가 슬라이드에 적힌 내용 이외에 덧붙이는 몇 가지 추가 정보만 필기하면 된다. 이러한 방식은 특히 공부할 내용이 많은 과목일 때 유용하다. 슬라이드를 사전에 인쇄해 가면, 수업 중에 복잡한 수식이나 계산을 잘못 받아 적을 위험을 줄일 수 있기 때문이다.

한쪽 면에만 필기하기

두 번째 필기 요령은 공책의 한쪽 면에만 필기하기다. 예를 들어, 수업 내용은 공책 오른쪽 페이지에만 기록하고, 왼쪽 페이지에는 오른쪽 페이지에 적은 내용의 논리 구도를 요약하는 구조도 작성용으로 남겨두는 방식이다. 이 방법은 학습자에게 배운 내용을 독창적으로 재구성하는 기회를 주고, 이와 동시에 생성 효과를 강화해 기억의 고정을 돕는다. 왼쪽 페이지가 비어 있으면 좋은 점이 또 한 가지 있다. 나중에 이미 다룬 주제에 관한 추가 정보를 들었을 때, 그 내용을 필기할 수 있는 공간을 확보할 수 있다.

색상의 활용

세 번째 요령은 바로 색상의 활용이다. 필기의 최대의 적은 혼돈이다. 그리고 혼돈을 제압하기 위한 최고의 무기는 단연 색이다. 색상을 활용할 때 학습한 내용이 더 잘 기억난다는 사실은 과학적으로도 입증되었다.[8] 그뿐만이 아니다. 따뜻한 계열의 색은 기분을 좋게 해주기 때문에, 학습자가 공책이나 교재에 느끼는 묘한 '반감'을 누그러뜨리고, 친밀감을 키워주고, 심지어 집중력도 높여준다.

그러니 마치 오늘이 세상의 마지막 날인 것처럼 아낌없이 색을 써보자. 필통을 엉뚱한 색들로 가득 채워도 좋다. 단, 색상을 선택하는 기준을 세울 필요는 있다. 4장의 밑줄 긋기와 하이라이팅 편에서 살펴보았듯 확실한 규칙에 따라 색상을 사용하는 것이 좋다. 예컨대, 나는 수학과 관련된 과목에서는 다음과 같은 색상 코드를 쓰곤 했다.

- 주황색 펜: 반드시 암기해야 할 공식.
- 하늘색 펜: 공식의 증명.
- 파란색 펜: 정의.
- 검은색 펜: 이론적 사고 과정.
- 보라색 펜: 정리 실제 응용.
- 초록색 펜: 예제 풀이.

게다가 여백이 부족해서 화살표로 일일이 논리적 연결을 표시할 수 없어도, 색깔 펜으로 밑줄만 잘 그으면 논리적 관계가 선명하게 드러난다.

그림 그리기

네 번째 요령은 그림을 그려 넣는 것이다. 그것도 가능한 한 많이! 실험 결과 텍스트와 이미지는 기억을 돕는 최상의 조합인 것으로 나타났다. 이에 대해서는 5장에서 더 깊이 있게 다룰 예정이다. 우선은 한 가지만 기억하자. 수업 시간에 대충 그린 어설픈 그림과 이상한 기호들, 그 사이에 써넣은 글씨와 미세한 화살표들은 얼핏 보면 엉성하고 무질서해 보이지만, 사실은 학습법을 떠받치는 든든한 기둥이다.

경제적으로 필기하기

마지막이자 다섯 번째 요령은 필기해야 할 정보와, 과감하게 버려도 되는 중요하지 않은 정보를 잘 구분하는 것이다. 언뜻 보기에는 들리는 대로 다 받아 적는 것이 바람직해 보일 수도 있지만, 꼭 그런 것은 아니다. 심리학 연구 결과에 따르면, 성적이 뛰어난 학생일수록 향후 활용할 정보를 바탕으로 어디까지 필기할지 조절하는 능력이 탁월하다고 한다. 하지만 이것은 흔한 능력이 아니다. 평균적인 학생들은 중요한 정보를 골라내는 데에 의외로 서툰 편이다. 실제로 연구 결과, 일반 학생들은 교사가 중요하다고 여기는 내용 중에서 고작 15퍼센트에서 20퍼센트 정도만 받아 적는 것으로 나타났다.[9] 이런 능력을 발달시키려면 반드시 의식적인 훈련이 필요하다. 부차적인 세부 사항에 지나치게 집중하다 보면 수업 전체의 흐름을 따라가는 데 오히려 방해될 수 있다. 또 하나 기억할 점은 뛰어난 학생들 사이에서 공통적으로 나타나는 초과 학습overlearning이다. 초과 학습은 필요보다 약간 더 높은 수준으로 학습하는 것을 의미한다.[10]

필기에 있어서 초과 학습은 '알아야 하는 것보다' 더 많은 정보를 받아 적는 습관을 가리킨다. 시험관 앞에서, 혹은 그 외의 긴장되는 상황에서 당황해서 정보를 떠올리지 못하는 일이 생길 때를 대비해서 준비하는 '예비 타이어'와 같은 개념이다. 초과 학습을 하면 예상하지 못한 질문에도 당황하지 않고 답할 수 있다. 이런 초과 학습은 전이 능력을 확실히 높여주는 것으로도 잘 알려져 있다.

나만의 노하우

다섯 가지 요령을 모두 알게 된 뒤, 당신은 아마 이렇게 묻고 싶을 것이다. "도대체 이 모든 걸 언제 다 하라는 건가요?"

교수님은 토해내듯 말을 쏟아내는데, 그 짧은 시간에 어떻게 수업 내용을 받아 적고, 그걸 다시 정리하고, 그림을 그리고, 도식화하고, 여러 색으로 밑줄도 긋고, 심지어 필요 이상의 정보까지 보태어 필기하란 말인가? 이쯤 되면, "이럴 수가"라는 탄식이 터져 나올 만도 하다!

이 시점에서 우리에게 필요한 것은 최소한의 기호로 같은 양의 정보를 담을 수 있는 기술이다. 속기법이라도 익혀야 하나 싶을 수도 있다. 물론 속기도 방법일 수 있지만, 읽기 어렵다는 심각한 단점이 있다. 나로 말하자면, 조금 정신 나간…. 흠흠…. 그러니까 평범하지 않은 방법을 선택했다. 나는 학업에 매진한 지 얼마 되지 않았을 때부터 필기 속도를 높이기 위한 나만의 비밀 코드를 개발했다. 이 비밀 코드 덕분에 필기량을 최대 90퍼센트까지 줄였다. 게다가 가독성이 낮아지기는커녕, 오히려 좋아졌다.

돌이켜 보면, 처음 그 코드를 만든 건 중학교 1학년 때였다. 단순히 학습 일지에 숙제를 적는 게 너무 귀찮아서 고안한 코드가 세월이 흐르며 점점 정교해졌다. 특히 철저한 언어의 논리 구조에 기반한 문법 덕분에 가독성이 좋아졌다. 게다가 이 코드는 일일이 외워야 하는 게 아니라, 파생 규칙 몇 개만 익히면 나머지는 자연스럽게 따라오는 방식이라 외우기도 무척 쉽다. 요컨대, 이건 정말 대단한 무기다. 언젠가 기회가 된다면, 당신에게 내 은밀한 코드의 문법을 살짝 공개할 수도 있다.

당신의 선택은?

이제 재판이 끝났다. 변호인들의 변론은 마무리되었고, 전문가 소견도 모두 법정에 제출되었다. 이제 판단은 오롯이 당신의 몫이다. 대면 수업이라는 방식이 당신의 학습법에 어느 정도 적합한지 스스로 판단할 차례다. 물론 의무적으로 출석해야 하는 강의는 선택의 여지가 없을 것이다. 출석이 의무가 아닌 강의를 들으려고 대면 수업을 선택할지 판단을 내릴 수 있는 충분한 이론적·실천적 도구를 갖추었으니 당신은 과목의 특성과 수업을 진행하는 교사들이 지식을 전하는 방식을 고려해 결정하면 된다. 재판은 종결되었고, 이로써 우리의 1회차 학습도 마무리되었다.

6

오해

사소한 건 기억나고
중요한 건 망각하는 이유?

이제 생생한 학습법의 현장으로 나가보자. 6장과 7장은 인출 실패 retrieval failure의 문제를 다룰 것이다. 6장에서는 이론적인 면을, 7장에서는 실전을 다룰 것이다. 인출 실패는 학습의 오랜 숙적이자, 시험을 준비하는 모든 학생의 머리 위에 매달린 다모클레스의 검The Sword of Damocles*이기도 하다. 하지만 다른 한편으로 인간의 본질에 심오한 인식론적 질문을 던지는 매혹적인 현상이기도 하다. 인출retrieval이란 무엇일까?[이탈리아어로는 'recupero(복원)'으로 번역되지만, 그 의미가 직관적으로 와닿지는 않는다] 인출이란 간단히 말해서, 우리 뇌에 저장된 정보를 의식적으로 다시 떠올리는 행위, 즉 기억을 활용하는 작업이다. 그렇다면 인출이 왜 그토록 중요한 것일까? 연구 결과에 따

---

* 고대 그리스 철학자 키케로의 글에서 유래한 비유로, 겉보기엔 좋지만 실제로는 큰 위협이 도사리고 있는 상태, 언제 닥칠지 모르는 위험이 상존하는 불안한 상황을 말한다.

르면, 꽤 많은 경우 우리가 어떤 정보를 기억해 내지 못하는 이유가 암기에 실패했기 때문이 아니라, 하드디스크에 정보는 제대로 저장되었는데 뇌의 '운영 체제'가 그것을 불러내는 데 실패했기 때문일 수도 있다. 기록은 잘했는데, 제대로 읽지 못하는 상황인 것이다. 이처럼 터무니없고 답답한 현상이 바로 망각의 주원인이다. 이 고약한 적을 물리치려면 그 신경과학적 뿌리를 면밀하게 파헤쳐야 한다. 6장에서 우리는 신경과학을 바탕으로 망각과의 전투를 위한 강력한 전략을 세울 것이다. 지금부터 당신을 베일에 싸인 신비로운 기억의 세계로 안내할 테니, 기대하시라.

기억은 뇌에 잠들어 있다

오늘날 우리가 알고 있는 기억에 대한 지식 중 많은 부분은 캐나다 몬트리올 맥길대학교 산하 신경학연구소 겸 병원인 몬트리올 신경학연구소 병원 더 뉴로The Neuro에서 축적된 것이다. 앞서 1장에서 언급했던 헨리 몰레이슨의 사례를 발표한 브렌다 밀너Brenda Milner 또한 이곳에서 활동했다. 몬트리슨 신경학연구소 병원은 1934년에 설립되었으며, 20년 넘게 세계적인 신경외과 의사 와일더 펜필드Wilder Penfield의 지휘 아래 운영되었다. 펜필드는 놀라운 선구자였다. 그가 도입한 혁신적인 기술 중 하나는 뇌에 직접 전기 자극하는 수술 방식인데, 이 의술은 지금도 사용되고 있다. 그것이 무엇을 의미하는지 제대로, 간단하게나마 신경외과 이론을 훑어봐야 한다. 준비됐는가?

언어중추-주요기능피질, 고기능 피질

뇌를 수술할 때는 극도로 신중해야 한다. 뇌 조직은 상상을 초월할 만큼 섬세해서, 뇌 고랑을 따라 통로를 확보하기 위해 피질을 벌리는 행위조차도, 접촉 부위에 회복이 불가능한 정도의 손상을 줄 수 있다. 그렇기에 암이나 동맥류 때문에 수술을 할 때는 극도로 신중하게 수술 부위에 도달할 수 있는 접근 경로를 선택해야 한다. 이때 신경외과에서는 언어중추eloquence라고 부르는 개념을 선택의 기준으로 삼는다. 언어중추는 전문용어라기보다는 일종의 은어에 가깝지만, 그 의미는 명확하다. 즉, 환자의 생존이나 일상생활에 결정적인 기능(이를테면 팔다리를 움직이거나 말을 하거나, 단순히 살아 있는 상태를 유지하는 것과 같은)을 수행하는 데 필수적이라는 의미다.

언어중추가 높은 부분은 말 그대로 손도 대면 안 된다. 이 부분에 손상이 가해질 때, 환자가 회복 불가능할 정도로 망가질 수 있기 때문이다. 그렇다면 외과 의사는 자신의 눈앞에 있는 뇌의 부위가 그런 중요한 역할을 하는 부위인지 아닌지 어떻게 판단할까? 펜필드는 대담하고도 혁신적인 해결책을 제시했다. 환자의 대뇌피질이 노출된 상태에서, 뇌의 특정 부위를 전기로 자극해 몇 초 동안 해당 부위의 기능을 정지시키는 것이다. 펜필드는 그런 다음 전기 자극이 환자에게 어떤 영향을 주는지를 '실시간'으로 관찰했다. 여기서 한 가지 흥미로운 사실은, 이 실험을 하려면 환자가 깨어 있어야 한다는 것이다. 잘 알겠지만, 인간의 뇌에는 통증 수용체인 노시셉터nociceptor가 없다. 그래서 두개골을 열어 뇌가 노출된 상태로 마취에서 깨어나도, 환자는 전혀 고통을 느끼지 않는다. 예를 들어, 특정 피질이 언어 기능에 결정적인 영향을 미치는지 판단하고 싶으면, 전극으로 해당 부위를 자극하면 된다. 환자가 몇 초간 말을 못하면, 그 부위는 고기능 피질eloquent cortex이므로, 그 경로를 피해야 한다.

이 방법은 말하기 기능에만 해당하는 것이 아니다. 악기를 연주하는 능력부터 논리-수학적 사고 능력에 이르기까지, 다양한 인지 기능에 모두 적용할 수 있다. 이 놀라운 기술 덕분에 우리는 특정 뇌 부위를 자극하면 그에 상응하는 반응이 나타난다는 사실을 알게 되었다. 운동 영역을 자극하면 근육이 미세하게 경련을 일으키고, 체성감각 영역(촉각)을 자극하면 환자가 저릿한 감각을 느끼며, 청각 영역을 자극하면 윙윙거리는 소리를 듣고, 시각 영역을 자극하면 섬광을 보는 식으로 영역마다 반응이 달랐다.

자극 때문에 유도된 회상

정말로 쇼킹한 현상은 뇌신경외과 의사들이 기억을 강화하는 해마를 자극했을 때 나타났다(1장 참조). 환자의 5퍼센트 정도에서만 나타난 현상이기는 하지만, 놀랍게도 해마에 자극을 받은 환자들은 과거(의 것으로 추정되는) 기억을 다시 생생하게 체험하는 느낌을 받았다. 그것도 단편적인 기억이 아니라, 놀라울 정도로 세부적인 부분까지 포함한 자세한 기억이 마치 한 편의 영화처럼 생생하게 떠올랐다고 한다. 예컨대, 어떤 환자는 자신이 자라난 인디애나주 사우스 벤드South Bend라는 도시 중심에 있는, 제이콥 스트리트와 워싱턴 스트리트 교차로에 서 있는 듯한 느낌을 받았다고 했다. 게다가 배경음악으로 그 시절 유행했던 뮤지컬 〈가이즈 앤 돌스Guys and Doll's〉에 나오는 유명한 곡이 들리더라는 것이다.[1] 이 놀라운 결과는 당시 과학계에 큰 파장을 일으켰다. 하지만 이러한 결과를 해석할 때, 몇 가지 중요한 제한 사항들이 있다는 사실을 유념해야 한다. 그것은 회상 현상은 극히 일부 사람들에게만 나타났고, 그들 모두 신경외과적 질환을 가진 환자였다는 사실이다. 무엇보다도, 이러한 회상이 과연 믿을 만하냐는, 매우 본질적인 문제가 있다. 그 환자는 젊은 시절, 교차로를 지나가며 정말로 〈가이즈 앤 돌스〉의 음악을 들었을까? 그 사실을 누가 알겠는가. 그렇지만 한 가지 놀라운 사실은 뇌에는 분명히 기록되어 있었던 이러한 기억이, 수술 전까지는 전혀 인출되지 않았다는 점이다.

과잉 기억

현실처럼 생생한 회상은 병리적 원인 때문에 자연스럽게 발생할 수 있다. 측두엽 간질temporal lobe epilepsy, 우울증, 다양한 유형의 정서 장애, 발작 직전에 나타나는 강렬한 심리적·정신적 체험, 편집증을 비롯해서 더 넓게는 의식 상태가 변형된 모든 상황에서 이러한 현상이 나타날 수 있는 것으로 관찰되었다. 병리적 상황에서 나타나는 이러한 회상은 때로는 데자뷔 형태로 나타나기도 하고, 더 극단적으로는 과잉 기억hyperthymesia으로 나타나기도 한다. 과잉 기억이란, 과거에 일어난 특정한 일을 놀라울 정도로 자세한 세부 사항들과 함께, 평소 기억으로 도달할 수 있는 수준을 훨씬 넘어서서 상세하게 재경험하는 현상이다. 물론 이때 역시, 이러한 회상이 진짜 기억인지 아니면 작화증confabulation*인지 구분하기는 쉽지 않다.[2] 그럼에도, 오늘날 신경학자들은 이러한 병리적 과잉 기억 중 일부는 실제 기억일 가능성이 충분히 있다고 본다. 그래서 권위 있는 임상 매뉴얼 대부분은 과잉 기억을 앞서 열거한 질환에서 나타나는 증상 중 하나로 다루고 있다.[3]

여기서 복잡하기 이를 데 없는 프로이트의 억압 이론까지 범위를 확장하고 싶지는 않다. 과학적 근거는 더 혼란스럽고, 설사 그런 억압 메커니즘이 정말로 존재한다고 해도, 외상으로 인한 극소수의 기억에 국한될 가능성이 높기 때문이다. 결론적으로, 당신은 어떨지 모르지만, 적어도 내게는 실제로 저장되어 있는데 의식적으로 접근할 수 없는 기억들이 우리 뇌 어딘가에 잠들어 있고, 특정한 자극이나 계기 때문에 그것들이 갑작스럽게 튀어나올 수 있다는 생각이 매우 매혹적으로 느껴진다. 우리가 자신을 얼마나 모르는지를 다시금 깨닫게 해주는 이 놀라운 증거들은, 이 책의 출발점이 되었던 소크라테스의 명언 '너 자신을 알라'와도 맞닿아 있다.

시간차 회상과 설단 현상

건강한 사람에게서 회상이 일어날 때

지금까지 우리는 마음속 깊은 곳에 묻혀 있다, 신경 질환 때문에

---

* 기억이 손상된 사람이 사실이 아닌 이야기를 무의식적으로 지어내는 현상.

되살아난 기억들을 살펴보았다. 그런데 놀랍게도(미세한 정도이기는 하지만), 병이 없는 건강한 사람도 일상에서 이와 유사한 현상들을 겪고 있는데, 그 유형에는 세 가지가 있다. 먼저 첫 번째 유형을 살펴보자. 시험이나 수업 중에 도무지 기억해 내지 못했던 정보가, 몇 시간 혹은 며칠이 지난 뒤에 불쑥 떠오른 경험이 있지 않은가? 누구에게나 일어날 수 있는, 전혀 이상할 것이 없는 정상적인 현상이다. 학습법 관점에서도 사소한 문제에 불과하다. 이제 다음과 같은 실험을 하는 상상을 해보자. 실험 참가자들에게 특정 학습 자료를 제시하고, 정해진 시간이 지난 뒤 똑같은 테스트를 반복해서 치르게 하자. 단, 테스트 사이에는 휴식 시간도 특별한 자극도 주지 않는다. 어떤 결과가 나올까?

예상대로 테스트를 반복해도 점수는 대체로 일정하게 유지된다. 하지만 질문의 답을 하나하나 들여다보면 다른 양상이 나타난다. 예컨대 처음에는 정답을 말하지 못했지만, 다음 테스트에 정답을 맞힌 질문이 있는데, 이때가 바로 회상이 떠오른 것이다. 반대로, 처음에는 잘 기억해 낸 내용이 불현듯 사라지는 것을 망각이라 한다.[4] 보다시피 우리의 기억 인출 과정은 생각보다 완벽하지 않다. 그런데 이게 다가 아니다!

설단 현상

두 번째 유형은 우리에게 더 익숙한 유형이다. 가끔 평소에 잘 쓰지 않던 단어를 떠올려야 할 때가 있다. 분명히 아는 단어인데 생각나지 않을 때, 단어가 입안에서 맴도는 듯하면서 결국 떠오르지 않는다. 단어의 발음은 언뜻 기억나는데 뜻이 가물가물하거나, 반대로 의미는 아는데 정확한 발음이 떠오르지 않기도 한다. 이처럼 도무지 풀리지 않는 답답한 상태를 일상적으로 "단어가 혀끝에서 맴도는 것 같다"라고 하는데, 심리학에서도 똑같이 설단 현상Tip Of the Tongue phenomenon, TOT이라고 부른다. 우리는 그 단어가 언젠가 저절로 떠오를 것을 안다. 실제로 몇 시간 혹은 며칠 후면 특별히 애를 쓰지 않아도 그 단어가 저절로 생각난다. 이 설단 현상은 오래전부터 심리학 연구 대상이었다. 대표적으로는 실험 참가자들에게 다소 생소한 단어들의 정의를 보여주고, 그에 대응하는 단어를 떠올리게 하는 실험이 있다. 그런 식으로 테스트를 반복하다 보면, 참가자들은 결국 한두 번쯤 설단 현상을 경험하게 된다. 설단 현상과 관련된 일련의 실험 결과 우리는 이 현상이 나이가 들수록 더 자주 나타나는 사실을 알게 되었다. 또, 일상적으로 쓰이지 않는 단어일 때 발생 확률이 높아진다. 자주 쓰는 단어에도 설단 현상을 나타낼 때 '실인증agnosia'이라고 부르며, 알츠하이머병과 같은 신경 질환의 비특이적 증상으로 간주한다. [5]

최면으로 유도한 과잉 기억

세 번째 유형은 바로 최면으로 과잉 기억을 유도하는 경우다. 최면이나 그보다 일반적인 심리 치료로 이전에는 접근하지 못했던 기억에 대한 인출 기능을 회복시킬 수 있다는 사실은 지난 수십 년간 진행된 다양한 연구로 증명되었다. 다만, 이러한 현상이 실제로 어떤 특정한 메커니즘 때문인지, 아니면 단순히 기억을

되살리려는 반복적이고 집중적인 노력 때문인지는 아직 불분명하다.[6]

요약하자면, 앞선 살펴본 여러 증거는 하나의 명확한 결론으로 수렴된다. 그것은 뇌에 저장된 정보 중 인간이 의식적으로 활용할 수 있는 정보는 일부에 불과하다는 사실이다. 기억의 존재 여부를 가리키는 '가용성availability'과 그 기억을 성공적으로 인출할 수 있는지를 가리키는 '접근성accessibility'은 전혀 다른 문제다. 이 시점에서 우리는 "뇌의 생리적 한계를 극복할 방법이 있을까?"라는 질문을 떠올릴 수 있다. 다행히도, 방법이 있다.

다음 장에서 우리는 기억 접근성이 세 가지 중요한 요소의 영향을 받는다는 사실을 알게 될 텐데, 그것은 바로 단서cues, 환경environment, 그리고 인출 연습retrieval practice이다. 이 세 요소는 우리의 숙적인 기억 인출 실패에 맞서기 위한 막강한 무기가 되어줄 것이다.

단서가 많으면 기억이 더 잘 날까?

'단서'란 무엇인가

나는 cues라는 용어를 이탈리아어로 번역하는 것을 거부한다. 물론 '단서indizi' '실마리spunti' '암시suggerimenti' '자극stimoli'과 같은 단어들이 있기는 하다. 하지만 내 생각에는, 의역이어도 cues의 의미를 살리는 가장 적절한 번역은 '검색 키워드'가 아닌가 싶다. 검색창에 특정 단어를 입력할 때 어떤 일이 벌어지는지 생각해 보자. 우리의 뇌에서도 비슷한 일이 일어난다. 뇌에 있는 정보를 검색하려면 올바른 단서나 키워드가 필요한데 그것이 바로 cue인 것이다.

우리의 기억은 단서 의존성cue-dependence이 크다. 믿기 힘들다면 다음과 같은 실험을 한다고 상상해 보자. 실험 참가자들에게 총 24쌍의 단어를 낭독한 녹음 파일을 들려주자. 이때 단어 쌍들은 각각 특정한 의미 범주에 속하지만, 청취자에게는 단어들이 짝을 이루어 구성되어 있다는 점은 알리되, 어떤 의미 범주에 속하는지는 알려주지 않는다. 의미 범주가 뻔하게 드러나지 않도록 주의하면서 다음과 같은 단어들을 선택했다고 하자.

- 【네 발 달린 동물】 소, 쥐.
- 【무기】 폭탄, 대포.
- 【범죄】 살인, 절도.
- 【오락】 라디오, 음악.
- 【향신료】 계피, 후추.
- 【직업】 엔지니어, 변호사.

녹음 파일을 다 들은 참가자들에게 종이를 주고, 2분 안에 가능한 많은 단어를 적어보라고 하자. 이러한 테스트를 '자유 회상 테스트free recall test'라고 하는데, 이때 실험 대상자들은 평균적으로 48개 단어 중 19개 단어를 기억해 냈다.

다음에는 24개의 의미 범주가 쓰인 리스트를 먼저 보여준 뒤, 다시 회상 테스트를 진행해 보자. 이러한 테스트를 '단서 회상 테스트

cued recall test'라고 하는데, 이번엔 평균적으로 32개 단어를 기억해냈다.

동일한 실험을 다른 참가자 집단에 다시 시행하되, 이들에게는 처음부터 단서 회상 테스트만 시행했더니 앞선 실험에서와 비슷하게 평균적으로 36개의 단어를 기억했다. 여기서 중요한 점은 테스트 참가자들에게 의미 범주를 기억하라고 요구한 적이 없다는 사실이다. 참가자들은 단어만 기억하면 그만이었다. 그렇지만 자유 회상과 단서 회상 간의 성과 차이는 정말 엄청나다. 단순화해서 소개하기는 했지만, 1966년에 실행된 이 실험은 심리학의 이정표를 세웠다. 이 실험은 기억해야 할 정보가 많을수록 단서의 역할이 얼마나 중요한지 잘 보여준다.[7]

단서의 과밀

이후 진행된 연구 결과, 기억 인출 과정이 컴퓨터 데이터베이스 검색query 과정과 놀라울 만큼 유사하다는 사실이 밝혀졌다.[8] 즉, 뇌는 먼저 해당 단서와 관련된 '노드node'*에 도달해 그것과 연관된 기억 흔적을 활성화한다. 그런 다음 기억 흔적에서 뻗어나간 모든 연결점을 따라가며 관련된 기억들을 의식으로 불러오는 시도를 한다(1장 참조). 단, 하나의 단서에 연결된 기억이 많아질수록, 그 기억들을 성공적으로 떠올릴 가능성은 낮아진다. 그 이유는, 해당 단서가 활성화되면 그것이 연결된 여러 항목으로 활성화 신호가 퍼져 나가게 되는데, 이

---

* 컴퓨터 과학에 쓰이는 기초적인 단위로 장치나 데이터 지점data point을 의미한다.

신호가 여러 항목 사이에 분산되기 때문이다. 즉, 단서에서 뻗어 나가는 연결점들이 지나치게 많을 때, 각 항목에 전달되는 활성화의 강도가 충분하지 않아, 결과적으로 기억 인출의 실패로 이어질 수 있다. 가장 놀라운 점은, 이러한 접근성 감소 현상이 매우 적은 수의 항목만으로도 분명하게 나타난다는 사실이다. 예를 들어, 단서 하나에 두 개의 항목이 연결되어 있을 때(2:1 비율)는, 세 개의 항목이 연결되어 있을 때(3:1 비율)보다 훨씬 더 잘 기억된다. 전자의 경우 단서를 거쳐 전달되는 총 활성화 신호가 정량적으로 두 항목에 나뉘기 때문에 각 항목이 더 강한 활성화를 받지만, 후자의 경우 그 활성화 신호가 세 항목으로 나뉘면서 항목별 활성화 강도가 희석되기 때문이다.

역행 간섭

이 현상에는 학습법에 치명적인 영향을 수 있는 수많은 함의가 있다. 가령, 유럽 지리 초급 수업을 듣는 중에 유럽 3대 강이 도나우강, 라인강, 루아르강이라는 사실을 배웠다고 하자.

단서: 유럽의 강	도나우강, 라인강, 루아르강(3:1)

우리의 뇌는 아무런 문제 없이 '유럽의 강'이라는 단서를 세 개의 항목과 연결해 저장하고, 기억할 것이다. 그런데 중급 과정을 들으면서, 이번에는 유럽에 템스강이 있다는 사실을 배우게 된다(4:1). 또, 얼마 후에는 엘베강에 대해 배우고(5:1), 뒤이어서 비스와강, 타구스

강, 사바강, 티서강, 에브로강, 뫼즈강 등등을 추가로 배운다. 어느 순간 단서 하나에 연결된 항목 수가 지나치게 많아지면, 뫼즈강처럼 맨 나중에 배운 항목은 물론, 처음에는 완벽히 기억했던 도나우강조차 기억나지 않을 수 있다. 단서와 항목과의 비율이 3:1일 때는 도나우 강을 잘 기억했지만, 11:1이 된 지금은 그에 대한 기억마저 희미해질 수 있는 것이다.

단서: 유럽의 강	도나우강, 라인강, 루아르강, 템스강, 엘베강, 비스와강, 타구스강, 사바강, 티서강, 에브로강, 뫼즈강…(11:1)

새로운 항목을 학습하는 행위가 원래 잘 저장해 두었던 정보까지 잊게 한 것이다. 이는 '유럽의 강'이라는 단서에 너무 많은 항목이 몰리면서, 이들의 기억 인출을 비효율적으로 만들었기 때문이다. 뇌과학에서는 불안하기 이를 데 없는 이런 현상을 역행 간섭retroactive interference이라 부른다. 많은 심리학자는 기억 인출 실패의 주원인이 역행 간섭이라고 생각한다. 그렇다면 과연 이러한 현상을 피할 방법이 있을까? 물론 있다. 처음부터 정보를 체계적이고 지속 가능한 방식으로 구조화하면 된다. 예를 들어, 강을 국가별로 분류했으면, 강 이름을 떠올리기 전에, 먼저 '유럽 국가들'이라는 검색어로 기억을 스캔한 뒤에, 국가별 주요 강을 차례로 떠올리는 것이다. 이런 접근법을 사용하면 11:1 같은 단서와 항목의 불균형한 비율을 피할 수 있다. 게다가 정보 저장 용량이 비교할 수 없을 정도로 크기 때문에, 학습 수준이 높아져도 머릿속 데이터베이스에 새로운 강 이름들을

계속해서 추가할 수 있다.

단서: 유럽의 국가들	독일, 영국, 프랑스, 이탈리아, 스페인, 폴란드…
↘단서: 독일의 강	도나우강, 라인강, 엘베강 (3:1)
↘ 단서: 영국의 강	템스강 (1:1)
↘단서: 프랑스의 강	루아르강, 뫼즈강 (2:1)
↘단서: 스페인의 강	타구스강, 에브로강 (2:1)
↘단서: 폴란드의 강	비스와강 (1:1)

순행 간섭

덧붙이자면, 간섭에는 역행 간섭뿐 아니라 순행 간섭proactive inter-ference도 있다. 순행 간섭은 시간이 흐르면서 특정 단서에 연결된 항목들이 바뀔 때 발생한다.

예를 들어 "현 스페인 총리는 누구인가?"라는 질문에 답하려 할 때, 전 총리의 이름은 기억나는데, 현 총리의 이름은 떠올리지 못할 수 있다. 이는 기억 속에 '스페인 총리'라는 단서가 이미 전 총리의 이름으로 자리 잡고 있어서 최신 정보로 '업데이트'하지 못했기 때문이다. 하지만 학습법 관점에서는 순행 간섭이 역행 간섭보다 덜 치명적인 편이긴 하다. 이 이야기의 교훈은 분명하다. 기억력을 향상하려면, 공부할 내용을 먼저 정리할 때나 저장된 정보에 대한 기억을 인출할 때 단서를 매우 조심스럽게 다루어야 한다. 단서들을 얼마나 능숙하게 다루느냐에 따라 그 효과가 왜곡될 수도 있고, 강력해질 수도 있기 때문이다.

장소를 바꾸면 기억이 더 잘 날까?

외부 환경

내부 공간이든 외부 공간이든 우리가 현재 위치하는 환경은 끊임없이 단서들을 쏟아낸다. 그러니 특정 정보를 암기했던 환경과 같은 환경에 있을 때, 그 기억을 가장 효율적으로 떠올리는 것은 당연한 일이다. 예를 들어, 초등학교 시절 같은 반 친구들의 이름을 떠올려보자. 몇 명이나 생각나는가? 사실, 별로 많지 않을 것이다.

하지만 예전에 다녔던 초등학교를 방문해서 그 시절의 기억과 관련된 수많은 단서에 둘러싸이는 순간, 기억의 둑이 무너지면서 동창들의 이름이 떠오르기 시작할 것이다. 외부 환경과 우리의 기억을 잇는 이 무의식적인 연관성은, 기억 인출에 중대한 영향을 미칠 수 있다. 이와 관련된 유명한 실험이 있다.

스쿠버다이버들에게 단어 목록을 주고 물속에서 학습하게 한 후, 물속과 육지에서 기억력 테스트를 했더니, 흥미롭게도 물속에서 시험을 볼 때 더 많은 단어를 기억해 낸 것이다. 반대로, 육지에서 단어를 학습한 스쿠버다이버들은 육지에서 시험을 볼 때 더 나은 성과를 나타냈다.[9]

또 다른 실험에서는, 몇몇 학생들을 특정한 강의실에서 공부하게 하고, 시험도 같은 장소에서 보게 했더니, 다른 장소에서 시험을 본 학생들보다 성적이 좋았다고 한다. 아니면 적어도 기존 학습 장소와 비슷한 분위기의 강의실에서 시험을 보았을 때 성적이 더 좋았다고 한다. 어떤가. 정말 놀랍지 않은가?[10]

가상의 환경으로도 충분하다

혹시 이 글을 읽고 강의실을 복제한 거대한 초대형 인쇄물로 만들어달라는 주문을 하려고 가구점에 연락하기 위해 휴대폰을 집어 들었는가? 그랬다면 희소식이 있다. 연구 결과, 특정 정보를 학습했던 공간과 똑같은 환경에 실제로 있지 않고, 그곳에 있는 척만 해도 기억 인출이 더 잘 이루어진다고 한다.[11] 좀 더 구체적으로 말하면, 상상으로 특정 장소를 다시 떠올리는 것만으로도, 우리의 해마는 실제로 그곳에 있을 때와 같은 인지 지도cognitive map*를 재구성해 낼 수 있다는 것이다. 이렇게 상상으로 장소를 떠올리는 것만으로도, 해당 공간에 존재했던 환경 단서environmental cues가 재활성화돼, 그곳에서 학습했던 정보를 떠올리는 데 도움을 준다.

내부 환경

놀라기엔 아직 이르다. 일부 심리학자들은 내부 환경 또한 기억 인

---

* 인간이나 동물이 환경과 경험에 따른 지식, 정보, 대상 따위의 관계를 표상하는 머릿속 지도. 특히 학습 이론에서, 복잡한 정보 간에 의미를 부여하여 관계를 형성하거나 문제 해결이나 목표 달성의 전체적인 개념도를 만드는 현상을 설명할 때 쓴다.

출을 강화하는 데 도움을 준다고 한다. 예를 들어, 기쁠 때 익힌 정보는 기쁠 때 더 잘 떠오른다. 마찬가지로 슬픔, 분노, 공포 같은 감정 역시 동일한 감정 상태에서 학습한 기억을 떠올리는 데 영향을 미친다. 어떤 심리학자들은 마리화나나 알코올처럼 정신 상태를 변화시키는 성분을 복용한 상태에서도 이러한 현상이 일어날 수 있다고 주장하고 있다. 즉, 마리화나를 복용한 상태에서 배운 내용은 마리화나를 복용해야 기억이 더 잘 나고, 그렇지 않은 상태에서는 기억이 흐릿해질 수 있다는 것이다.

전략 A

여기서 핵심은 우리가 학습하는 정보가 그 정보를 배우는 환경과 얼마나 깊은 관련이 있는지 명확히 인식하는 데 있다. 실전에서는, 합리적인 학습 장소 선택을 위한 두 가지 전략을 사용할 수 있다. 첫 번째는 학습 정보와 환경 사이의 연관성을 최대한 활용하는 전략, 즉 시험을 보는 환경과 유사한 조건을 재현하는 것이다. 예를 들면, 수업이 끝난 후에 대학교 강의동으로 돌아가, 실제 시험을 볼 강의실과 비슷한 곳에서 소리 내어 공부하거나 복습하는 방법이 있겠다.

아니면, 친구 두세 명과 구술시험 모의 테스트를 하면서 서로 점수까지 매기는 식으로 시험을 볼 때 받는 스트레스와 유사한 심리적 환경psychological context을 인위적으로 조성하는 것도 도움이 된다.

전략 B

두 번째는 이와는 정반대로 학습 장소를 계속 바꿔서 환경과의 연관성을 의도적으로 최소화하는 전략이다. 공부란 단지 시험을 통과하기 위한 수단이 되어서는 안 되기 때문에 내 생각에는 이 전략이 훨씬 더 합리적으로 느껴진다. 실제로 현실에서는 공부한 내용을 아주 다양한 상황에서 기억해 내야 한다. 대학교 시절 존중해 마지않았던 친구와 관련된 일화로 이야기를 마무리하겠다. 그 친구는 지금까지 말한 바로 그런 이유 때문에 공부하는 장소를 정기적으로 바꾸곤 했다. 실제로 나는 종종 그가 공원이나 그 유명한 산탄나고등연구대학원 캠퍼스 잔디밭에 책 한 권을 무릎에 올려놓고 다리를 꼬고 앉아 복습하는 모습을 목격하곤 했다. 철학자를 방불케 했던 그의 공부법에 경의를 표한다.

시간이 부족할 때 최대한 외우는 법

기억 인출 연습

이번 장을 마무리하기 전에, 마지막으로 이런 상상을 해보자. 2시간 30분이라는 시간이 주어진 상태에서, 한 번 읽는 데 30분이 걸리는 자료를 공부해야 한다고 하자. 자료를 한 번 읽고 나면 두 시간이 남는다. 이제 당신은 자료를 네 번 더 읽는 데 남은 시간을 전부 쓸지, 아니면 몇 번 더 읽은 뒤에 책을 덮고, 스스로에게 질문을 던지며, 의심 가는 대목에서만 책을 참고하면서 큰 소리로 내용을 정리할지 결

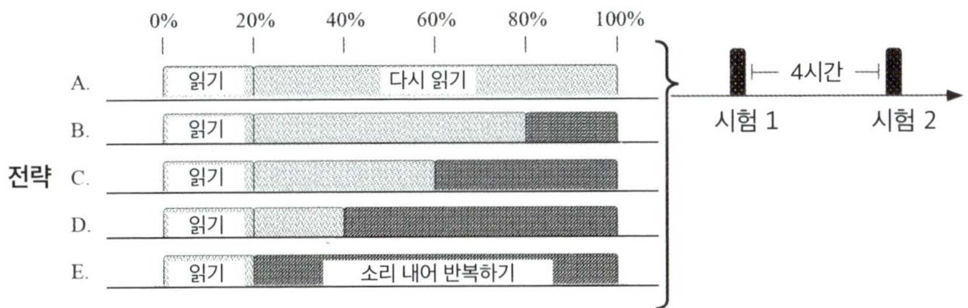

그림 17. 1917년 게이츠Gates 실험(1부)

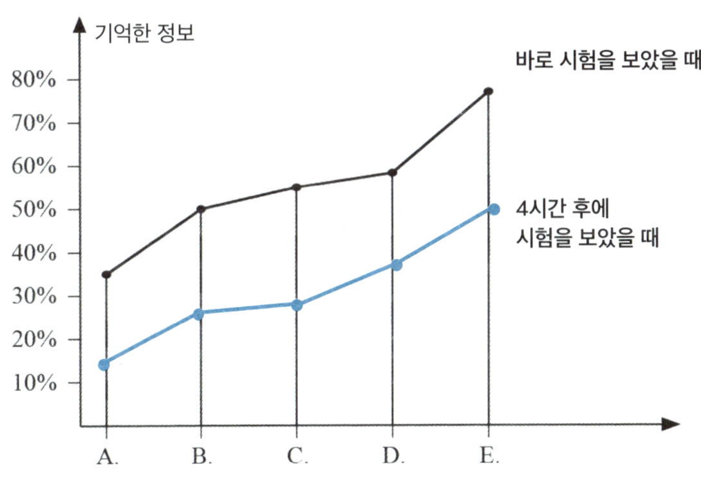

그림 18. 1917년 게이츠 실험(2부)

정해야 한다. 간단히 말해서, 남은 시간 중 소리 내어 복습하는 데 어느 정도 시간을 할애할지 결정해야 한다. 물론 소리 내어 복습하는 시간이 길어질수록, 자료를 다시 읽는 횟수는 줄어들 것이다. 과연 이 둘 중에 어떤 전략이 더 효과적일까? 짐작은 이미 했겠지만, 지금부터 그 결과를 그림 17, 18을 통해 확인해 보자.

실험 결과를 나타내는 그래프는 놀라울 정도로 명확하다. 학습한 내용을 소리 내어 반복하는 것이 기억력 증진에 압도적으로 유리하다. 주어진 시간을 모두 소리 내어 반복하는 데 투자한 사람들은, 주어진 시간을 읽는 데만 사용한 사람들보다 두 배 이상의 정보를 기억해 냈다. 이 현상은 학습한 후에 바로 시험을 봤을 때나, 네 시간 후에 시험을 봤을 때 똑같이 나타났다. 그렇다, 첫 번째 방법으로 학습했을 때 사람들은 두 배 이상의 정보를 기억해 냈다![12]

1917년에 행해진 이 역사적인 실험은 기억 인출 연습의 중요성을 명백하게 보여준다. 스스로 질문을 던지는 데 시간을 쓴 학생들은 단순한 정보 암기에 힘을 쏟은 것이 아니라, 기억 하드디스크에 저장된 정보를 꺼내는 능력을 훈련한 것이다. 그리고 우리는 이번 장에서 이러한 능력이 결코 저절로 생기는 것이 아니라는 사실을 배웠다.

정교화 되뇌기

이게 끝이 아니다. 소리 내어 반복하는 학습 방식은, 정보를 능동적으로 재구성하고 소화할 기회를 준다. 앞서 1장에서 살펴본 기억의 관계적 패러다임을 생각해 보면, 학습할 내용을 더 많이 분석하고 상호 연결할 요소들을 더 많이 만들어낼수록 정보 인출이 쉬워진다는 사실을 알 수 있다. 이는 우리가 사용할 수 있는 단서의 기억 흔적과 학습하려는 정보의 기억 흔적을 연결해 주는 논리적 경로가 많아지기 때문이다. 스스로에게 질문을 던지고 대답하는 대화식 반복은 새로운 연결 고리를 만드는 창작의 용광로와 같다. 이 방식을 거쳐 자칫 놓치기 쉬운 유사점이나 차이점을 인식하고, 기존에 이해한 내용의 내적 모순을 발견하고, 서로 다른 학문 분야 간 관계를 이해할 수 있다. 이러한 연결 고리들은 인출 실패의 위협으로부터 우리를 보호해 주는 구명조끼와 같다. 정보의 재부호화re-encoding를 통해 연결 고리들이 늘어날수록, 정보를 회상하기가 쉬워진다. 이렇게 정보 접근성을 향상하는 도구가 바로, 앞서 언급한 '대화식 반복 학습'인데, 심리학자들은 이를 정교화 되뇌기*라 부른다.

결론

당신이 부디 다소 난이도가 높았던 내용을 잘 소화해 냈기를 바란다. 이번 장의 핵심은 분명하다. 정보를 기억하는 것, 다시 말해 정보를 뇌에 저장해 확보하는 '가용성'과 그 정보를 필요할 때 의식적으로 불러내 사용하는 '접근성'은 완전히 다른 이야기라는 것이다. 그리고 이 접근성을 높이는 가장 강력한 방법은 정교화 되뇌기이다. 학습자가 게으름 때문에 그저 문단 다시 읽기에 만족할 때마다, 파일을 기억을 저장하는 하드디스크의 '접근 가능한 영역'에 저장할 수 있는 절호

---

* 이미 알고 있는 것과 새로운 정보를 의미 있게 통합하거나 연계하는 방식.

의 기회를 놓치는 것이다. 다음 장에서는 소리 내어 반복하기를 실전
에 적용하는 데 필요한 모든 요소를 알아볼 것이다. 이제 전쟁에 필
요한 모든 무기를 갖추었으니, 우리의 숙적, 기억 인출 실패에 전쟁을
선포할 시간이다.

7

실전

머릿속에 든 걸
밖으로 꺼내는 훈련

6장의 핵심을 한 문장으로 요약하면 다음과 같다. 책에 든 정보를 머릿속에 옮기는 것만으로는 충분하지 않으며, 그 정보를 인출할 수 있는 능력을 반드시 훈련해야 한다. 그리고 이러한 인출 능력을 효과적으로 강화하고, 가장 보편적으로 적용할 수 있는 방법이 바로 내용을 소리 내어 반복하면서 그 의미를 능동적으로 재구성하고 자기화하는 정교화 되뇌기다. 따라서 이번 장에서는 이 정교화 되뇌기를 제대로 실행하는 방법을 살펴보고, 우리의 숙적, 인출 실패를 격파할 방법을 다룰 것이다. 더불어 학습법과 발산 정리divergence theorem, 아인슈타인의 할머니와 〈루니툰스〉의 캐릭터 실베스터 고양이*가 어떤 관련이 있는지 궁금하다면 자리를 편히 잡으시길 바란다. 이번 장은 말 그대

---

* 워너 브라더스에서 제작한 단편 애니메이션 시리즈 〈루니툰스〉에 나오는 고양이로, 두 발로 선 몸과 빨간 코가 특징이다.

로 '짜릿한' 장이 될 테니까!

3R 학습법과 핵심 요령들

그럼 바로 본론으로 들어가 보자. 소리 내어 반복하기 학습은 어떻게 진행해야 할까? 2회차 학습을 시작하는 날, 교재를 다시 꺼내고 다음과 같은 순서로 공부해 보자.

1. 먼저 해당 단원의 내용을 빠르게 훑는다. 빠르게 다시 훑기 과정은 초기 복습 단계에서는 피할 수 없는 절차다. 반대로 자료를 두세 번 훑어본 후, 이미 상당량의 정보가 머릿속에 자리 잡았을 때는 이 단계를 생략하고, 심리학자들이 자유 회상free recall이라 부르는 단계로 바로 들어가는 것이 바람직하다.

2. 방금 읽은 내용을 소리 내어 반복해 보자. 앞서 강조했듯이, 이때 반드시 내용을 자신만의 표현으로 바꾸어 설명하고, 그 내용을 서로 연결 짓도록 한다. 이 과정을 거쳐 유사점이나 차이점을 인식하고, 기존에 이해한 내용의 내적 모순을 발견하고, 서로 다른 학문 분야 간 관계를 이해하게 된다.

3. 소리 내어 반복한 내용이 모든 핵심 개념과 세부 사항을 충실히 담고 있는지 확인한다. 부정확하거나 누락된 부분이 있다면, 같은 내용을 한 번 더 반복한다.

진도가 나갈 때마다 같은 절차를 반복하면서, 교재 전체를 학습하면, 이것이 바로 2회차 학습이 된다. 이후 그만하면 충분하다는 생각이 들 때까지 3회차, 4회차 학습을 반복한다. 절차를 반복할 때마다 사진을 찍듯 해당 단원에 들어 있는 내용을 머릿속에 도출하고, '기억에 의존해' 그 내용을 개인적으로 재구성한 관점에서 재현하는 것이다. 반 고흐가 밤하늘을 상상력으로 재해석해 〈별이 빛나는 밤에〉를 그려낸 것처럼 말이다. 학습 성과가 뛰어난 학생들은 이러한 방식을 자연스럽게 활용하는 경향이 있으며, 학술 문헌에서도 다양한 형태와 명칭으로 자주 언급되고 있다.

세 번째 R

그중 하나가 바로 '3R 학습법[Read(읽기), Recall(복기) 또는 Recite(암송), Review(복습)]'이다. 3R 학습법은 4장에서 소개했던 SQ3R 기법을 간소화한 학습법이다.[1] 지금까지 내용을 충실하게 따라왔다면, 이 지점에서 "프롤로그에서 학습법 기본 정리를 소개할 때, 텍스트를 수동적으로 반복해서 읽는 행위가 거의 무용하거나 아예 효과가 없다고 배웠는데, 어떻게 복습을 의미하는 Review가 세 번째 R이 된 거죠?"라는 반론을 제기할 법하다. 좋은 질문이다. 사실 여기서 말하는 Review는 단순 반복 읽기re-reading와는 전혀 다른 차원의 활동이다.

여기서의 Review에는 피드백feedback의 기능이 있다. 즉, 우리가 어떤 정보를 아직 완전히 정리하지 못했는지, 또는 어떤 개념을 잘못 이해하고 있었는지를 밝혀주는 과정이다. 굳이 말하자면 재암기rememorization라고 할 수 있지만, 무작위적인 반복이 아니라 어쩌다 놓친 소수의 정보를 목표로 삼아 복구한다는, 정확한 목표가 있는 행위이다. 그러니 이 세 번째 R에도 분명 존재의 의미가 있다. 유레카! 드디어 모든 것이 들어맞는다.

얼마나 자주 진도를 멈추고 소리 내어 반복해야 할까?

이제부터는 소리 내어 반복할 때 기억해야 할 핵심 요령을 간단히 정리해 보자. 첫 번째 포인트는 "몇 페이지마다 읽기를 멈추고 소리 내 반복해야 할까?"이다.

물론 이 질문에 대해 보편적인 답을 주기는 어렵다. 하지만 3R 학습법 및 이와 유사한 학습법들을 개발한 심리학자들의 조언에 따르면, 교과서를 한 챕터씩 복습하는 건 바람직하지 않다. 그보다는 작은 단위로 나눠서 반복하는 것이 훨씬 효율적이다.[2] 내 경험상으로는 작업 기억에 더는 정보를 저장하기 힘들어질 때가 바로 멈춰야 할 타이밍이다. 다시 말하자면, 작업 기억에 담아서 유지할 수 있는 가장 큰 단위를 하나의 '덩어리'로 삼고, 그 안에 담긴 정보를 가능한 한 정확하고 완전하게 기억해 내는 것이 좋다. 이때 덩어리의 크기는 기존 지식에 따라 달라진다. 즉, 어떤 주제에 관한 배경지식이 많을수록 새롭게 기억해야 할 정보는 줄어들기 때문에, 더 큰 분량도 한꺼번에 기억할 수 있다. 따라서 2회차 학습 때는 보통 2페이지에서 3페이지 남짓 되는 짧은 분량에서 멈추어야 하지만, 학습 회차가 늘어날수록 덩어리 크기가 점점 커지게 된다. 어떤가. 말이 되지 않는가?

몇 번이나 반복해야 할까?

두 번째 포인트는 학습 회차다. 물론 이 부분은 학습 자료의 난이도에 따라 천차만별이지만, 여기서는 몇 가지 일반적인 기준을 살펴보도록 하자. 먼저, 최소한 3회차까지는 학습을 해야 한다. 이는 곧 읽기 한 번과 소리 내어 반복하는 과정 두 번이 절대적인 마지노선이라는 의미다. 시험 범위가 방대해서, 하루에 여러 과목을 한꺼번에 봐야 할 때, 최근 효과(1장 참조)는 거의 의미가 없어진다. 이때는 좋든 싫든 세밀하고 외우기 귀찮은 세부 정보들까지도 장기 기억에 저장되어야 하는데, 그러려면 학습 회차를 더 늘릴 수밖에 없다.

게다가 수식과 연산이 많은 수학 중심 과목은, 서술형 과목에 비해 더 많은 회차에 걸쳐서 학습해야 한다. 복잡한 수식의 함의를 '해부'하고 철저히 이해하려면, 반복 학습이 필수적이기 때문이다. 예컨대, 푸리에Fourier나 라플라스Laplace 변환 공식을 앵무새처럼 암기하는 것과 그 공식을 구성하는 '핵심 의미'를 제대로 이해하고, 수학의 장엄한 힘과 우주적 우아함을 경험하는 것에는 엄청난 차이가 있다.

어떤 순서로 반복해야 할까?

세 번째 포인트는 반복해야 할 과목의 순서다. 사실 이 부분은 비교적 자유롭게 결정해도 된다. 유독 마음이 가거나, 복습하고 싶은 과목이 있으면, 그 과목부터 먼저 복습하자. 물론 그렇다고 항상 쉬운 과목만 복습하라는 말은 아니다. 언제 어디서나 게으름은 금물이다!

소리 내어 반복하기 좋은 장소들

목소리 톤(소리 내어 반복하기에 적합한 어조)

이제 '어떻게'에 이어, '어디서' 소리 내어 반복할지를 이야기해 보자. 소리 내어 반복하기에 적당한 장소는 결국 얼마나 크게 '소리를 지르고 싶은가'에 따라 결정된다. 자기 방에서 적당한 크기로 소리 내어 반복하되, 밤에는 낮보다 목소리를 더 낮추는 것이 가장 일반적일 것이다. 사실, 내 경우 중요한 시험을 앞둔 날에는 하루에 20시간이나 소리 내어 반복한 적도 있었다. 지금 돌이켜보면 정말 미친 짓이었다. 이보다는 덜 일반적으로는 완전히 방음이 된 공간을 찾아 청중 앞에서 강연하듯 소리 높여 반복하는 방식도 있다. 나는 이 방식을 매우 선호하는데, 크게 소리 내어 반복하면 자기 확신과 집중력이 훨씬 더 강화되고, 그 내용이 머릿속에 더 또렷하게 각인되는 것 같은 느낌이 들기 때문이다. 이와는 정반대 방법도 있다. 내게는 성적이 아주 뛰어난 친구가 있었는데, 그에게는 도서관에서 책 내용을 바로 옆자리에 앉은 사람도 듣지 못할 정도로 작은 소리로 속삭이듯 말하며 외우는 습관이 있었다.

걸으면서 복습하기

복습할 때 걷는 것을 선호하는 사람이 있고, 그렇지 않은 사람이 있는데 이는 철저히 개인 취향에 따라 다르다. 나는 걷는 편을 훨씬 선호한다. 학창 시절에는 앉아서 보내는 시간이 지나치게 많기에 움직일 기회가 있으면, 움직이는 편이 좋다. 게다가 적당한 운동은 우리 몸을 적당한 각성 상태arousal로 유지시키는데, 이 때문에 뇌 활동이 더욱 활발해지고, 그 결과 기억력도 향상된다(21장 참조). 특정 주제를 반복 학습하면서 인지적 참여도cognitive engagement를 유지하고 싶다면, 방 안을 몇 시간이고 왔다 갔다 걸어 다니면서 반복하는 것만큼 좋은 방법도 없다. 물론 모르는 사람이 보면 완전히 미친 사람처럼 보일 수도 있다는 사실을 나도 안다…. 하지만 남들이 뭐라 하든 신경 쓰지 말자. 참고로, U턴형 동선은 주의력을 흐트러뜨리는 경향이 있다. 따라서 가능하다면 방 하나만 쓰지 말고, 방과 욕실과 같은 집 안의 다른 공간을 활용해 동선 전체를 넓게 확보하는 것이 좋다. 방이 충분히 크면, 동선을 원형으로 잡고 걷는 것이 더 효과적이다. 이때 한쪽 발목에만 무리가 가지 않도록 한 방향으로만 돌지 말고 주기적으로 방향을 바꾸도록 하자.

방음실을 만들어라

마지막으로, 전 세계 모든 대학교를 향한 간곡한 요청이 있다. 대학교에는 학생들을 위한 열람실이 있다. 하지만 나는 여기서 한 걸음 더 나아가, 학생들이 소리 내어 복습할 수 있는 공간을 제공해 달라고 요청하고 싶다. 소리 내어 반복하는 학습법이 과학적으로 검증된 가장 효과적인 기억법 중 하나이며, 단순한 읽기보다도 훨씬 뛰어난 학습법이라는 점은 논란의 여지가 없다. 하지만 현실적으로는, 대학가에서조차 마음 편하게 소리 내어 공부할 수 있는 장소를 찾기가 쉽지 않다. 게다가 소리 내어 반복하는 학생들을 다소 이상하거나 엉뚱하다고 생각하는 사회적 편견도 존재한다. 그러다 보니 나처럼 주변에서 뭐라 하든 아랑곳하지 않고 소리 내어 복습할 정도로 배짱 있는 학생은 보기 드문 편이다. 학생들 대부분은 단지 부끄럽다는 이유로 이 방법을 포기할 수 있다. 하지만 대학교 차원에서 방음이 잘 되는 칸막이 방처럼 소리 내어 복습할 수 있는 공간을 마련해 준다면, 많은 학생이 과학적 근거가 탄탄한 소리 내기 학습 전략을 더 쉽게 시도해 볼 수 있을 것이다. 무엇보다, 이러한 공간이 생긴다면 소리 내어 반복하기 방식 자체가 사회적으로 정상적이고 자연스러운 행위로 인식될 수 있을 것이다. 이것은 단순히 장소의 문제가 아니라, 학습 문화 전반에 있어 작지만 커다란 진보로 기록될 것이다.

나만의 노하우

이제 드디어 커밍아웃을 할 시간이다. 학창 시절 즐겨 사용하던 나만의 은밀한 비법 중 하나를 당신에게 고백할 순간이 왔다. 지금 공개할 이야기의 무대는 내가 사랑해 마지않는 장소 중 하나이다. 나는 그곳에서 헤아릴 수 없을 만큼 많은 시간을 보냈고, 방대한 정보를 암기했다. 후에 다시 말하겠지만(20장, 21장 참조), 나는 밤샘 공부의 열렬한 신봉자다. 게다가 소리 내어 반복하기도 정말 좋아한다. 문제는 이 두 가지 성향이 내가 진심으로 좋아하는 피사의 산탄나고등연구대학원 기숙사, 콜레조 파에도와는 잘 맞지 않았다는 점이다.

하지만 다행히도 기숙사 지하층에는 강의실이 여러 개 있었는데, 그중 내 '최애' 공간은 바로 회의실이었다. 그곳은 학생에게 허용된 모든 사치가 완비된, 말 그대로 천국 같은 공간이었다. 초대형 스크린과 프로젝터, 007 시리즈 악당도 탐낼 만한 기다란 책상, 다섯 개의 칠판에 무엇보다 내가 가장 사랑하는 완전한 정적이 있었다. 지금 생각하면 이상한 일이지만, 당시 회의실은 새벽 1시

이후에는 거의 항상 비어 있었다. 믿기지 않겠지만 진짜다. 낮에 회의실을 스터디룸으로 사용하던 학생들에게 밤잠이라는 요상한 버릇이 있었기 때문이다. 게다가 회의실은 완벽한 방음 시설을 갖추고 있어서, 아무리 크게 떠들어도 기숙사에서 생활하는 다른 학생들에게 전혀 방해되지 않았다. 그러니 그 회의실은 나 같은 야행성 올빼미족을 위한 최고의 장소였다.

내가 할 일이란 그저 '아침 일찍' 새벽 1시에 일어나거나, 반대로 혹은 오후 4시에 일어나 아침 8시까지 공부하는 방식으로 생체 리듬을 맞추는 것뿐이었다. 결론적으로, 당신이 만약 2014년에서 2020년 사이 시험 기간에 파에도 기숙사를 방문했다면, 새벽 1시에 셔츠를 챙겨 입고 방을 나서는 미친놈을 목격했을 가능성이 있다. 그는 책 꾸러미를 옆구리에 끼고 조용히 그만의 쾌락의 방인 지하 1층 회의실로 향했을 것이다. 그 후의 모습은 더 괴상했을 거다. 그 미친놈은 외부로부터의 방해 요소를 완전히 차단하기 위해 커튼을 모조리 내리고, 존재하지도 않는 '가상의 청중' 주변으로 거대한 원을 그리며 성큼성큼 걸었을 것이다. 그리고 본인의 말에 따르면 자기 확신을 강화하기 위해 아주 큰 소리로 일반 병리학, 식물 분자 생리학, 전자공학 등 다양한 과목들을 반복 학습했을 것이다.

회의실에는 공부에 필요한 모든 조건이 다 갖춰져 있었다. 무엇보다도, 외부로부터의 방해 요소가 전혀 없는 수도원 수준의 환경이 최고였다. 어려운 용어들을 정리하거나, 공학 시험에 나오는 수학 공식을 증명할 때는 다섯 개의 칠판이 훌륭한 도구가 되어주었다. 그렇게 두세 시간이 지나면 기숙사의 미친놈은 간단한 식사를 하려고 잠시 방으로 돌아갔다 다시 나와 또 두세 시간 동안 혼자 소리 내어 설명했다. 그러다 새벽빛이 밝아오고, '아침 식사'를 할 시간이 되면, 다시 조용히 방으로 돌아가거나 몇 시간이고 소리 내어 반복하기를 계속하거나, 강의가 있는 날은 수업에 들어갔다.

단 한 번이라도 나와 같은 경험을 해본 적이 없다면, 천국 같았던 그 회의실이 내게 어떤 의미였는지 상상하기 힘들 것이다. 그 방은 내 학문적 성장에 진정한 이정표였다. 즉, 나는 당신에게 아무 방해를 받지 않고, 자유롭게 소리 낼 수 있는 공간을 찾아보라고 강력히 권하고 싶다. 설사 그 공간을 말도 안 되는 시간에 이용할 수밖에 없다 할지라도 말이다. 정말이다. 분명 그럴 만한 가치가 있다.

머릿속에 입력하는 말하기 방법

소리 내어 반복하기의 구조와 적합한 화법

소리 내어 반복할 때는 변증법적 접근 방식을 유지해야 한다. 그러니까 우리 스스로와 대화를 나누는 방식으로 학습한 내용을 반복해야 한다는 것이다! 스스로 끊임없이 질문하고 스스로 답하는 자문자답이야말로 소리 내어 반복할 때 가장 이상적인 화법이다. 특히 소리 내어 반복하면서 독창적인 추론을 하고, 학제 간 연결성 찾기를 시도해 보자. 그런 시도들은 시험뿐 아니라 일상에서 더욱 유용할 것이다. 역사나 사건 중심의 과목이라면 자신이 영화 시나리오 작가가 된 것처럼, 내용을 이야기 형식으로 풀어보자. 사건들이 눈앞에서 펼쳐지는 것처럼 상상하면서 그 현장을 직접 보도하는 취재 기자가 되는 것이다. 화법을 말하자면, 전문용어를 정확하게 구사하는 것이 중요하지만, 여기에는 한 가지 주의할 점이 있다!

파인만 학습법

지금 공부하고 있는 복잡하고 까다로운 개념들을 정말로 제대로 이해했는지 확인하려면, 그 개념들을 매우 쉬운 언어로도 설명할 수 있어야 한다. 여기서 소개할 인물이 바로 내 인생의 히어로, 리처드 파인만Richard Feynman이다. 리처드 파인만은 1965년 노벨물리학상을 수상한 위대한 과학자이자, 내 인생과 학문에 임하는 태도에 가장 큰 영향을 미친 인물이다. 그는 단지 과학적인 업적 때문이 아니라, 인간적인 유산 때문에 시대를 초월한 지혜의 상징으로 여겨진다. 지금도 나를 포함한 수많은 과학도가 '파인만의 강의Feynman Lectures' 덕에 물리학에 매료되었다. 본론으로 돌아가자면, 파인만은 탁월한 교사이자 학자로서 자신만의 학습법을 고안하기도 했는데,[3] 그 핵심은 "뭐든 제대로 배우고자 한다면, 그것을 쉬운 말로 설명해 보라"이다.

이것이 바로 그 유명한 파인만 학습법Feynman Technique인데, 주요 단계는 다음과 같다.

1. 배운 내용을 종이에 적는다.
2. 누군가에게 가르치듯 배운 내용을 설명한다.
3. 제대로 설명했는지 점검한다.
4. 전문용어를 지나치게 많이 사용한 부분은, 더 쉬운 언어를 사용해서 다시 적어본다.

보았는가? 전문용어를 사용하지 않아서 탈락하는 것이 아니라 너무 많이 사용하면 탈락이다! 파인만 학습법에 따르면, 어떤 개념을 제대로 이해했다는 사실을 증명하려면 그 분야에 대한 전문지식이 전혀 없는 사람도 이해할 수 있도록 전문용어를 사용하지 않고, 아주 쉽게 설명할 수 있어야 한다. 같은 맥락에서 '파인만의 강의'에서 그는 수학 공식을 제대로 이해했다고 말하려면, 계산을 보여주지 않고 예시와 그림만으로 그 의미를 정성적으로 설명할 수 있어야 한다고 수차례 강조한다.

전문용어를 사용하면 그럴싸하게 보일 수는 있지만, 실제로는 그 의미를 제대로 이해하지 못하고 있는 때가 많다. 전문용어의 형식이 지나치게 인위적이어서 의미를 제대로 이해하지 못하고 있다는 사실을 감춰버리기 때문이다. 전문용어에 익숙하지 않은 누군가에게 복잡한 개념을 설명해야 할 때는 전문용어 대신 다른 표현을 사용할 수밖에 없는데, 오히려 그럴 때 자신이 과연 그 개념의 의미를 정확히 이해하고 있는지 확인할 수 있다.

아인슈타인이 "할머니에게 설명할 수 없으면, 제대로 이해한 게 아니다"라는 말을 남긴 데는 그럴 만한 이유가 있다. 나 역시 그 말의 진가를 뼈저리게 실감한 적이 있다. 언젠가 외할머니댁에서 여름 방학을 보냈는데, 나는 평소와 다름없이 온종일 책만 붙잡고 지냈다. 어느 날 소리 내어 반복 학습을 하고 있었는데, 그날 주제는 생체전자기학에 관한 길고 복잡한 수학적 증명이었다. 여기에는 라플라스 변환, 회전, 발산 등 벡터 미적분학 중에서도 가장 추상적인 공식들이 포함되어 있었다.

계산의 홍수에 푹 빠져서 소리 내어 반복하기를 하고 있는데 갑자기 외할머니가 내게 다가오시더니 순진하게 물으셨다. "그 발산$_{divergence}$이라는 것이 도대체 뭐니?"

순간 나는 완전히 얼어붙고 말았다. '벡터장의 발산을 고등교육을 받지 않은 외할머니께 어떻게 설명할 수 있을까?'내 머릿속을 스친 답변은 모두 교과서적인 정의들이었지만, 지나치게 기술적이고 낯설어 말하기 부끄러울 지경이었다.

"발산은 체적이 0으로 수렴할 때의 극한에서 폐곡면을 통과하는 벡터장의 유출량이며, 이는 연산자 대수에서 나블라 연산자와 벡터장 사이의 내적에 해당하며…" 외국어도 아니고, 도대체 이게 무슨 소리인가. 그날 나는 비로소 깨달았다. 발산이 무언지 사실 나조차 제대로 이해하지 못한 것이었다.

내 목소리를 녹음해서 다시 들으면 효과적일까?

마지막으로 간단하고 재미있는 이야기로 이번 장을 마무리해 보자. 많은 학생이 "공부하거나 소리 내어 복습할 때 자신의 목소리를 녹음해서, 나중에 복습용으로 다시 듣는 것이 효과가 있을까?"라는 질문을 던지곤 한다. 나 역시 예전에 똑같은 질문을 던진 적이 있었는데, 갈릴레오의 제자답게 과학적 방법론을 적용해 실험을 거쳐 여기에 답을 찾았다. 1장에 나왔던 학습법 기본 정리를 기억한다면 이미 짐작하겠지만, 자신의 목소리를 다시 듣는 방식은 전형적인 수동적 학습법으로, 창의적이고 능동적인 정교화 되뇌기에 비해 효과가 몇 배나 떨어진다. 게다가, 분량이 긴 서술형 과목에서는 녹음 분량이 수십 시간에 달할 것이다.

내장학splanchnology과 관련된 내용을 본인 목소리로 15시간 넘게 듣고도 정신이 멀쩡한 사람이 있다면, 어디 한번 나와 보시라….

나만의 노하우

어떤 시험인지는 밝히진 않겠지만, 언젠가 지루함을 달래려고 내 나름대로 유쾌한 효과음을 잔뜩 넣기도 하고, 진지한 내용 중간중간에 구피나 도널드 덕의 대사에서 따온 개그를 끼워 넣는 식으로 녹음 클립을 편집한 적도 있다. 그날 암기해야 할 지루하기 짝이 없는 질병 증상 리스트 뒤에는 '나뭇잎이 휘날리는' 듯한 효과음을 넣어 완벽한 인포테인먼트infotainment 사운드트랙을 만들었다. 솔직히 결과물은 꽤나 재미있었다! 엉뚱하고 우스꽝스러웠지만, 나름 재미있게 들을 수 있는 콘텐츠였다. 문제는 막상 녹음을 들으면 내용이 아니라 농담과 개그에만 집중하게 된다는 점이었다. 결론적으로 이 방법은 추천하지 않는다. 보다시피, 나도 안 해본 짓이 없다!

8

실전

직접 만든 정보가
기억이 더 잘 나는 이유

이번 장을 재미있는 질문으로 시작해 보자. 당신에게 두 문장을 들려 줄 테니, 둘 중 어떤 문장이 그럴싸한지 선택해 보시라.

1. 이 내용은 20년 전 학위 논문에 썼던 거라 아직도 생생히 기억나.
2. 이 내용은 20년 전에 강의에서 들은 거라 아직도 생생히 기억나.

솔직히 말해서, 외계인이 아닌 이상 1번 문장은 그럴듯하지만, 2번 문장은 지나가던 개도 웃을 말이다. 이번 장과 다음 장은, 앞서 1장에서 다뤘던 학습법 기본 정리의 최정상에 오르는 여정이 될 것이다. 우리가 도달해야 할 학습법의 정상에는 창의적 학습법이 있다. 다른 사람이 만들어준 자료를 수동적으로 받아들이는 데 그치지 않고, 직접 자료를 창조하고 그 과정에서 자연스럽게 정보를 기억하는 창의적 학습법은 패러다임의 전환이라 해도 과언이 아닐 정도로 엄청난 발전이다. 이제 우리는 뇌에 "이 정보를 기억해"라고 지시하는 대신, "이 정보를 어떻게 활용할 수 있을까?"라고 물을 것이다. 기억은 그 과정에서 자연스럽게 따라오는 부산물에 불과하다. 감히 말하건대, 창의적 학습법의 목적은 나만의 맞춤형 학습 자료를 만드는 것이다. 그것은 두 가지 측면에서 완벽해야 한다. 첫 번째, 복습 과정을 신속하고 수월하게 만들어주어야 한다. 두 번째, 이후에 같은 주제를 다룰 때마다 꺼내 쓸 수 있는 영원한 참고서, 나만의 '성서'가 되어야 한다.

이 지점에서 다음과 같은 의구심이 떠오를 수 있다. "정보를 창의적으로 사용하는 행위가 자동으로 암기로 이어진다는 걸 어떻게 보장할 수 있지?" 이번 장에서는 바로 그 비밀을 다룰 예정이다. 우리는 지금부터 인지신경과학cognitive neuroscience의 핵심 이론 중에서도 가장 기묘하고 반직관적인 세 가지 원리를 탐색하게 될 것이다. 준비하시라. 이제 당신은 학습법의 은밀한 비밀, 에소테리코스εσωτερικός에 입문하게 된다. 지금 내가 소개하는 신성한 계율만 잘 따르면, 스스로 정보를 생성하는 행위가 정보를 뇌에 각인시킬 수 있는 가장 강력하고 오래가는 지워지지 않는 잉크이며, 여기에는 과학적인 근거가 있다는 사실을 깨달을 것이다. 자, 이제 우리의 의식을 시작해 보자!

정보의 생산자가 되어라

창조적 학습법의 첫 번째 비밀은 바로 생성 효과generation effect, 또는 생성 우위generation advantage라 불리는 원리다. 정보나 해법, 절차를 학습할 때, 그것을 단순히 읽거나 듣는 것이 아니라 머릿속에서 직접 만들어내는 것이 기억에 훨씬 더 잘 남는다는 사실을 명심하자. 솔직히 이 원리는 비밀이라고 하기도 민망할 정도로 지난 50년간 심리학계에 널리 알려진 사실이다. 이미 여러 연령대를 대상으로 한 다양한 실험을 거쳐 단기 기억과 장기 기억에서 그 효과가 뛰어나다는 사실이 입증되었다. 생성 효과는 신경과학적 근거도 탄탄하다. 앞서 1장에서 우리는 기억이 관계적 패러다임에 따라 작동한다는 사실을 살펴보았다. 우리가 스스로 생성한 정보는, 기본적으로 기존에 우리가 가지고 있던 배경지식을 기반으로 만들어지기 때문에, 기존 기억들과 훨씬 더 많은 연결 고리를 형성하게 되고, 연결 고리가 많으면 많을수록, 단서도 많아진다(6장 참조). 이는 곧, 해당 정보를 떠올릴 수 있는 '경로'가 많아져서 기억 인출이 훨씬 더 효율적으로 이루어진다는 의미다. 결론은 단순하다. 정보를 수동적으로 '이용하는 것'보다는 직접 생성하는 것이 훨씬 더 유리하다. 특히 장기 기억에는 더 그렇다.

생성 효과의 과학적 근거

그럼 이제 생성 효과 검증 사례를 살펴보자. 지금까지 생성 효과를 입증하려고 수많은 실험이 실행되었는데, 그 구조는 거의 비슷하다. 학생들을 두 그룹으로 나누고, 이들 모두에게 같은 단어 목록을 제시한다. 첫 번째 그룹에는 단어들을 여러 번 읽으면서 외우라고 지시하고, 두 번째 그룹에는 단어를 외우라는 말은 아예 하지 않고, 특정한 규칙을 제시하고, 이에 따라 새로운 단어를 만들어내라고 한다. 예를 들어, 운율을 맞추거나, 동의어를 만들어내거나, 철자를 재배열하거나, 단어에 대한 느낌을 적거나, 단어들을 사용해 문장이나 시, 짧은 이야기를 만들라는 식으로 말이다. 여기서 핵심은 어떤 식으로든 창조적인 생성 행위가 포함되어야 한다는 것이다. 그런 다음에 학생들이 목록에 있는 단어를 얼마나 기억하고 있는지 평가할 수 있는 기억력 테스트를 실시하면 어떤 결과가 나올까? 당연히 두 번째 그룹의 테스트 결과가 첫 번째 그룹보다 훨씬 더 뛰어날 것이다.[1] 실제로 이 원리를 교육 현장에 적용하면 학생들의 성적이 유의미하게 향상된다는 사실이 입증되었다.

예를 들어 대학생 그룹 네 개에 다음과 같은 각기 다른 학습법을 지시했다고 가정해 보자.

1. 교재를 읽고 베껴 쓰기.
2. 교재를 읽고 형광펜으로 밑줄 긋기.
3. 교재를 읽고 필기하기.
4. 교재를 읽고 난 뒤, 해당 내용을 바탕으로 시험 문제로 나올 법한 창의적인 질문을 직접 만들어 페이지 여백에 써넣기.

이 중 어느 그룹이 시험에서 가장 좋은 성적을 거둘까? 당연히 네 번째 그룹이다.[2] 솔직히 질문을 위한 질문이었다.

자신의 시험 출제자가 되어라

이번에 소개할 두 번째 비밀은 심리학의 태동기부터 널리 알려진 개념으로, 시험 효과testing effect, 시험 기반 강화 학습test-enhanced learning, 무점수 퀴즈low-stakes quizzes 등 다양한 명칭으로 불린다. 이 신성한 원리에 따르면 어떤 정보를 학습할 때, 단순히 텍스트를 읽는 것보다는, 직접 추론하거나 유추하여 답하는 행위를 통해 정보가 훨씬 더 뚜렷이 각인된다고 한다. 그 답의 맞고 틀림의 여부와는 상관없이 말이다. 이 현상은 학습과 관련된 원칙 중에 가장 범용적인 원칙이라 해도 과언이 아닐 정도로 보편적이고 신뢰할 만하다. 실제로 시험 효과는 모든 연령대와 장단기 기억은 물론, 지리, 외국어 등의 다양한 과목과 낭독, 필기, 심지어는 머릿속으로만 생각하는 학습법에서까지 예외 없이 입증되었다. 말 그대로 모든 실험을 거쳐 잔뼈가 굵은 원칙이다.

이 효과의 뇌과학적 기반은 즉각적인 피드백에 있다. 즉, 학습자가 스스로 답을 떠올린 직후, 짧은 시간 안에 정답을 확인할 수 있어야 한다. 학습자가 정답을 맞혔을 때, 스스로 정답을 생성해 낸 행위 자체가 6장에서 살펴본 기억 인출 연습이 된다. 여기에 피드백이 더해지면서 그 정보는 기억 속에 더욱 굳건하게 고정된다. 마치 연필로 적은 내용을 형광펜으로 다시 덧칠하는 것처럼 말이다.

정답을 맞히지 못해도 걱정할 필요는 없다! 실험 결과, 신속한 교정만 이루어지면, 오답은 학습을 방해하지 않는 정도가 아니라, 오히려 그 정보에 대한 기억을 강화해 준다. 조작된 주사위 게임처럼, 뭘 해도 이기는 게임인 거다.

시험 효과가 창의적인 생성 학습과 연계될 때 실질적으로 어떠한 효과를 낳을지, 당신은 이미 짐작할 수 있을 것이다. 학습 자료까지 직접 만드는 마당에, 자기 검증을 위한 상호작용적인 요소를 가미하는 것이 뭐 그리 어렵겠는가? 이 부분은 앞으로 더 자세히 다뤄보자.

시험 효과의 과학적 근거

시험 효과의 사례를 간단히 살펴보자. 언제나처럼 괴롭힐 학생들을 두 그룹으로 나누어 짧은 자료를 읽게 한다고 상상해 보자.

- 첫 번째 그룹에 속하는 학생들에게는 글 전체를 읽고 암기하도록 10분의 시간이 주어진다.
- 두 번째 그룹에 속하는 학생들에게는 그보다 혹독한 조건을 제시한다. 즉, 2분간 그 글에 관한 질문을 먼저 읽게 하고, 남은 8분 동안 글을 읽고 암기하도록 하는 것이다. 물론 텍스트를 읽기 전이니 당연히 질문에 답할 수는 없다.

결과는 어떨까? 그렇다. 더 많은 내용을 기억한 것은 두 번째 그룹 쪽이다.[3] 참으로 역설적이지만, 결과는 분명하다. 답이 뭔지 전혀 모르는 상황에서도, 스스로 답을 추측해 보려는 시도 자체가 학습에 유리하게 작용한다는 것이다. 이제는 별로 놀랍지도 않겠지만, 인간의 뇌는 이처럼 반직관적인 이상한 법칙들로 우리를 속이곤 한다.

멀티미디어 효과의 힘

마지막으로 창조적 학습법의 세 번째 비밀 멀티미디어 효과multi-media effect를 살펴보자. 멀티미디어 효과는 단순하다. 이미지와 글을 결합한 자료, 더 나아가 이미지, 글, 음성 3요소가 결합된 멀티미디어 자료는, 단순하게 글로만 된 텍스트보다 더 잘 기억된다는 것이다. 이 현상의 신경과학적 근거는 4장에서 다룬 인지 부하 이론의 핵심 명제 중 하나인 이중 채널 가정dual channel assumption에 있다. 쉽게 설명하면, 각각의 감각 정보들은 병렬 고속도로와 같이 서로 독립적인 채널을 따라 처리된다. 실제로 앞서 우리는 작업 기억과 장기 기억 모두 언어 정보, 시각 정보, 청각 정보를 각기 다른 해부학적 경로를 통해 처리한다는 사실을 살펴봤다(1장 참조). 그중에서도 언어를 담당하는 채널에서는 자주 병목 현상이 일어난다. 고속도로에 차량이 몰려 '정체 현상'이 일어나듯, 언어 처리 채널이 과부하에 걸리면 전체적인 인지 처리 속도가 느려진다. 학습 자료를 이미지와 텍스트가 결합된 형태로 변환하면, 정보 처리의 부담을 일부 시각 채널로 분산할 수 있다. 즉, 막힌 도로에서 일부 차량을 우회도로로 유도해서 고속도로의 흐름을 다시 원활하게 하는 것이다.[4]

핵심 요약

이제 당신은 창의적 학습의 신성한 성전에 정식으로 입성했다. 이번 장에서 배운 내용을 요약해 보자. 첫 번째, 자신만의 고유한 방식으로 학습 자료를 창조해 내는 생성 행위는 막강한 전략이다. 창조

행위는 언제나 유익하다. 그것은 학습법의 최정상에 있다. 특히 장기적 관점에서 더욱 그러하다. 두 번째, 스스로 학습할 내용을 재구성하고 창의적으로 표현하는 행위는 직접 만든 학습 자료를 자기 검증이라는 소중한 보석으로 장식할 기회다. 우리는 언제든 자기 자신에게 질문하고 답하면서 스스로를 점검할 수 있다. 세 번째, 전형적인 교과서나 강의 자료는 대부분 텍스트로만 구성되어 있는데, 이러한 자료를 가능한 텍스트와 멀티미디어가 혼합된 하이브리드 형태의 자료로 전환하자. 이것만으로도 학습 효율이 비약적으로 상승한다. 마지막으로, 학습과 관련해서 내가 깨달은 가장 소중한 교훈을 당신과 나누고 싶다. 그것은 나만의 학습 자료를 만들어내는 행위가, 무언가를 스스로 빚어내고, 고유한 방식으로 표현하는 행위 자체가 학습자의 삶에 생기를 불어넣는다는 것이다.

나는 감히 창조적 학습은 단순히 학습이 아니라 예술적 행위라고 말하고 싶다. 어떤 학문을 창의적인 방식으로 대할 때, 지식과 학문 간 가장 깊고 내밀한 만남이 시작된다. 그 만남은 학습의 효과를 극대화할 뿐 아니라, 학문의 세계에 발을 들여놓는 경험을 새로운 차원으로 이끌어준다. 이러한 코페르니쿠스의 천동설과 맞먹는 발상의 전환을 경험하고 나서는, 드디어 학습을 즐길 수 있게 될 것이다. 그러니 우리 함께 이 여정을 계속해 보자. 다음 장에서는 더 신나는 일이 벌어질 것이다.

실전

상위권이 반드시 지키는
노트 정리 칠계명

8장에서 창의적 학습법의 무한한 기쁨을 미리 맛보았으니, 이제는 실천에 옮길 차례다. 이번 장에서 나는 당신에게 유익함을 즐거움으로, 두꺼운 전공서를 비디오게임으로 바꾸는 법을, 엑셀로 문제집을 만드는 법을, 플래시 카드로 시험 준비를 하는 법을 알려주겠다.

이러한 창의적인 기술들은 다양한 학습 과정 중에서 창의적 학습 회차(3장 참조)에서 사용된다. 창의적 학습 회차는 노트 필기와 읽기로 구성된 1회차 학습과 복습 사이클의 시작인 2회차 학습 단계 사이에 위치한다. 창의적 학습 회차의 목표는 필요 이상의 장황한 내용은 걷어내고, 교재에 생략된 복잡한 사고 과정을 명확히 드러내는 논리적 연결 고리들을 보강해, 학습자의 지식수준에 맞게 설계한 '맞춤형 학습 자료'를 만드는 것이다. 철저히 나만의, 나 스스로에 의한, 나 자신을 위한 학습 자료. 이 자료만 있으면 기존 교재는 치워버리고, 새로 만든 자료로만 복습을 진행할 수 있다. 그리고 바로 그때부터 우리는 그간 투자한 시간에 대한 보상을 받게 될 것이다. 아니, 투자한 시간에 암기 속도 향상이라는 이자까지 덤으로 얻을 것이다. 이렇게 직접 만든 홈메이드 학습 자료는 다윈의 진화론처럼 각 과목의 특성과 목적에 맞춰 적용할 수 있어서 형태가 다양하다.

이제부터 린네식 분류 체계*를 따라 주요 학습 자료 유형들을 설명하겠다. 생물학적 분류 체계를 따르면, 이 자료들은 크게 세 가지 '계界'로 나눌 수 있으니 그것은 바로 정리 노트, 셀프 테스트와 플래시 카드다.

노련한 자연학자처럼 각 '계'에 속한 '종種'을 꼼꼼히 설명하면서, 지금까지 그래왔듯, 사이사이 나만의 기상천외한 학습법도 털어놓을 예정이다. 그러니 기대하시라. 정말로 흥미로운 일들이 벌어질 것이다.

성적과 합격을 부르는 노트 정리법

홈메이드 정리 노트

기존 자료를 바탕으로 정리한 나만의 정리 노트는 가장 기본적이고 유연한 형태의 맞춤형 학습 자료다. 여기서 기존 자료란 강의 노

---

* 스웨덴의 생물학자 칼 폰 린네Carl von Linné가 18세기에 제안한 생물 분류 체계로, 생물을 공통의 특징에 따라 계통적으로 분류하는 체계.

트, 교과서, 검증된 웹사이트 등을 의미하며, 되도록 여러 출처에서 수집한 자료들을 조합하는 것이 좋다. 정리 노트를 만들면서 서로 다른 출처의 자료를 주제별로 비판적으로 비교 분석해 보고, 자료별로 가장 중요한 내용을 취합할 수 있다. 정리 노트를 만들 때 필요한 몇 가지 조언이 있는데… 아니, 조언이라기보다는 1장에서 다루었던 '마법의 숫자 7' 이론을 바탕으로 이상적인 정리 노트를 만들기 위한 칠계명이라 부르겠다.

1. 요약하지 말라

첫 번째 계명: 요약하지 말라. 책을 읽고 요약하는 것은 가장 보편적인 주류 학습 기법의 하나로 실험적 근거가 없는 것은 아니지만, 나는 이 방법에 전적으로 반대다. 성서적 표현을 쓰자면 요약은 곧 대죄다. 그것은 요약이 필연적으로 정보 손실을 초래하기 때문이다. 공부의 궁극적 목표는 모든 정보를, 심지어 지루하기 이를 데 없는 세세한 부분을 포함한 모든 내용을 정확하게 기억하는 것이다. 그것이야말로 특정 학문을 전문적으로 완벽하게 정복하기 위한 필수 조건이다. 그래서 나는 언제나 교재에 담긴 정보는 하나도 빠뜨리지 말고, 단어 수만 줄이라고 조언한다. 물론 엄청나게 많이 줄여야겠지만 말이다. 컴퓨터와 비교하자면 무손실 압축lossless compression을 해야 한다. 집zip파일처럼 비트 하나 빠뜨리지 않고, 훨씬 간결한 언어로 압축하는 것이다. 정리 노트의 문체는, 대중 교양서의 넉넉하고 유려한 문체와는 정반대다. 트위터(엑스) 스타일의 요점만 담긴 농축된 정보의 정수여야 한다. 그래야 기존 자료를 다시 읽는 데 드는 시간의 몇 분

의 일만으로도 복습이 가능해진다. 다시 말하면 요약을 하는 것이 아니라 간결하게 해야 한다. 그렇지 않으면 끝내 기존 교재를 완전히 버리지 못하고, 그럴 바에는 애초에 그냥 기존 교재로 공부하는 편이 낫다.

2. 진부한 예시는 없애 버려라

두 번째 계명: 진부한 예시는 없애 버려라. 정리 노트를 만들 때는 기존 지식을 바탕으로 글을 읽으면서 유추할 수 있고 논리적으로 쉽게 재구성할 수 있는 내용은 외과 수술하듯 제거해야 한다. 이 계명은 단순한 취향 문제가 아니다. 뇌과학적 관점에서도 매우 타당한 주장이다. 실제로 인지 부하 이론을 연구하는 심리학자들은 학습에 아무런 쓸모가 없으면서 작업 기억 공간만 차지하는 정보를 외재적 부하 extraneous load라고 부른다. 앞서 살펴보았듯이 작업 기억의 용량은 매우 제한적이기 때문에, 이런 불필요한 정보들은 오히려 학습의 질을 저해한다는 것이 여러 실험에서 입증되었다.[1,2]

3. 논리적 연결 고리를 사용하라

세 번째 계명: 인과관계를 찾아라. 당신은 1장에서 다룬 기억의 관계적 패러다임을 기억하고 있을 것이다. 모차르트 예시에서 알 수 있듯이, 인과관계가 뚜렷한 텍스트일수록 기억력이 강화된다. 안타깝게도, 학습 교재 대부분은 어떤 현상이나 사건을 설명하면서 원인에 대한 설명은 생략한다. 하지만 창의적 재구성의 순간을 이용해 이러한 빈틈을 메울 수 있다. 호기심을 발휘해서 웹 검색을 거쳐 특

정한 현상에 대한 원인이나 기억하는 데 도움이 될 만한 인과관계를 찾아보자.

하버드대학교 재학 시절, 강의 중에 감탄하면서 들었던 이야기를 예로 들어보겠다. 기본적인 생물학 지식이 있는 사람이라면, 혈액 세포를 생성하는 조혈 작용hematopoiesis이 성인의 골수에서 일어난다는 사실을 알고 있을 것이다. 그런데, 왜 하필 골수에서 일어나는 걸까? 당신은 그 이유를 알고 있는가? 가장 신빙성 있는 이유는 다음과 같다.

조혈 세포는 줄기세포라 자외선에 매우 민감하다. 초기 동물은 물속에 살았기 때문에, 이 세포들은 일종의 '우산' 역할을 하는 색소상피층epithelial pigment layer으로 덮여 자외선으로부터 보호받을 수 있는 신장 위쪽에 자리 잡고 있었다. 하지만 진화와 함께 동물이 육지로 올라오면서 자외선은 더는 위에서만 내리쬐는 것이 아니라 사방에서 쏟아지기 시작했고, 우산만으로는 조혈 세포를 보호할 수 없게 되었다. 결국 조혈 줄기세포는 자외선 차단이 가능한 두꺼운 광물질 층으로 둘러싸인 신체 부위를 찾아 이사 가게 되었는데, 그곳이 바로 골수였던 거다.[3] 생물학이나 해부학처럼 직관적으로 비논리적으로 느껴지는 과목조차도 이런 식으로 인과관계로 설명할 수 있다면, 논리적 구조로 정리하지 못할 과목은 없다.

4. 이미지를 활용하라

네 번째 계명: 이미지를 활용하라. 요즘은 웹 검색만으로 정밀한 일러스트레이션, 도표, 이미지를 찾을 수 있다. 이러한 자료들을 잘

활용하면 몇 단락 분량의 텍스트를 생략할 수 있다. 때에 따라서, 인상적인 사진 한 장 덕에 한 페이지 내용 전체가 기억에 남기도 한다.

이 외에도 상징이나 간단한 그림들도 꽤나 유용하다. 상징과 그림들은 놀라울 정도로 간결하고, 시각적으로 직관적이다. 게다가, 잘만 사용하면 기분까지 좋아진다. 예컨데 굳이 '장점'과 '단점'이라고 쓸 필요 없이 👍, 👎 이모지를 사용하는 식으로 말이다! 이때, 중요한 팁이 있다. 생각보다 아는 사람이 많지 않은데, 키보드로 이모지를 입력하는 법은 아주 간단하다. 윈도우에서는 윈도우 키와 마침표 또는 세미콜론을, 맥Mac에서는 Ctrl + Cmd + Space를 누르면, 수리수리 마수리! 이모지 키보드가 마법처럼 화면에 나타날 것이다.

5. 도표화하라

다섯 번째 계명: 만들 수 있는 건 전부 표로 만들어라. 이 책을 포함한 저서 대부분은 처음 책을 접하는 독자의 눈높이에서 독서의 즐거움을 극대화하는 데 초점을 맞추기 때문에, 충분히 도표화할 수 있는 정보들도 서술형으로 풀어 쓴다(나 역시 마찬가지다).

하지만 정리 노트는 목적이 다르다. 정리 노트는 복습 시간을 최소화하는 데 특화되어야 한다. 긴 텍스트를 읽다 보면, 이 내용을 A4 한 장 크기의 표로 요약하면 효과적이겠다는 생각이 들 때가 있다. 그런 생각이 들면 망설이지 말고 표로 만들자. 주저할 이유가 전혀 없다. 만들 수 있는 건 전부 표로 만드는 것이 좋다!

6. 수식에 색을 입혀라

여섯 번째 계명: 수식에 색을 입혀라. 복잡한 대수 증명 과정을 따라가기 어려울 때면, 나는 그 내용을 컴퓨터로 다시 써서 부분별로 각기 다른 색을 입히곤 했다. 그렇게 하면 대입이나 생략 과정을 한눈에 파악할 수 있었기 때문이다. 색을 사용하면 계산을 따라가기가 얼마나 수월해지는지 모른다.

7. 기억술을 활용하라

일곱 번째 계명: 기억술을 활용하라. 앞으로 14장에서 18장까지 배울 다양한 기억술을 정리 노트를 만들 때 활용해 보자. 앞서 1장에서 다룬 청킹 기법도 마찬가지다. 청킹은 일곱 개 이상의 항목으로 된 목록을 다룰 때, 유사한 요소들을 하나의 복합 항목으로 묶어 일곱 개 단위로 재구성하는 전략이다. 이 칠계명을 지혜롭게 적용한다면, 당신의 정리 노트는 해당 과목을 다룬 권위 있는 교재이자, 앞으로 수년간 당신의 학업을 함께할 든든한 친구로 남을 것이다.

나만의 노하우　〜〜〜〜〜〜〜〜〜〜〜〜〜〜〜〜〜〜〜〜

당신도 눈치챘겠지만, 나는 창의성을 정말 사랑하고, 다분히 단눈치오적*인 미

---

* 가브레일 단눈치오Gabriele d'Annunzio는 이탈리아를 대표하는 19세기 시인으로, 낭만적이면서 퇴폐적인 탐미주의로 유명하다.

학을 추구하는 사람이다. 그러니 정리 노트를 만드는 것은 내 학습 방식에 꼭 맞았다. 텍스트의 문체적 아름다움과 시각적 구성을 향한 나의 집착은 학창 시절부터 이미 유명했다. 컴퓨터로 꼼꼼하게 정리 노트를 만드는 작업이 정말 즐거웠다! 정리 노트는 내가 가장 애용했던 학습 방법의 하나로, 나는 거의 모든 과목에 이 방식을 적용했다. 지금까지 약 200번 넘는 시험을 준비하면서, 나는 나만의 정리 노트를 모아 나만의 도서관을 만들어 지금도 내 방에서 애지중지 보관하고 있다. 과목별 정리 노트를 단색 링바인더에 담아, 그 과목을 의미하는 두 글자의 약어가 적힌 라벨을 붙였다.

이렇게 만든 '은밀한' 도서관을 감상하고, 필요할 때 열람하는 순간들이야말로 내게 가장 큰 기쁨과 만족이다. 나는 배움이라는 행위에 깊고도 본질적인 창의적 체험을 결합하면, 학습하는 동안 이루 말할 수 없는 긍정적 정서가 더해지고, 지식의 충만함을 마음 깊이 음미할 수 있게 되는 것은 물론, 궁극적으로는 존재의 의미까지 깨닫게 될 것이라는 사실을 강력하게 믿는다.

셀프 테스트 만드는 법

홈메이드 셀프 테스트 퀴즈

이번에는 이른바 맞춤형 학습 자료의 세 영역 중 두 번째 영역인 셀프 테스트 영역으로 모험을 떠나보자. 셀프 테스트란 말 그대로 스스로 퀴즈를 만들어 풀어보는 행위로, 앞서 8장에서 다룬 테스트 효과를 구현한 것이다. 이제 본격적인 준비를 시작해 보자. 다행히도 지금은 컴퓨터로 퀴즈를 제작할 수 있는 소프트웨어가 수없이 많다. 그중에서도 나는 고전적인 소프트웨어 핫포테이토스Hot Potatoes를 추천한다. 1998년에 등장한 핫포테이토스는 지금도 디지털 기반 학습 프로그램의 고전이라 불린다.[4] 한편, 가장 효과적인 셀프 테스트 형식은 단연코 '빈칸 채우기'다.

문장이나 단락 내 단어나 구를 생략해 직접 채우는 '빈칸 채우기'는 범위가 넓고 서술할 내용이 많은 과목에 매우 적합하다. 그렇다고 반드시 빈칸 채우기 형식만 고집할 필요는 없다. 색다른 다양한 형식을 얼마든지 시도해도 좋다. 단, 퀴즈를 설계할 때는 반드시 정답이나 오답의 피드백을 신속하게 받을 수 있어야 한다. 소프트웨어로 프로그래밍이 가능하다면, 정답이나 오답을 확인할 때 강렬한 시각적 혹은 청각적 효과를 주는 것도 좋다. 그런 식으로 정답을 맞추었을 때나 틀렸을 때 느끼는 짜릿함 혹은 민망함을 뇌가 기억해야 한다.

셀프 테스트 실행하기

퀴즈를 만들 준비가 되었으면 이제 출제자의 자리를 떠나 참가자의 자리로 이동하자. 착석하는 순간, 당신은 게임화gamification라는 완전히 새로운 차원의 세계에 진입하게 된다. 게임화는 비디오게임의 몰입성과 중독성을 구성하는 핵심 요소들을 파악해, 그 원리를 공부처럼 힘들지만 유익한 활동에 접목하는 것이다. 퀴즈를 풀 때는 에누리 없이 정직하게 점수를 기록해야 한다. 그래야 정답을 갈망craving할 수 있으니까. 퀴즈를 푸는 순간에는 다른 그 무엇보다도 정답을 간절히 원해야 한다. 며칠간의 노력 끝에 마침내 100점 만점을 받는 순간이 오면, 그것만큼 짜릿하고 기분 좋은 일은 없을 것이다. 천하무적이 된 것 같을 것이다! 이렇게 하면, 테스트 효과를 한껏 활용할 수 있을 뿐 아니라, 스크린 앞을 떠나지 못하는 프로 게이머처럼 공부에 푹 빠질 것이다. 공부를 먼저하고 놀아야 한다는 고루한 통념을 뒤엎고 놀면서 공부하는 기쁨을 맛보게 될 것이다.

나만의 노하우

어릴 때부터 나는 뭐든 만드는 것을 좋아했다. 특히 유년기와 청소년기에는 프로그래밍에 푹 빠져서 살았다. 소프트웨어를 활용해서 직접 비디오게임을 만들고, 비밀 정보를 이미지 안에 암호화하는 작업이 너무 재미있었다. 시간이 흐르면서, 프로그래밍 능력을 일상생활, 특히 공부에 적용하고 싶다는 욕심이 생겼고, 그렇게 나만의 학습 프로그램을 몇 가지 개발했다. 나는 자바Java 환경에서 나만의 프로그래밍 언어를 만들었던, 중학교 3학년 여름을 평생 잊지 못할 것이다. 그 언어로 나는 인터렉티브 퀴즈Interactive Quiz*를 순식간에 내가 원하는 대로 만들어낼 수 있었다. 게다가 수업 시간에 쓴 필기 노트를 퀴즈 형식으로 자동 변환할 수도 있었다. 나는 그 언어에 디바이스Device라는 이름을 붙였다. 디바이스는 이후 수년 동안 훌륭한 학습 동반자가 되어주었다.

하지만 직접 프로그래밍을 하려면 꽤 긴 시간과 노력이 필요하다. 대신, 약간의 창의력만 발휘하면 누구나 쉽게 활용할 수 있는 훌륭한 도구가 있으니, 그것

---

* 사용자의 개입에 따라 결과가 달라지는 퀴즈.

은 바로 엑셀이다. 나는 내 나름대로 엑셀을 활용한 '엑셀 학습법'을 고안했고, 학창시절에 본 수많은 시험 중 4분의 1 정도는 엑셀 학습법을 이용해서 준비했다. 엑셀 학습법은 기대 이상으로 효과적이었다. 이제 당신에게 나만의 비밀 레시피를 소개하겠다.

먼저 엑셀을 열고 '보기'를 클릭해 '페이지 레이아웃'을 활성화한다. 전체 시트의 셀을 선택한 다음 '셀 서식'을 클릭해 '맞춤'을 찾고 '자동 줄 바꿈 허용'을 설정한다. 열 너비를 조정해 페이지 전체가 두 개의 열로 구성되게 한다.

왼쪽 열의 넓이는 오른쪽 열의 두 배로 설정한다. 여기에는 빈칸 채우기 텍스트를 입력하고, 그보다 좁은 오른쪽 열에는 빈칸에 들어갈 정답을 입력한다.

왼쪽 열에 적는 문장은 트위터 메시지처럼 간결해야 한다. 기억이 잘 안 나는 내용이나 핵심 단어는 ***으로 표시해 두고, 오른쪽 열에 그 정답을 적는다.

이때 같은 셀에 여러 줄로 된 텍스트를 적어도 되고, 한 줄에 빈칸을 여러 개 넣는 것도 가능하다. 단, 왼쪽 열의 빈칸과 오른쪽 열에 있는 빈칸에 들어갈 내용은 같은 줄에 위치해야 한다. 의외로 아는 사람들이 많지는 않은데, 줄 바꿈 단축키는 알트Alt + 엔터Enter다. 이런 식으로 하면, 시험 범위 전체를 손쉽게 빈칸 채우기 테스트로 만들 수 있다. 이제 직접 퀴즈를 풀어보자. 그림 19에서 알 수 있듯 여기에는 두 가지 방식이 있다.

▪ 컴퓨터 사용이 익숙하면, 두 번째 시트를 열어 인터렉티브 퀴즈를 만들어 보자. 첫 번째 열에는 질문이 표시되고, 두 번째 열에 직접 답을 입력하면, 정답 여부에 따라 세 번째 열에는 초록색(정답)이나 빨간색(오답)이 표시되고, 점수가 자동으로 계산되어 최종 성적까지 나온다.

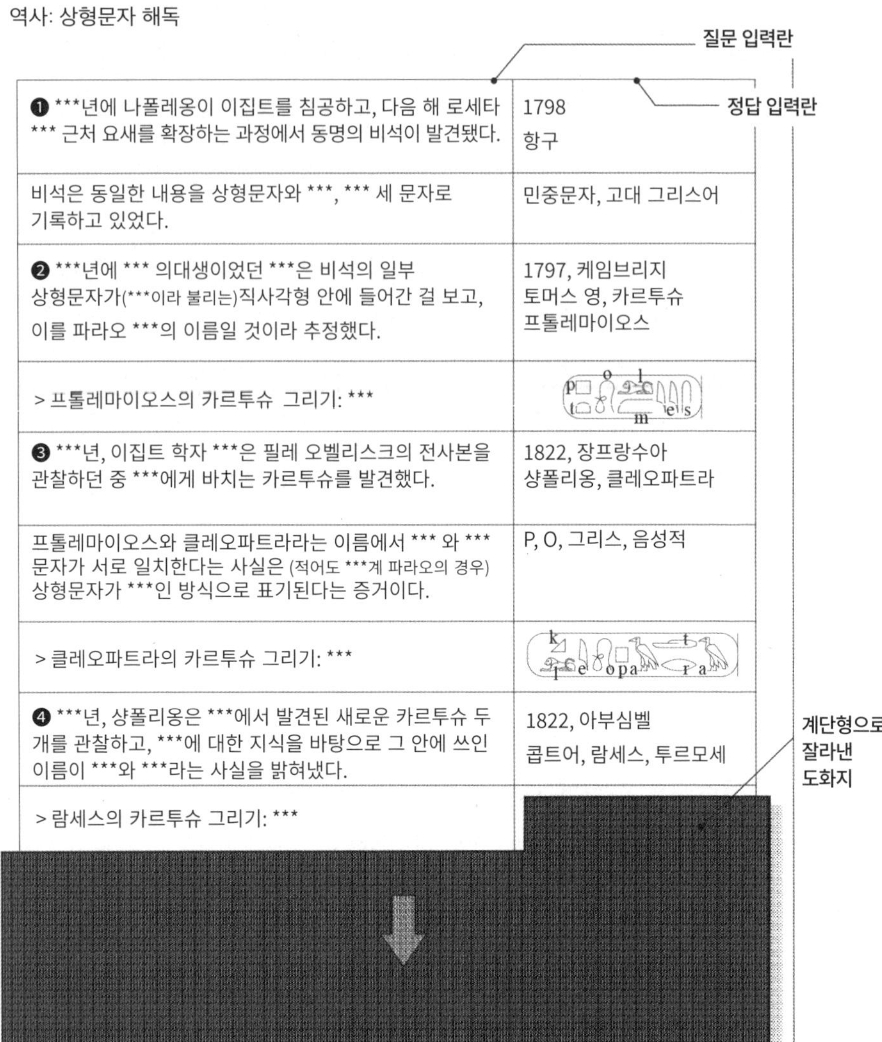

* 고대 이집트 상형문자에 쓰이던 특별한 타원형 테두리.

그림 19. 엑셀 학습법의 예

- 고전적인 인쇄물을 선호한다면 경계선이 보이게 설정한 뒤, 시트를 인쇄한다. 색 도화지를 하나 준비한 뒤 위를 잘라내 '계단형 마스크'를 만든다. 이때 왼쪽 열을 오른쪽 열보다 한 줄 더 많이 보이게, 계단형으로 잘라낸다. 시트를 도화지로 가리고 문제를 읽은 뒤, 가능하면 소리 내어 정답을 말한다. 그런 다음 도화지를 한 줄 내리고, 오른쪽 열에서 정답을 확인한다. 이로써 빈칸 채우기, 소리 내어 학습하기와 테스트 효과까지 모두 한 번에 활용할 수 있는 셀프 테스트가 완성되었다!

플래시 카드 만드는 법

홈메이드 플래시 카드

마지막 세 번째 영역은 내가 가장 좋아하는 플래시 카드다. 플래시 카드는 영미 학계에서 유래된 학습법으로, 한 면에는 질문을, 반대 면에는 그에 대한 정답을 적은 카드를 활용하는 방식이다. 이제 카드를 잘 섞은 후, 테스트를 시작해 보자.

사실 플래시 카드 활용법은 굉장히 잘 알려져 있다. 덕분에 학습 효과를 극대화하려는 다양한 알고리즘이 등장했는데, 그중에서도 가장 유명한 방식이 바로 1970년에 독일의 과학 전문 기자 세바스티안 라이트너Sebastian Leitner가 고안한 라이트너 시스템Leitner system이다. 간단히 말해, 이 방법은 카드를 여러 세트로 나눠서, 숙련도에 따라 다른 복습 주기로 활용하는 방식이다. 이때 복습 주기는 학습자가 임의

로 정할 수 있다.[5] 예를 들어, 다음과 같은 5단계 카드 분류 시스템을
설정할 수 있다.

- 1번 세트: 매일 복습.
- 2번 세트: 이틀마다 복습.
- 3번 세트: 나흘마다 복습.
- 4번 세트: 8일마다 복습.
- 5번 세트: 복습 중단.

처음에는 모든 카드를 1번 세트에 배치한다. 이후 복습을 할 때마다, 정답을 정확히 기억해 낸 카드는 다음 단계 세트로 승격시키고, 정답을 틀리거나 불완전하게 기억한 카드는 아래 단계 세트로 강등시킨다. 이 학습법의 핵심은 의도적으로 '상처에 소금을 뿌리는' 것이다. 즉, 학습자는 기억하기 힘들어하는 정보에 반복적으로 노출되고, 익숙해진 정보는 완전히 잊어버리지 않도록 복습 주기가 늘어나 학습자의 학습 효율을 높이게 설계되었다.

나만의 노하우

또다시 나만의 미친 학습법을 고백할 시간이 왔다. 학창 시절 나는 플래시 카드를 정말 좋아했고, 오랫동안 나만의 방식으로 학습에 활용해 왔다. 내가 사용한 기술은 전통적인 플래시 카드와 나만의 정리 노트를 절묘하게 혼합한 형태였다. 내가 만든 카드 세트는 일종의 포켓 정리 노트였다. 나는 카드에 한 번에

작업 기억 속으로 저장 가능한 정도의 정보만을 담은 세부 주제를 적고, 카드 뒷면에는 질문 대신 해당 주제의 제목만 적었다.

이렇게 구성된 카드 세트는 잘게 쪼갠 정보를 담아 소리 내어 학습하기에 알맞게 '포장한' 정리 노트였다. 내 방식은 라이트너 시스템보다 더 단순했다. 나는 이걸 컴퓨터 프로그래밍에서 사용하는 **와일**while 루프 문법에서 착안해 '**와일 방식**'이라 불렀다.

방법은 이렇다. 먼저 카드 세트들 중에서 첫 번째 카드를 집어 들고, 카드 뒷면에 적힌 세부적인 주제의 제목을 읽은 뒤 기억을 더듬어 내용을 말해본다. 이때 9장에서 살펴보았듯이 정보를 가공하고, 연결 고리를 형성하는 것이 중요하다.

그런 다음 카드를 뒤집어 내용을 확인한다. 내용을 완벽하게 기억해 냈고 자신의 설명도 만족스러웠다면 해당 카드는 따로 빼둔다. 설명이 부족하거나 틀린 내용이 있었다면 그 카드는 다시 세트 맨 아래에 넣어둔다. 이 과정을(와일 루프처럼) 카드가 남지 않을 때까지 반복한다. 이때 카드를 순서대로 다시 반복할지, 완전히 다시 섞을지는 자유다.

카드를 섞으면 난이도가 높아진다. 하지만 3장에 나오는 교차 효과를 활용할 수 있다. 카드는 수기로 만들어도 되고, 컴퓨터로 만들어도 된다. 어느 쪽이든, 프린터 용지를 원하는 카드 크기로 자르는 것이 좋다. 나는 보통 7×9센티미터 또는 13×9센티미터 규격을 썼고, 학교 근처 출력소의 자동 재단기로 잘랐다. 단, 컴퓨터로 카드를 만들 때에는 특정한 사이즈의 종이에 양면 인쇄를 하기가 번거로우니 제목과 본문을 한쪽 면에 나란히 배치하는 걸 추천한다. 제목은 카드 상단에, 본문은 하단에 적어놓으면, 복습할 때 손으로 본문을 가리고 제목을 보면서 암기 연습을 할 수 있다. 중요한 건, 플래시 카드 학습법을 놀이처럼 생각하고, 자기만의 버전이나 알고리즘을 만드는 것이다.

내 경험을 공유하면, 기계역학 시험을 앞둔 어느 날, 기차를 타고 가던 중에 마땅한 종이가 없어 손에 들고 있던 웨하스 과자 상자를 잘라 미니 카드를 만들어 복습을 한 적도 있다. 그때 나를 보던 승객들의 눈빛은 잊을 수가 없지만, 상관없다. 시험 결과가 아주 좋았으니까.

10

실전

수학, 여러 주제의
문제를 섞어 풀어라

짧고 굵게 훑고 지나갈 이번 장에서는 수학을 다루어보도록 하겠다. 더 정확하게는 수많은 학생의 불안의 근원인 연습 문제 푸는 법을 살펴보자, 실전으로 들어가기 전에, 당신은 수학의 어원을 아는가? 잘 알려지지 않았지만, 수학의 라틴어 메스메티케mathematicae는 '배우다'라는 의미의 고대 그리스어 만다노μανθάνω에서 유래했다. 그러니까 수학은 곧 '배움 그 자체'를 뜻하는 학문이다.

그렇다면 어떻게 배울 것인가. 두말할 것도 없이, 연습exercitium을 거쳐서 배워야 한다. 9장 테스트 효과에서 보았듯이, 우리는 연습 문제 풀기의 중요성을 절대 과소평가해서는 안 된다.

다행히도 교수들 대부분은 연습 문제 풀기의 중요성을 잘 알고 있고, 실제로 학생들을 가르칠 때도 큰 비중을 부여한다. 그러니 여기서는 실질적인 조언 몇 가지만 정리해서 요점만 소개할 것이다. 먼저 상식적인 실전 팁 세 가지, 이어서 나만의 경험에서 우러나온 기상천외한 팁 세 가지를 소개하겠다. 그럼 이제 시작해 보자!

어떻게 섞어 풀어야 할까?

연습 문제 교차 풀기

가장 중요한 첫 번째 팁은 사실상 대부분 교제에서 가장 흔히 나오는 실수와 관련이 있다. 당신도 각 장의 마지막에 연습 문제가 나오는 형식에 익숙할 것이다. 해당 장에서 배운 몇 안 되는 공식만 그대로 대입하면 풀 수 있는 문제들 말이다. 뇌과학적인 관점에서 이런 구성은 거의 신성모독에 가깝다. 당신은 2장에서 다룬 교차 학습 효과를 기억할 것이다. 교차 학습 효과는 여러 주제를 섞어서 학습하는 방식이 각각의 주제에 순차적으로 집중하는 블록 학습보다 훨씬 효과적이라는 내용이다. 그런 효과는 연습 문제를 풀 때 더 잘 나타난다. 진짜 실력을 향상하려면, 여러 장에 걸쳐 분산된 공식들과 알고리즘을 한꺼번에 활용해야만 해결할 수 있는 문제들을 푸는 게 좋다.

못 믿겠다고? 그렇다면 그림 20과 같은 실험을 한다고 상상해 보자. 언제나처럼, 학생들을 두 그룹으로 나누어보자. 이들에게 입체도형의 부피 계산과 관련된 튜토리얼 네 개와 연습 문제 네 세트를 제공하되, 이때

■ 첫 번째 그룹에는 각 튜토리얼과 그에 대응하는 연습 문제를 순

166

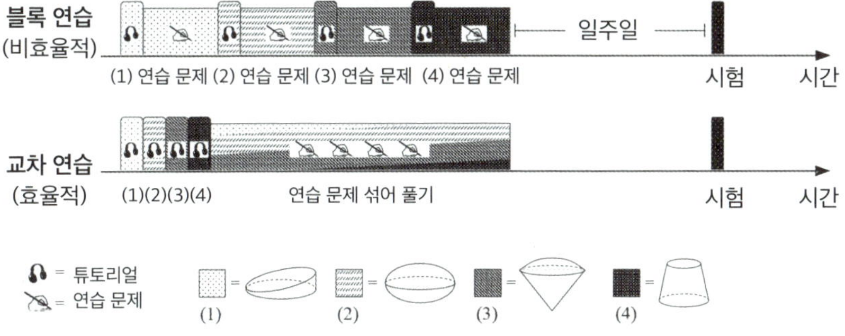

그림 20. 로러Rohere와 테일러Taylor의 실험(2007)

차적으로 제공한다.

- 두 번째 그룹에는 튜토리얼을 한꺼번에 제공하고, 연습 문제를 아무렇게나 섞어서 제공한다.

그 자리에서 바로 문제를 풀게 했을 때, 어느 그룹 점수가 더 높게 나올까? 당연히 첫 번째 그룹이다. 이들의 정답률이 89퍼센트로 60 퍼센트를 기록한 두 번째 그룹을 훨씬 앞선다. 그런데 일주일 후에 다시 시험을 다시 치르면? 놀라운 반전이 일어난다. 두 번째 그룹의 정답률은 63퍼센트로 소폭 상승한 데 비해, 첫 번째 그룹은 20퍼센트로 추락해, 두 번째 그룹의 정답률이 첫 번째 그룹의 정답률을 무려 세 배나 앞선다. 놀랍지 않은가? 두 그룹 모두 동일한 시간을 들여 공부하고, 동일한 양의 연습 문제를 풀었는데, 단지 여러 주제의 연습 문제를 섞어 풀었다는 이유만으로 시험 성적이 세 배나 향상한 것이다.[1] 이 실험의 결과는 자명하다. 교수님이 물리 교재 1장, 3장, 5장을 공부하라고 했을 때, 각 장 마지막에 있는 연습 문제들을 순서대로 차례차례 푸는 우를 범하지 말라. 연습 문제를 복사하거나 인쇄한 후, 완전히 뒤섞어 어떤 장에서 나온 문제인지 추측할 수 없게 한 다음에 문제를 풀어보라. 이 정도 성과라면, 교차 학습 효과를 위해 복사지 한 장쯤은 아까울 것이 없지 않은가.

비전형적 문제 풀기

두 번째 팁은 단순히 몇 가지 공식을 적용해서 풀 수 있는 문제보다는, 더 넓은 범위의 창의적인 사고가 필요한 문제를 찾아서 풀라는 것이다. 어떤 값을 가능한 근사치로 추정하라는 유형의 문제들이 대표적이다. 이런 문제는 다양한 방식으로 접근할 수 있지만, 그중에는 다른 방법보다 영리한 방법들이 있을 것이다. 이처럼 정해진 틀에서 벗어나 사고하는out of the box 훈련은 현대 사회의 중요 역량으로 여겨지며, 직업적 성공과 직결된다. 실제로 세계 유수의 대학교들과 진보적인 다국적 기업에서는 학생이나 직원을 선발할 때 틀 밖의 질문을 활용하는 때가 많다. 대표적인 사례가 페르미 문제Fermi problems*다. 예컨대, 복사 용지 한 묶음에는 몇 장의 종이가 들어 있을까? 방 안에 1센트짜리 동전을 몇 개나 채워 넣을 수 있을까? 유럽에서 하루 동안 소비되는 피자의 넓이는 얼마나 될까? 도시의 모든 유리창을 청소하

---

* 어떠한 문제에 대해 기초적인 지식과 논리적 추론만으로 짧은 시간 안에 대략적인 근사치를 추정하는 방법.

는 데는 얼마의 비용이 들까?

여기에서 중요한 것은 정답 자체가 아니라, 얼마나 합리적이고 창의적인 추론을 전개할 수 있느냐다. 내게는 산탄나고등연구대학원 입학시험에서 첫 구술시험을 봤을 때 기억이 지금도 선명하다. 그때 면접관들이 내게 던졌던 첫 질문은 다음과 같았다. "아렌 계열 화합물의 전형적인 방출 파장에 관해 설명해 보게나."

맙소사, 솔직히 일개 고등학생에게는 굉장히 까다로운 질문이었다. 하지만, 면접관들이 듣고 싶어 했던 것은 달달 외운 정답이 아니라, 복잡한 주제에 대해 물리화학적으로 설득력 있는 추론, 즉 경험이나 교육에 기반한 추론educated guess이었다. 그런 관점에서 나는 면접관들이 원하던 답을 줄 수 있었다. 마무리하면, 미리 배운 공식 몇 개만으로도 쉽게 풀 수 있는 연습 문제들은 사양한다. 창의성을 키우려면 풀이 방법이 다양하고 접근 방식에 따라 사고의 깊이를 드러낼 수 있는 복합적이고 열린 문제들을 선택하는 편이 낫다.

희랍어 알파벳 배우기

내가 이런 말을 하게 될 줄은 몰랐지만, 세 번째 팁은 바로 골치 아픈 희랍어 알파벳을 배우라는 것이다! 당신이 인문계 고등학교를 나오지 않았더라도, 평생 호머Homer의 작품 원전을 번역할 일이 없을지라도 상관없다. 희랍 문자는, 더 정확히 말하면 히브리 문자 알레프ℵ까지도, 수학이나 수학과 관련된 과목의 수식에서 매일같이 사용된다. 공대 도서관에서 아무 책이나 펼쳐도 마주하게 되는 끔찍한 광경이 있다. 첫 번째 희랍 문자가 등장한 수식 옆에 어김없이 연필로 그려 넣은 화살표와 함께 그 문자의 이름이 적혀 있는데, 문제는 그게 반드시 옳지는 않다는 거다. 심지어 실력 있는 공대생들조차 제타 ζ 와 크시 ξ 를, 혹은 세타 θ 와 파이 ϕ 를 헷갈리는 때가 많다. 결정적으로 이들 중 문자가 두 개 이상 동시에 등장하는 구면 좌표계의 체적 적분 수식 r, θ, ϕ 같은 것이 나오면 그야말로 대혼란의 멀티버스다. 사실 가만히 생각해 보면 스무 개 남짓한 문자만 외우면 끝날 일이다. 그런데 놀랍게도, 수많은 공학도가 이런 초인적인 노력이 부담스러운지, 끝까지 그 문자들을 '이상하게 생긴 글자'라고만 부르고 있다. 그러니 수식을 읽고 이해하는 것이 어려울 수밖에. 당신은 제발 그런 공대생이 되지 않기를 바란다.

문제 풀이가 재밌어지는 세 가지 트릭

나만의 노하우

언제나처럼, 이 장의 주제에 대한 나만의 해석을 당신에게 고백할 시간이 왔다. 이번 주제는 연습 문제인데, 솔직히 연습 문제를 푸는 것이 얼마나 중요한지 너무나 잘 알지만, 사실은 문제 풀이가 끔찍하게 싫었다. 현실과는 거리가 먼, 그저 문제를 위한 문제일 때가 너무 많았기 때문이다. 그런 문제를 풀 때면 한없이 지루할 따름이었다. 이러한 문제를 해결하고, 연습 문제 풀기라는 중요한 훈련 과정에 매진하기 위해, 나는 내 감정에 초점을 맞춘 세 가지 방법을 생각해 냈다.

첫 번째 트릭: 스스로 점수를 매겨라. 공학 시험을 준비할 때, 나는 A4 인쇄 용지에 지울 수 있는 색깔 펜을 사용해서 문제를 풀곤 했다. 문제를 푼 다음에는 해답을 확인하고, 다음과 같은 기호를 써서 '채점'을 했다.

- V: 정답일 때.
- V$^+$: 교수보다 더 나은 풀이를 했을 때.

실제로 이런 때가 종종 있었다. 예를 들어, 교수의 풀이보다 더 적은 단계를 거쳐 해결했거나, 더 효율적인 알고리즘으로 문제를 풀었을 때가 여기에 해당된다.

- V$^-$: 정답이긴 하지만 오류가 하나 있을 때. 오류가 두 개면 V^{--} 식으로 표시했다.
- X: 오답일 때.

이때엔 거의 자동적으로 자조적인 분노를 표출하곤 했다. 지금도 내가 적어놓은 돌체 스틸 노보풍Dolce Stil Novo*의 아름다운 욕설을 보며, 배를 잡고 웃곤 한다.

이처럼 스스로 점수를 매기는 행위는, 수행 결과를 어느 정도 공식적으로 검증해 주는 효과가 있어서, 학습 효과를 강화해 준다. 물론, 이보다 더 극단적인

---

* 13세기 후반 이탈리아에서 등장한 문학 운동으로, 주로 피렌체를 중심으로 활동한 시인들이 이끈 새로운 시적 스타일을 의미한다. 'Dolce Stil Novo'는 '새로운 달콤한 스타일'이라는 뜻으로, 인간의 감정, 특히 사랑을 다루는 섬세하고 세련된 방식의 시가 스타일의 핵심이다.

방식도 있다. 실제로 친한 대학교 동기 한 명은 연습 문제에 30점 만점 기준으로 점수를 매기고 필요하면 소리 내어 반복 학습까지 했다. 진짜다. 심지어 진짜 교수가 채점한 것처럼 본인의 서명까지 덧붙였다.

두 번째 트릭은 지루하기 짝이 없는 활동에서 얻어낸 성취감을 시각화하는 것이다. 나는 하루 내내, 더 정확히는 밤새도록 푼 모든 문제를 방바닥에 늘어 놓곤 했다. 수식으로 가득한 종이로 뒤덮인 바닥을 보는 것만으로도 내 성실함에 대한 묘한 만족감이 밀려왔다.

마지막은 나만의 사적인 트릭이다. 나는 공대에서 치른 첫 시험부터 마지막 시험까지 연습 문제를 푼 종이를 한 장도 버리지 않고 모으기로 했다. 그러다 졸업할 때, 종이를 저울에 달아서, 공학 학위 하나가 몇 킬로그램인지 측정하겠다는 목표를 세웠다. 궁금해할 독자들을 위해 밝히자면, 학위의 무게는 정확히 3킬로그램이다. 이제 농담은 그만하고, 다음 장으로 넘어가 보자.

11

오해

과잉정당화 효과가
공부 의욕을 떨어뜨린다?

"내일 죽을 것처럼 살고, 영원히 살 것처럼 배워라."

간디의 이 아름다운 격언에 그 누가 감동하지 않을 수 있을까? 아마도 이 책에서 가장 중요한 장이 될 11장과 12장에서는 우리가 공부에 몰입하도록 이끌어주는 연료이자, 우리의 원동자primum movens[*]인 신비로운 동기motivation의 세계를 다룰 예정이다. 먼저 이론부터 시작하자. 나는 당신에게 동기의 기원과 작동 원리를 밝히기 위해 현대 심리학이 이루어낸 주요 성과들을 소개할 것이다. 하지만 그 전에 당신에게 학습법을 다루는 이 책을 읽는 동기는 무엇인지, 더 나아가 당신이 공부하는 궁극적인 이유는 무엇인지 묻고 싶다.

학점, 커리큘럼, 시험, 교수, 동기들, 그리고 무엇보다도 성적이라는 제

---

[*] 자신은 움직이지 않고 다른 것을 운동하게 하는 힘을 가진 존재로, 세계를 최초에 움직이게 한 것. 신神을 이른다.

도가 없더라도, 지금처럼 열심히 노력할까? 이 질문을 잘 기억하라. 이 장에서 마주하게 될 수많은 화두가 이 질문을 사유하게 할 테니 말이다.

시험은 왜 봐야 할까?

착한 행동 포인트 제도

현대 동기 이론은 1970년대 초 미국에서 탄생했다. 초기 동기 이론 연구자들의 주요 관심사는 아이들이 말을 듣지 않는 원인을 이해하는 것이었다. 당시에는 아이들이 올바르게 행동하도록 유도하려면 착한 행동을 할 때마다 상장이나 현금화할 수 있는 포인트를 주는 식으로 착한 행동을 '자본화capitalization'해야 한다고 생각했다. 이와 관련된 유명한 일화가 있다.[1] 스탠퍼드대학교의 마크 레퍼Mark Lepper 교수는 동기 심리학의 창시자 중 하나로 손꼽힌다. 어느 날 강의를 마친 그에게 어떤 부부가 어딘지 불편한 표정으로 다가왔다. 부부의 아들은 포인트 제도를 도입한 이후 기적처럼 천사가 되었다고 했다. 그러던 어느 날 온 가족이 유명 레스토랑에서 식사하던 중에 아이가 크리스털 유리잔을 집어 들더니, 뻔뻔하고 위협적인 말투로 이렇게 말했다는 것이다.

"이 유리잔 안 떨어뜨리면 몇 포인트 줄 거예요?"

내적 동기 vs 외적 동기

이런 일들이 빈번해지자 포인트나 스티커 같은 보상은 단기적인 행동 교정에는 효과적일 수 있지만, 장기적으로는 그 효과가 미미하거나 심지어 해로울 수도 있다는 사실이 명백해졌다. 아이가 성인이 되어 '포인트를 선물하는 산타클로스' 없이 자기 스스로 판단해서 행동을 결정해야 할 시점이 되면 어떤 일이 벌어질까? 어떤 행동은 계속하겠지만, 좋은 행동일수록 쉽게 포기하기 마련이다. 특히 부모라는 감시자나 경찰이 사라졌을 때는 더 그렇다.

이쯤 되자 동기 심리학 선구자들의 눈에 분명한 이분법적 현상이 보이기 시작했다. 먼저 순전히 개인적인 동기에서 비롯된 행동이 있다. 예를 들어, 어떤 학생이 순수한 호기심에서 특정 과목을 더 깊이 공부하고, 지식을 습득하고 이해하는 자체에서 만족감을 느낀다고 하자. 이런 유형의 동기를 '내적 동기intrinsic motivation'라고 한다. 반면에, 외적 보상을 기대하면서 취하는 행동도 있다. 이를테면 어떤 학생이 오직 좋은 성적을 받으려면 졸업장, 학위를 취득하려는 목적으로 공부할 때에는 이를 '외적 동기extrinsic motivation'에 따른 행동으로 분류한다.

내적 동기와 외적 동기의 가장 큰 차이는 내적 동기 때문에 하는 행동은 본질적으로 즐겁게 느껴지지만, 외적 동기 때문에 하는 행동은 대체로 그 자체가 억지로 치러야 하는 대가나, 진짜 원하는 보상을 얻으려면 감수해야 할 고역처럼 느껴진다는 점이다.

예상했겠지만, 실험심리학 연구 결과 내적 동기가 압도적으로 우수하다는 사실이 증명되었다.[2] 내적 동기는 장기적인 지속성에서, 기억 유지와 창의적 사고 능력 모두에서 더 강력한 효과를 발휘한다. 게다가 내적 동기가 있으면 공부하는 과정 그 자체에서도 즐거움과 만족감을 느낀다.[3] 내적 동기를 따르는 학생들은 더 열심히 노력한다. 그들은 호기심이라는 바람을 타고 스스로 새로운 지평을 향해 배를 몰고 나아가는 항해사다. 여기까지는 그리 놀라울 것이 없다.

실험적 증거

하지만 학습 환경과 동기 유형 간의 관계를 탐구하기 시작한 심리학자들은 곧 놀라운 결과를 마주하게 된다. 마크 레퍼 교수와 그의 동료들은 일련의 정교한 실험을 실행했는데, 그 결과(완전히 똑같은) 동일한 행동이라도, 외부로부터 그것이 어떤 식으로 제시되느냐에 따라 우리 뇌 안에서는 전혀 다른 동기로 해석된다는 사실이 밝혀졌다.

예컨대, 그림 21에서처럼 초등학교에 두 학급이 있다고 하자. 아

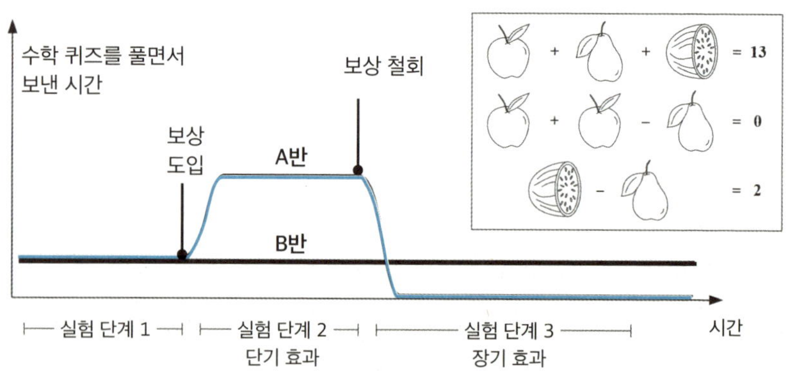

그림 21. 레퍼와 동료들의 실험(1975~1976)

176

이들은 매일 아침 학교에 도착하면 한 시간 동안 자유 시간을 갖는다. 실험의 첫 번째 단계에서 두 학급 교사들은 모두 아이들에게 머리를 써야 풀 수 있는 수학 퍼즐을 준다. 연구자들은 교실에 설치된 거울 너머에서 아이들이 평균적으로 얼마나 오래 퍼즐을 하는지 관찰한다.

2주간의 사전 관찰 기간이 끝나면, 두 번째 단계가 시작된다. 이번에는 A반의 교사만 수학 퀴즈를 많이 푼 아이들에게 상이나 보상을 주겠다는 새로운 규칙을 제시한다. 여기서 중요한 점은 퀴즈의 개수나 정답률이 아니라, 얼마나 오랜 시간 퀴즈를 풀었는지다. 그러자 A반 아이들은 퀴즈 풀기에 엄청난 열의를 보인다. 반면, 아무런 변화가 없는 B반 아이들은 평소처럼 자연스럽게 퀴즈를 푼다.

몇 주 후, 마지막 단계가 시작된다. A반 교사는 이제부터는 퀴즈를 풀어도 아무런 보상이 주어지지 않을 것이라고 선언한다. 자, 모든 것이 원래대로 돌아갈까? 그렇지 않다. 놀랍게도 A반 아이들은 교사의 말을 듣는 즉시 퀴즈에 관심을 완전히 잃는다. 반면 B반 아이들은 그 후로도 몇 달 동안이나 자발적으로 퀴즈를 푼다.

대체 무슨 일이 일어난 걸까? 간단하다. 수학 퀴즈 풀기라는 똑같은 활동을 A반과 B반에서 전혀 다르게 해석한 것이다. B반 아이들의 경우, 퀴즈 풀기는 내적 동기 때문에 주도되었다. B반 아이들은 재미있고 만족스러워서, 자기 자신을 위해서 퀴즈를 풀었다. 반면 A반 아이들은 퀴즈 풀기를 외적 동기의 관점으로 받아들였다. 즉, 퍼즐 풀기는 본래 재미없고, 보상이 있어야만 하는 일인 것이다. 누가 아무런 대가 없이 일하겠는가?

B반 아이들의 행동은 퀴즈 자체가 어느 정도 재미가 있다는 사실을 잘 보여준다. 하지만 추가적인 보상을 도입해 그 매력을 지나치게 자극해 '과잉정당화'를 시도하자, 아이들의 행동을 단기적으로는 바꾸는 데는 성공했지만, 장기적으로는 정반대의 결과를 초래하고 말았다. 놀이가 일이 되어버린 것이다. 놀랍지 않은가? 마크 레퍼와 동료들이 실행한 이 실험은[4, 5] 이후 여러 연구자를 거쳐 다양한 방식으로 재검증되었다. 하지만 시간 간격을 조정하고, 참가자의 연령대를 바꾸고, 칠판에 그림 그리기, 스포츠 등으로 활동 유형을 바꾸어보아도, 결과는 거의 모든 실험에서 동일하게 나타났다. 이로써 이 반직관적인 현상은 학습 심리학의 대표적 원리 중 하나인 과잉정당화 효과overjustification effect로 확정되었다.

책 한 권에 피자 한 판

과잉정당화 효과의 대표적 사례로 널리 알려진 일화가 있다. 1984년 미국의 유명 피자 체인점은 '책을 너무 쉽게 내려놓는' 어린이들이 책을 더 많이 읽을 수 있도록 독서 장려 캠페인을 시작했다. 지금도 이어지고 있는 이 프로그램은 만 11세 이하 어린이들(유치원 전부터 초등학교 6학년까지)을 대상으로 하며, 학교 교사들과의 협업을 기반으로 한다. 몇 페이지든, 몇 권이든 읽어야 할 독서 목표를 설정하고, 아이가 해당 목표를 달성하면, 교사가 '피자 수여 인증서pizza award certificate'에 서명을 해주는 것이다. 그 인증서를 들고 피자 가게에 가면 아이는 공짜 피자를 받을 수 있다. 캠페인의 취지는 분명 칭찬할 만하다. 나 역시 피자 체인의 사려 깊은 문화적 관심은 본받을 만하다고 생각한다. 하지만 이 프로그램은 학습 심리학자들의 거센 비판을 받았다. 그들은 캠페인 때문에 아이들이 독서를 보상을 받아야만 할 만큼 싫은 일로 인식하게 됐다고 했다. 부모들은 아이가 책을 읽는 모습에 고무됐을지 몰라도, 정작 "왜 책을 읽니?"라는 물음에 천진난만하게 "피자 먹으려고요"[6]라고 대답하는 모습을 보면, 장기적 효과에 의구심이 생길 수 밖에 없다.

역효과

과잉정당화 효과가 우리에게 주는 교훈을 간단히 정리해 보자. 공부처럼 가치 있는 활동을 하면서 자연스럽게 유발되는 내적 동기는 그리 강하지 않을 수 있다. 이러한 상황에서 그러한 활동을 하는 시간을 늘리려고 rewards 외적 요소를 추가하면, 두 가지 결과로 이어진다. 첫 번째, 단기적으로는 그 활동에 더 많은 시간을 쓰게 된다. 하지만 두 번째로, 보상이 사라지는 순간, 그 활동을 해야 한다는 동기가 급격히 감소하거나, 심지어 완전히 사라질 수도 있다. 이는 우리의 행동을 지배하는 정당화의 기준이 바뀌기 때문이다. 보상을 도입하는 순간, 그 활동은 더는 즐거운 마음으로 나 자신을 위해서 하는 행위가 아니라 원하는 보상과 나 사이를 가로막는 불편한 장애물처럼 인식되는 것이다.

결국, 보상은 본래 의지를 강화하기보다는 오히려 손상시킬 수 있다. 심리학에서는 이처럼 보상이 기대했던 효과의 반대되는 결과를 낳는 현상을 역효과 backfire라고 부른다. 이 용어는 내연기관에서 연료 연소가 연소실이 아닌 배기구와 같은 잘못된 장소에서 일어날 때 외부 불꽃이 내부로 역행하는 역화 현상에서 기인한다. 역효과에서 파생된 개념이 바로 자기 지각 이론self-perception theory이다. 인간의 뇌는 놀이를 일처럼 인식할 수 있듯이, 일을 놀이로 인식할 수도 있다. 그것은 뇌가 특정 활동을 어떻게 해석하느냐, 즉 내적 동기 영역에 귀속할지, 아니면 외적 동기 영역에 귀속할지에 달려 있다. 학습도 마찬가지다. 피로를 최소화하면서 오랫동안 공부하려면 공부를 의무가 아닌 즐거움으로 인식해야 한다. '선생님이 주는 보상'이 아니라 자신을 위한 행동이라고 생각해야 한다.

성적은 역효과를 일으키지 않는다

성적은 동기부여의 핵심

이 시점에서 자연스레 떠오르는 질문이 있다. 그렇다면 성적은? 학생들을 기쁘게 하려면 성적을 없애야 하나? 잠깐, 진정하자. 이 장의 첫머리에서 내가 당신에게 던졌던 질문을 기억해 보자. 정말로 성적이 사라진다면, 과연 진지하게 공부를 계속할 사람이 과연 몇 명이나 될까? 실제로 성적에 대한 실험들도 진행되었는데, 그 결과는 명확하다. 결론부터 말하자면, 성적은 역효과를 일으키지 않는다. 그 원인은 아주 미세한 차이에서 비롯된다.

앞서 소개한 마크 레퍼 교수와 동료들의 실험에서는 학생들의 실력이 아니라 그들이 공부하는 데 투자한 시간을 보상하고 있다. 반면에 성적은 선생님이 주는 '노력상'이 아니라 시험의 성과performance를 객관적으로 측정하는 기준이다.

이 차이는 언뜻 사소해 보이지만, 실은 동기부여의 균형추를 좌우하는 결정적 요소다. 수년간의 연구 결과, 성취 결과에 따라 주어지는 보상은 투자한 시간에 대한 보상보다 역효과를 일으킬 가능성이 훨씬 낮다, 오히려 성적이 장기적으로 과목에 대한 관심도를 높이는 때도 있다.[7] 더구나 '나 자신을 위해 하는 공부'와 '좋은 성적을 얻기 위한 공부'는 서로 모순되는 개념이 아니다. 많은 학습 심리학자의 견해에 따르면, 이 두 가지를 모두 포용하는 것, 즉 '나 자신을 위해서도 공부하고, 좋은 성적을 위해서도' 공부하는 것이 가장 효과적인 학습법이다.

나이가 들어도 지적 능력을 유지하는 법

평생 학습

이 장의 서두에서 소개한 간디의 격언을 실천에 옮기려면 외적 보상에 대한 욕구를 최소화하고, 가슴속에 타오르는 성스러운 불꽃에 이끌려 순수하게 지적 갈증을 충족하는 데서 학습 동기를 찾아야 한다. 정말 그렇게 된다면, 당신은 학생 신분에서 벗어난 지 한참 후에도 학습자로 남아 진정한 평생학습자Life-long Learner, LLL가 될 것이며, 자기 자신과 세상을 향한 배움을 이어갈 것이다.

사실 인간의 뇌와 관련해서 가장 널리 알려진 생물학적 원칙 중 하나가 바로 '사용하지 않으면 기능을 잃는다use it or lose it'라는 것이다. 대학교를 졸업한 이후에도 매일 우리의 인지 기능을 사용하면 할수록, 오랫동안 지적 능력을 유지할 수 있다.[8]

뇌의 잠재력을 자극하는 법

햄스터나 실험용 쥐가 사는 우리에 작은 사다리, 바퀴, 미니 철봉, 거울, 장난감, 버튼 등 다양한 '놀이기구'들을 넣어주면, 그 공간은 단순한 우리가 아니라 '풍요 환경enriched environment'이 되고, 이런 환경에서 자란 개체는 '풍부화된 동물enriched animals'로 간주된다. 이런 동물들이 일반 환경에서 자란 동물들보다 인지능력이 훨씬 뛰어나고 전반적인 신체 상태도 더 건강하다는 것은 이미 널리 알려져 있다. 그뿐만 아니라 풍부화된 동물들의 뇌에 있는 해마는 다른 동물에 비해 더 크고, 시냅스 밀도와 혈관 밀도도 더 높다. 다시 말해, 자극에 더 잘 반응하고 활발히 작동하는 뇌를 가졌다. 이 같은 원리는 사람에게도 적용된다. 수준 높은 문화를 기반으로 한 강력한 사고 도구를 갖춘 사람, 그리고 그 도구를 실제로 사용하며 활동적인 삶을 살아가는 사람은 인지능력을 최대치로 유지할 수 있다.

이 두 조건이야말로 인간이 가진 잠재력을 아낌없이 발휘해 의미 있는 삶을 살아가게 해주는 인간의 '놀이기구'다.

12

실전

공부하고 싶은 마음을
끌어내는 기술

이제, 거창한 말은 집어치우자. 공부하고 싶은 마음은 도대체 어디에 숨어 있는 걸까? 어떻게 해야 불러낼 수 있을까? 어떻게 해야 도망치지 못하게 붙잡아둘 수 있을까? 드디어 중요한 순간이 왔다. 지금까지 배운 일반적인 원칙들을 바탕으로, 이런 지극히 현실적인 문제들을 다루는 실용적인 조언을 줄 것이다. 나는 이번 장을 공부 동기에 대한 서로 다른 측면을 그린 벽화로 구성했다. 이 벽화에는 심리적 태도, 인간관계, 자신에게 주는 소소한 보상(그렇다, 이 장에서는 그 무엇도 빠뜨리지 않을 생각이다), 그리고 내가 학생을 위한 '소품props'이라 부르는 것들을 그릴 것이다. 요컨대, 당신의 좌우명이 '학습 의지 구함, 중고도 환영'이라면, 이 장이야말로 당신을 위한 장이다!

학습은 느리다

먼저, 분위기 깨는 말부터 하겠다. 분명하게 짚고 넘어갈 사항이 있는데, 그것은 바로 학습은 절대 빠르지 않으며, 그 누구에게도 예외는 없다는 사실이다.

어떤 학문을 자기 것으로 만들려면 막대한 시간이 필요하다. 누구나 마찬가지다. 그러니 제발, 별로 노력하지도 않았는데 만점을 받았다고 자랑을 하는 사람들의 허풍을 믿지 말자. 실제로 심리학 연구에 따르면, 학생들 대부분은 학습에 필요한 시간을 심하게 과소평가하는 경향이 있다.[1] 그러다 자신의 말도 안 되는 낙관적인 기대가 어긋나면, "나는 이 과목에 소질이 없나 봐"라는 식으로 재능 부족을 탓하곤 한다. 이러한 자기 진단은 곧 학업에 대한 의욕을 떨어뜨리는 악순환으로 이어져 '어차피 안 맞는 과목인데, 뭐'라고 생각하게 되고, 그 결과는 성적은 더 떨어지고, 확증 편향bias을 거쳐 "내 말이 맞지? 어차피 망할 과목이었어"라는 식으로 자신의 무능함을 확신하게 된다.

다중지능 이론

오해는 하지 말자. 사람마다 과목별로 어느 정도의 성향 차이가 아예 없다고는 말할 수 없다. 예전에는 인간의 지능을 '지능지수IQ'라는 지수 하나로 측정할 수 있다고 믿었지만, 오늘날에는 하워드 가드너 Howard Gardner의 다중지능 이론Theory of Multiple Intelligences이 훨씬 더 보편적이다.[2] 다중지능 이론에 따르면, 인간의 지적 능력은 단일 축이 아니라 서로 독립적인 다양한 축으로 나뉘어 있으며, 축마다 비율이 다르게 분포되어 있다. 여기에는 논리-수학 지능, 언어 지능, 음악 지능, 공간 지능, 신체-운동 지능, 대인관계 지능 등 여러 유형이 있다. 다양한 '유형의' 지능이 존재하는 것은 분명하지만, 그렇다고 해서 우리의 재능이 돌에 새겨진 글씨처럼 절대 불변이라는 뜻은 아니다. 사람마다 특정 과목에 대한 역량을 충분히 향상할 수 있다. 다중지능 이론에서 나오는 지능의 다양성 때문에 특정 과목을 제외하거나 단념할 필요도 없다. 게다가, 그 유형별 차이라는 것도 대부분 미세한 수준에 불과하다. 인간의 뇌가 '기본 사양'으로 장착하고 있는 인지기능을 놓고 보면, 사람들 사이의 차이는 놀라울 정도로 작고, 믿기지 않을 정도로 비슷하다. 더 중요한 것은, 특정 과목에 소질이 있다고 해서 그 사람에게 천부적인 지식이나, 노력하지 않아도 뛰어난 성과를 내는 초능력이 있는 것은 아니라는 점이다. 우리가 정말로 명심해야 할 사실은 학습은 인간이 진화 과정에서 자연스럽게 습득한 활동이 아니며 상당한 노력이 필요한 활동이라는 점이다. 그러니 제발, '난 소질이 없어' '재능이 없어' '나랑 안 맞아'라는 말은 머릿속에서 지워버리자. 그런 말은 다 핑계다.

학습에서 타고난 능력이 차지하는 비중은 지극히 일부일 뿐이고 대부분 시간과 땀을 흘려 얻은 결과물이라는 점을 인정해야 한다. 게다가…

거인의 어깨 위에 선 난쟁이

…게다가 학습은 가장 우수한 인지 활동이다. 학습은 인간이 모든 창의적 활동의 근간인 '사유'를 하는 존재임을 증명해 준다. 우리가 사는 이 세상을 더 나은 곳으로 만들려면 반드시 앞선 세대가 힘겹게 축적한 지식을 온전히 우리의 것으로 만들고, 현실에 적용하고, 더 나아가 연구를 통해 새로운 지식으로 확장해야 한다. 이 대목에서 "인간은 난쟁이지만, 우리를 앞에 있었던 거인들의 어깨 위에 올라섰기에, 멀리 볼 수 있다nanos gigantium humeris insidentes"라고 했던 뉴턴의, 아니 더 정확하게 말하면 그가 베르나르 드 샤르트르Bernard de Chartres의 말을 인용해서 남긴 격언이 떠오른다. 공부는 바로 그 거인들의 어깨에 올라서는 행위다.

공부란 앞선 모든 세대가 축적한 지혜의 정수를 물려받는 행위이며, 수 세기에 걸친 학문적 전통 속에서 과학과 인문학이 후대에 전해 줄 가치가 있다고 판단한 지식의 '넥타르'를 받아 마시는 일이다. 이러한 관점에서 본다면, 공부는 우리 인생에서 가장 가치 있는 활동이자 경험을 증폭하는 가장 강력한 수단이다. 사람들은 종종 공부는 100미터 단거리 달리기가 아니라 마라톤이라고 한다. 마라톤을 하는 동안 기억하라. 진심으로, 최선을 다해 공부하기를 잘했다고 생각할 날이 반드시 올 것이란 걸. 지금 습득하는 지식 하나하나가, 훌륭한 전문가로 성장할 수 있는 이력서의 일부가 될 것이다. 더 나아가 사회에 기여해, 삶의 의미를 찾을 수 있게 해줄 것이다. 알베르트 아인슈타인은 "공부는 정신의 아름다움이 주는 해방의 효과를 체험할 수 있는 부러울 만큼 특별한 기회다"라고 했다. 공부는 바로 그런 마음 자세로 임해야 한다.

지금쯤이면 이 책을 읽는 누군가는 투덜거리고 있을지도 모르겠다. '어떻게 공부를 당장 해치워야 할 귀찮은 일이 아니라 장기적인 관점으로 받아들일 수 있다는 거지?' 모두에게 적용되는 보편적인 답은 없겠지만, 당신에게 나만의 방식을 소개하고 싶다.

우선, 내 생각은 이렇다. 책 한 권에 반하기는 힘들겠지만, 수많은 가르침과 규칙, 지식 너머에 놀랍게도 살아 숨 쉬는 '인간'이 있다는 사실을 깨닫는 순간, 어떠한 학문에 매료될 수는 있다. 학문 속에서 똑같은 공기를 마시며 살아가는 공동체는 분명 존재한다. 심지어 어떤 이들은 그 학문을 더 발전시키려고 자신의 삶을 바치기도 한다. 그러니 어떤 학문에 흥미가 생겨 공부를 시작하려면, 무미건조한 책을 들여다보는 것보다, 그 학문 속에서 실제로 살아가는 사람들과 어울리는 것이 먼저다.

그 방법은 의외로 간단하다. 인턴십으로 경험하면 된다. 연구소든, 병원이든, 법원이든, 어디든 관심 있는 전문적인 환경에 짧게나마 머물며 관련 업계에 종사하는 사람들을 관찰하는 것이다. 영미권에서는 이처럼 관심 있는 분야의 전문가를 그림자처럼 따라다니며 그들의 세계를 가까이서 들여다보는 활동을 섀도잉shadowing이라고 부른다. 그런 경험을 해보면 책에 나오는 온갖 딱딱하고 추상적인 개념들이, 실제 그 분야에 종사하는 사람들의 일상에서 얼마나 실질적이고 중요한 역할을 하는지 깨닫게 된다.

개인적으로 꽤 오랫동안 청소년을 대상으로 하는 대학교 진학 상담 봉사 활동을 해왔는데, 상담을 하면서 학생들이 대학교 연구소에 가려면 엄청난 인맥이 필요하다고 착각한다는 사실을 깨달았다. 전혀 그렇지 않다. 천만의 말씀이다. 실제로는 교수 대부분이 자신의 전공 분야에 관심이 있는 학생을 만나는 것을 좋아하고, 연구실에 찾아 오는 학생들을 두 팔 벌려 환영한다. 그러니 망설이지 말고, 가능하면 고등학교 때부터 인턴십을 경험해 보라. 나는 고등학교 3학년 때, 스스로 연구실을 찾아가 문을 두드렸고, 지금도 그 경험이 얼마나 유익했는지 잊지 못한다. 이런 경험은 당신의 사고 영역을 확장해 주고, 학업 욕구에 불을 붙여 줄 것이다.

두 번째 비결은 '독학으로' 새로운 분야에 도전해 보는 것이다. 혼자 힘으로 새로운 학문을 접하면 놀라운 경험을 하게 된다. 운명을 개척하는 사람, 자기 운명을 스스로 만드는 르네상스맨homo faber ipsius fortunae이 된 듯한 기분이 든다. 고등학교 시절, 그다지 실력이 출중하지 않았던 선생님들 덕분에 나는 뇌과학을 비롯한 과학 과목 공부를 독학으로 공부할 수밖에 없었다. 그런데 그 경험이 오히려 내게 큰 영향을 주었다. 성적 때문이 아니라 순수한 지적 호기심에 이끌려 시작한 공부는 내적 동기로 인한 활동이기 때문에 평생 마음속에 각인된다. 독학을 위해 유튜브 무료 강좌, 칸 아카데미Khan Academy, 코세라Coursera, 스킬쉐어Skillshare, 코드 아카데미Code Academy 를 비롯한 다양한 온라인 학습 플랫폼을 활용하는 것도 좋다.

마지막으로 최대한 다양한 분야의 학문을 접해 보길 권한다. 사람들은 처음 새로운 학문을 대할 때 대개 두 가지를 깨달음을 얻는다. 먼저 그 학문이 얼마나 방대한지 깨닫고, 그다음 그 학문이 얼마나 실용적인지 깨닫는다. 이러한 사실을 깨닫는 순간, 자신의 무지를 실감하고 스스로가 한없이 초라하게 느껴질 것이다. 하지만 이러한 감정은 오히려 지적인 자존심에 불을 붙일 것이다.

무지와 '권위 있는 지식' 사이에는 엄청난 공백이 있다. 그리고 그 존재를 깨닫는 순간, 당신은 그 간극을 견디지 못하고, 그때부터 순전히 스스로를 위해 공부하게 될 것이다. 교육부가 만든 학습 과정의 일부라서, 3개월 후에 있을 시험을 준비하기 위해서가 아닌 거대한 무지 때문에 생긴 공백을 채우려고 말이다.

전교 1등 옆자리를 사수하라

학구열이라는 보물을 찾아 떠나는 여정에서 소개할 두 번째 벽화에는 인간관계를 그렸다. 옛말에 유유상종이라는 말이 있다. 누군가 공부하고 싶은 의지가 얼마나 강한지 알려면 그 사람의 친구를 보면 된다. 문득 학창 시절 동기 한 명이 떠오른다. 그는 내가 지금껏 만난 학생 중 가장 뛰어난 축에 속했다. 그 친구는 스터디 그룹을 구성할 때 늘 자신보다 더 유능하게 보이는 친구들과 그룹을 만들었다. 자신의 설명이 부족할 때 솔직하고 꼼꼼하게 지적해 주고, 엉뚱한 소리를 하면 '면전에 대고' 그건 아니라고 말해줄 수 있는 사람들을 선택했다. 사람에 따라 성적이 상위권인 친구들과 어울리는 것을 불쾌하고 마뜩잖게 생각할 수 있다. 셰익스피어가 말한 '질투라는 녹색 눈의 괴물'*이 고개를 들 수 있으니까. 하지만 실상은 그 반대다. 물론 그 '공부벌레들'은 어려움을 극복할 수 있도록 기꺼이 도와주고 인내

---

* 셰익스피어의 4대 비극 〈오델로〉에 나오는 표현.

심을 발휘해 동료를 이끌어주는 사람들이어야 한다. 그런데 정말 실력이 있고, 칭찬받는 사람 중에는 의외로 이런 사람들이 많다. 이런 친구들과 함께 있다 보면, 그들의 순수한 열정에 자연스레 감염된다. 어느새 같은 열정이 마음에 타오르게 된다. 게다가 좋은 점이 또 하나 있다. 공부벌레들과 함께 공부하면, 시간을 예산을 짜듯이 계획적으로 활용하는 법을 배우게 되고, 그 결과 같은 양의 공부도 평소보다 훨씬 짧은 시간 안에 해내게 된다. 믿지 못하겠다면 다음 이야기를 들려주겠다.

파킨슨의 법칙

3장에서 언급한 프로젝트 관리Project Management의 세계에서 자주 인용되는 '파킨슨의 법칙'이라는 재미있는 역설이 있다. 여기서 파킨슨은 우리에게 익숙한 신경퇴행성 질환을 처음 발견한 19세기 영국 의사 제임스 파킨슨James Parkinson이 아니라, 영국의 역사학자이자 작가인 시릴 노스코트 파킨슨Cyril Northcote Parkinson이다. 그는 1955년 〈이코노미스트〉에 실린 기사[3]에서 읽은 내용을 바탕으로, 특유의 영국식 유머를 더해 집필한 에세이를 통해 인간의 본성에 관한 독특한 이론을 제안했다. 파킨슨의 법칙에 따르면 업무를 마치는 데 걸리는 시간은 업무를 위해 할당된 시간만큼 늘어난다. 그러니까 어떤 과제를 완료하기 위해 '투자' 가능한 최대 시간을 설정하면, 실제로는 그 과제를 훨씬 짧은 시간 안에 끝낼 수 있어도 느긋하게 굴면서 작업 속도를 늦추어, 결국에는 정해둔 시간을 모두 써버린다는 의미다.

파킨슨의 법칙이 시사하는 바는 명확하다. 제한 시간을 빠듯하게 설정하고 계속해서 마감의 압박을 느껴야 짧은 시간 안에 목표한 결과를 달성할 수 있다.

나는 하버드대학교 재학 시절, 강의 시간에 교수님이 소개해 준 하버드대학교 격언에 완전히 매료되었다. "다이아몬드는 압박 속에서 만들어진다Diamonds are made under pressure."

영미권에서는 이처럼 마감이 코앞에 닥쳤을 때 느끼는 시간적 압박을 타임 프레셔time pressure라 부른다. 경험에서 나온 말인데, 그 압박 덕분에 최선을 다하게 되고, 최고의 성과를 이룰 수 있다.

나만의 노하우

오랜 대학교 재학 기간 중 나는 파킨슨의 법칙의 강력함과 놀라운 반직관적 효과를 몸소 체험할 수 있었다. 내가 세계 최고 수준의 교육기관인 산탄나고등연구대학원에서 공부하면서 얻은 가장 큰 혜택 중 하나는, 비범하고 야망이 넘치는 동료들과 매일 지적인 교류를 할 수 있었다는 점이다. 새로운 강의를 들으면 방대한 분량의 교재와 위압적인 수식들 앞에 위축되기 쉽다. 그중 최악은 동기도 부족하고 열심히 공부하지도 않으면서 고문이라도 당하는 것처럼 종말론적인 절망을 표출하는 학생들일 것이다. 하지만 이와는 정반대로, 누구나 그 두꺼운 책을 며칠 만에 해치웠다고 하고, 심지어는 그 과정에 즐겁게 몰입했다고 하는 지적인 환경에 있다 보면, 사고방식이 완전히 바뀐다.

그게 바로 파킨슨의 법칙이다! 우리는 그때야 비로소 게으름을 이겨내고, 모든 에너지를 집중적으로 학업에 쏟아부을 때, 같은 양의 정보를 말도 안 되게,

정말 믿기 어려울 정도로 짧은 시간 안에 습득하는 것이 가능하다는 사실을 깨닫게 된다. 피사의 산탄나와 노르말레대학교 학생들은 처음 배우는 과목의 시험을 준비할 때 전 범위를 준비하는 데 필요한 시간을 먼저 계산한 뒤, 그것을 반으로 줄이라는 말을 입에 달고 다녔다.

지금까지 내가 만난 훌륭한 학생들의 공통점이 있는데, 그것은 바로 비현실적으로 느껴질 정도로 대담하고 야심 찬 시간 계획을 세운 다음, 이를 이루기 위해 완전히 집중하는 것이다. 이런 걸 두고 '죽도록 공부한다'라고 하는 거겠지만, 뭐 어떤가. 불가능해 보였던 두꺼운 책 한 권을 끝냈을 때의 그 짜릿한 만족감에 비하면 아무것도 아니다.

나는 뛰어난 재원들로 구성된 역동적인 학문 공동체 안에서라면 불가능하게만 보였던 계획을 '피와 땀과 눈물과 수고'로 이루어내는 과정이 놀라울 정도로 자연스럽고 즐겁게 느껴질 수 있다는 사실을 깨달았다.

성과를 내면 보상을 하라

사회적 압박

이제 1974년에 진행된 유명한 실험 장면을 묘사한 세 번째 벽화를 공개하겠다. 9세에서 16세 사이의 청소년으로 구성된 수영선수단이 있다. 코치들은 선수들을 "실력은 좋지만, 연습은 열심히 하지 않는다"라며 그들의 잦은 결석, 지각, 조퇴와 전반적으로 태만한 태도를 비난했다. 이들을 대상을 진행된 실험은 매우 단순했다. 32명의 선수로 구성된 수영단의 '출결석 상황을 기록하는 게시판'을 공개하기로 한 후, 그로 인한 변화를 관찰했다. 뒤이어 진행된 또 다른 실험에서는, 팀원 중 우수한 학생 네 명, 부진한 학생 네 명을 선정해 훈련이 끝날 때마다 자신이 완주한 수영 구간 수를 같은 게시판에 적도록 했다.

이때부터 인간의 오랜 친구인 사회적 압박이 빛을 발했다. 출석 일수나 완주 구간이 다른 팀원들보다 한참 낮은 곳에 표시된 게시판을 보고 기분이 좋을 사람은 없을 것이다. 게으름뱅이라든지, 팀의 약한 고리라는 말을 듣지 않으려고 매일 연습에 빠지지 않고, 완주 구간을 연장하려는 학생들이 늘었을 것이다. 결과는 어땠을까? 11개월간의 실험 기간 동안 결석률은 45퍼센트 감소하고, 지각률은 63퍼센트 줄었으며, 수영 구간 수는 평균 27.1퍼센트 증가했다. 학생들 불만이 많았을 것 같지만, 놀랍게도 실험 후에 진행한 인터뷰에 따르면, 학생들은 게시판 도입을 진심으로 만족스러워했다.[4]

조건부 보상 시스템

앞서 살펴본 수영선수단 실험은 조건부 보상 시스템contingent reward system의 효과를 보여주는 훌륭한 사례다. 조건부 보상 시스템은 과제를 완료할 때마다 외부적으로나 스스로 상징적인 '조건 보상' contingencies을 설정해서 동기를 강화하려는 접근법이다. 물론, 앞서 11장에서 역효과를 다루면서, 우리는 외적 보상이 장기적인 학습의 중심이 될 수 없다는 사실을 살펴보았다. 하지만 그렇다고 해서 조건부 보상이 단기적으로도 전혀 의미가 없다는 뜻은 아니다. 학습 초기에는 오히려, 공부에 어느 정도 가속도를 붙게 하는 데 유용할 수 있다. 유난히 어렵거나 지루한 장을 암기해야 할 때처럼 아무리 노력해도 도무지 흥미가 생기지 않는 학습 과제나 힘든 고비를 빠르게 극복하는 데 도움을 줄 수 있다.

보상은 여러 형태로 설정할 수 있다. 예컨대 공부를 마친 장과 아직 공부해야 할 장을 정리한 진도표를 친구들과 함께 공유하는 것도 좋은 방법이다. 또는 스스로에게 짧은 휴식 시간이나 좋아하는 간식, 특별한 음식처럼 작은 보상을 허락하는 것도 좋다. 중요한 점은, 이런 보상은 '공부를 마친 후에' 조금씩 주어져야 하며, 반드시 정당한 방식으로 획득해야 한다는 것이다. 즉, 미리 계획한 학습 목표 중에서도 특히 힘든 과제를 끝냈을 때, 고생한 자신과의 약속을 지킨 것을 기념할 목적으로 주어져야 한다. 여기서 핵심은, 극복하기 가장 어려운 장애물들을 돌파했을 때 신중하고 절제된 방식으로 보상을 배분하는 것이다. 조건부 보상 시스템과 9장에서 살펴본 게임화를 결합하면, 동기가 강화돼 이러한 효과를 가장 효율적으로 활용할 수 있다.

나만의 노하우

내가 나를 위해 마련한 보상은 어떤 것인지 공개하겠다. 미리 밝히자면, 개인적으로 나는 그 어떤 과목도 보상을 설정해야 할 정도로 싫어하거나 어려워한 적은 없었다. 그래서 보상 대신 주제에 상관없이, 나만의 소소한 의식을 만들었다. 그것은 바로 내 방 한가운데 잘 보이도록 A4 용지 크기의 보드를 붙여 놓는 것이다. 보드에는 현재 공부하고 있는 과목의 장에 대응하는 색색의 칸들로 구성된 표가 그려져 있다. 내가 지금 당신이 읽고 있는 이 책의 집필 상황을 나타내는 표도 있다.

진도를 마치거나, 써야 할 원고 분량을 채우고 나서 제일 기대되는 순간이 바로 벽에 붙여 놓은 보드 앞에 다가가 마커로 끝낸 진도에 해당하는 칸을 시원하게 X 표시를 하는 것이다. 그런 다음 나는 목표에 더 가까워졌음을 확인하며 흐뭇하게 보드를 바라보곤 한다. 소소하지만, 이 대학교 버전의 어드벤트 캘린더는 지난 몇 년간 나의 충실한 동료가 되어주었다. 아, 그러고 보니! 방금 이 책의 한 부분을 막 끝내지 않았는가. 보드판에 표시를 하고 올 테니 잠시만 기다려 주시라.

소품을 활용하라

이제 마지막 벽화 앞에 도착했다. 이번에는 훨씬 더 사적인, 우리 모두의 추억 속에 깊이 새겨져 있고, 성장의 자양분이 되어준 장난감의 세계로 들어가 보자. 인간은 솔직히 어떤 학문이든, 손으로 만지고, 가지고 놀고, 실험해 볼 수 있는 구체적인 대상이 있을 때, 더 큰 애착을 느낀다. 그럴 수밖에 없는 것이, 인간은 결국 본능적으로 호기심이 많고 탐구적인 포유류가 아닌가!

　그래서 나는 당신에게 가능한 한 많은 학습 도구를 활용하기를 권한다. 나는 이러한 학습 도구들을 연극 용어에서 빌려 **프롭스**props, 즉 '소품'이라 부른다. 어릴 적 레고 블록이나 기계식 조립 장난감을 가지고 놀면서 자연스럽게 수학에 흥미를 느끼게 되었듯, 대학생이 됐다고 해서 공부하는 과목과 관련된 '장난감'을 가지고 놀지 말란 법은 없다. 이런 소품들은 도서관에서 빌릴 수도 있고, 온라인에서 저렴하게 구매할 수도 있다. 이러한 학습 소품 활용이 가장 보편적인 분야는 해부학이다. 해부학에는 장기나 골격 모델 같은 도구들이 있고, 대부분의 의과대학교 도서관에 이런 장비들이 잘 갖추어져 있다. 그러니 이러한 소품을 적극적으로 활용하려면 도서관을 자주 찾으면 된다. 요즘은 3D 가상 해부학 아틀라스 품질도 날로 높아지고 있다. 이 중 대다수는 웹에서 무료로 이용할 수 있다. 무엇보다 최근 가상현실VR과 혼합현실MR 기술이 전례 없는 속도로 발전하고 있어서, 가상 해부학 아틀라스의 활용 가능성은 사실상 무한대로 확대될 전망이다. 해부학은 소품을 활용할 수 있는 대표적인 분야이지만, 다른 학문 분야에도 소품을 활용하지 않을 이유는 없다. 자, 그럼 이야기를 들을 준비가 되었는가?

나만의 노하우

　나는 학창 시절 내내 다양한 소품들을 여러 용도로 활용해 왔다. 플라스틱 분자 모형을 가지고 놀면서 유기화학과 생화학을 공부하던 기억을 어떻게 잊겠는가! 유치해 보일 수 있지만, 그 작은 상자 안에 든 알록달록한 공과 단단한 막대기를 가지고 논 덕분에 카이랄성chirality이나 디아스테레오이소머diastereoisomerism 같은 입체화학 개념을 제대로 이해할 수 있었다. 솔직히 집중력이 떨어지면, 그 모형으로 강아지나 사슴을 만들기도 했지만, 그 부분은 덮어두기로 하자. 마찬가지로 전자공학을 공부할 때도 회로를 직접 만들고, 아두이노Arduino나 라즈베리 파이Raspberry Pi 같은 마이크로컨트롤러를 프로그래밍했다. 이런 경험이 없었다면 전자공학의 기본 개념을 지금처럼 완전히 이해하지는 못했을 것이다. 광학도 마찬가지다.

요즘은 고장 난 낡은 필름 카메라를 쉽게 구할 수 있다. 카메라에서 렌즈를 꺼내 따로 보관해 두는 것은 쉽지 않은가? 빛의 물리학을 배울 때, 손으로 직접 렌즈를 만져보면 현상을 직관적으로 파악하는 데 큰 도움이 될 것이다. 기억술을 연습하던 시기에는 내 책장의 선반들을 활용해 미니어처로 된 기억의 궁전place of memory을 만든 적도 있다(18장 참조).

이때 나는 재치 있게 브리콜라주 방식으로 플라스틱 포장 상자를 조각 내 아주 작은 인형들을 만들었다. 나는 내 학습 방식이 조금 이상하거나 전통적인 틀에서 벗어나도 부끄러워한 적이 없다. 1950년대처럼 보수적이고 엄격한 학문 환경 속에서도, 제임스 왓슨James Watson과 프랜시스 크릭Francis Crick은 종이 모형을 활용해 DNA의 분자 구조를 밝히는 데 성공했다. 학계의 대선배들도 그렇게 했는데, 아직 배움의 길을 걷고 있는 내가 학문을 위해 공작을 하는 것이 무슨 문제가 있겠는가?

결론적으로 말하면, 소품이 제공하는 가능성은 무한하다. 그러나 이 모든 것을 관통하는 개념은 우리가 아이가 놀이를 할 때 느끼는 원초적인 호기심에 가까운 감정에 이끌려 학습 대상과 직접적이고 본능적이며 촉각적인 관계를 맺는 순간, 해당 학문 분야와 훨씬 더 깊고 내밀한 관계를 형성할 수 있다는 사실

이다. 학습 동기를 강화하고, 기억이라는 톱니바퀴가 부드럽게 돌아가도록 돕
는다면, 브리콜라주든 장난감이든 두 팔 벌려 환영이다!

멀티태스킹이
집중력을 훔친다고?

학습 동기의 영역을 떠나 새로운 주제로 나아가기 전에, 잠시 집중력과 집중력 분산이라는 민감한 주제를 살펴보려 한다. 책을 읽으려고 애는 쓰는데, 아주 사소한 외부 자극에도 집중력이 흐트러진 적이 얼마나 많은가. 같은 문장을 여러 번 읽는 경험, 같은 문장을 여러 번 읽는 경험, 같은 문장을 여러 번 읽는 경험은 말할 것도 없다.

이 짧은 장에서는 디지털 세계의 저주, 즉 뇌과학이 지난 한 세기 동안 두려워하고 비판해 온 악습, 멀티태스킹multitasking을 다루고자 한다. 멀티태스킹은 우리 뇌의 반직관적인 특성을 교묘하게 이용해 시간을 절약하고 있다는 착각에 빠지게 한다. 본론에 들어가기에 앞서 당신은 멀티태스킹의 정확한 의미를 아는가?

이번 장에서는 이 집중력을 방해해 학생들에게 해를 끼치는 범죄자 멀티태스킹의 '죄목'을 분석해 볼 것이다. 먼저 멀티태스킹의 개념을 살펴본 뒤에 SNS와 음악이라는 호랑이 굴에 들어갈 것이다. 이제부터 스마트폰을 무음으로 설정하고, 집중하시라!

멀티태스킹은 시간 대비 효율이 클까?

멀티태스킹이란 무엇인가

이름에서 알 수 있듯 멀티태스킹은 여러 활동을 동시에 수행하는 것을 의미한다. 하지만 많은 사람은, 두 가지 이상의 활동을 문자 그대로 동시에 수행하는 것만 멀티태스킹이라고 생각한다. 하지만 이것은 정확한 개념이 아니다. 심리학자들은 멀티태스킹을 두 가지 유형으로 구분한다. 첫 번째는 고전적인 의미의 '동시 멀티태스킹'이다. 이는 껌을 씹으며 걷거나, 운전하면서 전화를 하거나, 텔레비전을 틀어놓은 채 공부하는 것처럼 말 그대로 두 가지 활동이 동시에 이루어지는 것을 말한다. 두 번째는 '간헐적' 혹은 '연속적 멀티태스킹'이다. 이는 여러 활동을 쉬지 않고 전환하면서 수행하는 방식이다. 한 번에 하나씩 활동을 하더라도, 주의력을 계속해서 다음 활동으로 옮기기 때문에 결과적으로 여러 작업을 동시에 처리하려는 것과 같은 효과를 낸다. 예를 들어, 공부하면서 주제와 무관한 메모를 작성하거나, 15분마다 이메일이나 SNS를 확인하는 때가 이에 해당한다. 대체로 이런 형태의 주의력 분산은 디지털 기기들 때문에 유발된다. 내가 이번 장에서 꼭 강조하고 싶은 것은 사람들의 생각과는 달리, 간헐적 멀티태스킹이 동시 멀티태스킹 못지않게 해롭다는 사실이다.

멀티태스킹의 단점과…단점

지난 반세기 동안 멀티태스킹이 뇌에 미치는 영향은 실험 심리학의 주요 과제 중 하나였다. 이는 현대 사회가 사람들의 주의를 끊임없이 분산시키는 기기들로 넘쳐나기 때문이다. 이 장치들은 삑삑 울리거나 진동하면서 마치 목줄에 묶인 강아지처럼 쉴 새 없이 우리의 관심을 갈구한다. 결론부터 간단히 말하면, 껌 씹으면서 걷기처럼 자동적인 행동일 때, 그러니까 전혀 다른 뇌 영역을 사용하는 행동일 때는 동시에 해도 질이 떨어지지 않고, 오히려 효율적으로 시간을 절약하는 전략이 될 수도 있다. 하지만, 만약 조금이라도 인지적 자원이나 주의력이 필요한 행동을 할 때는 육지에서든 바다에서든 그 어떤 상황에서도, 멀티태스킹은 전염병 피하듯 피해야 한다. 멀티태스킹은 효율성에 대한 인간의 근자감을 자양분 삼아 발전한다. 멀티태스킹을 하면 뭔가 시간을 절약하고 있는 듯한 착각에 빠지기 때문이다. 실제로 많은 사람이 자신이 훌륭한 멀티태스커multitasker이며, 시간 관리 능력time management이 뛰어나다고 생각하지만, 이는 완전히 잘못된 인식이다.[1]

우선, 연구 결과 인지적 부담이 있는 활동을 두 개 이상 병행할 때 결과물의 질이 심각하게 저하된다. 실수가 잦아지고, 심지어 일시적으로 아이큐가 최대 15포인트까지 떨어진다. 더 나쁜 점은, 이렇게 해도 시간을 절약하지 못한다는 것이다. 같은 작업을 순차적으로, 즉 하나씩 차례로 수행할 때, 최대 75퍼센트까지 시간을 절약할 수 있다는 결과도 있다.[2] 게다가, 멀티태스킹은 특히 기억력을 망가뜨린다. 반복 훈련을 거쳐 기계적이고 자동화된 작업을 동시에 수행하는 데는 익숙해질 수 있지만, 암기가 필요한 작업은 그렇지 않다. 단기 기억이든, 장기 기억이든, 멀티태스킹은 기억력에 부정적인 영향을 준다.

'집중세'라는 세금

내가 멀티태스킹이 기억력에 미치는 영향에 대해 집요하게 파고드는 것을 의아하게 느낄 수 있다. 특히 두 활동이 실질적으로 겹치지 않는 간헐적 멀티태스킹일 때 더 그렇다. 그 이유는 아마도 주의 전환 현상*에서 찾을 수 있을 것이다. 주의 전환은 영어로 attentional blink인데, 말 그대로 '눈 깜빡할 사이에 일어나는 주의력 상실'을 의미한다. 이 현상은 하나의 주제에 대해 즉각 완전한 집중 상태에 도달할 수는 없으며, 그러려면 몇 분의 시간과 상당한 정신적 노력이 필요하다는 것을 의미한다. 이러한 사실은 뇌파검사electroencephalogram, EEG를 통해서도 증명되었다.[3] 그러다 보니 한 가지 일을 하다 정신없이 다른 일을 하는 식으로 왔다 갔다 하면, 매번 새롭게 집중 상태에 도달하기 위한 대가를 치러야 한다. 이것은 마치 비행기가 이륙해 순항 고도에 도달하기까지 많은 시간과 연료를 소모하는 것과 같다. 예를 들어, 로마-시드니 노선의 가장 합리적인 항로는 로마에서 출발해 13시간 후 싱가포르에 착륙하고, 다시 이륙해 아홉 시간 뒤 시드니에

---

* 연속된 자극을 순차적으로 보여줄 때, 첫 번째 자극에 집중하느라 두 번째 자극을 놓치는 현상.

도착하는 것이다. 간헐적 멀티태스킹은 동일한 구간을 몇 분 동안의 짧은 비행을 수백 번 반복하면서 여행하는 것과 같다. 매번 이륙하고 착륙할 때마다, 순항 고도에 도달하기 위해 시간과 연료를 허비하면서 말이다. 결론적으로 우리는 '하찮은 집중 방해 요소'라는 건 존재하지 않는다는 사실을 깨달아야 한다. 이 표현은 본질적으로 모순이다. 아무리 하찮은 방해라도, 일단 집중력이 분산되면, 적어도 몇 분 정도의 집중력 손실을 초래한다. 뇌가 집중 상태로 다시 돌아가려면 그 정도의 시간이 필요하기 때문이다. 뇌가 거두는 일종의 '집중세 concentration tax'인 셈이다.

공부할 때 SNS가 독인 이유

산만함 없애기

당신만을 위한 초특급 조언이 있다. 그것은 바로, 정신을 산만하게 할 만한 요소들을 피하라는 것이다. 이 말은 곧 텔레비전, 이메일, 문자, 쪽지, 메신저를 비롯한 모든 형태의 메시지를 흑사병 피하듯 철저히 피하라는 뜻이다. SNS는 절대 금지다. 어떤 학자들은 아예 집 전체의 인터넷 연결을 차단해서 주의를 분산시킬 위험이 있는 모든 요소를 근절하기를 권한다. 지나치다고 생각할 수도 있지만, 인터넷 중독과 그 때문에 발생하는 학습 능력 저하는 사회적 비상사태를 선포해야 할 정도로 심각한 수준이다.

실제로 인터넷 중독 장애Internet Addiction Disorder, IAD는 2013년 세계에

서 가장 널리 사용되는 정신의학 진단 체계인 DSM(정신질환 진단 및 통계 편람)에 정식으로 포함되었다. 연구 결과, 오늘날 전 세계 인구의 약 6퍼센트에 달하는 약 4억 6천만 명이 인터넷 중독 장애 증상을 나타내고 있는 것으로 나타났다.[4] 세계적으로 인터넷에 접근할 수 있는 사람의 비율이 고작 40퍼센트에 불과하다는 점을 고려하면, 이는 매우 심각한 수치다. 생각해 보면 그리 놀랄 일도 아니다. 우리는 애초에 SNS가 끊임없이 주의를 끌면서 사용자에게 최대한 쾌감을 주도록 설계되었다는 사실을 안다. 바로 그런 이유로 안타깝게도 SNS는 소중한 학습 시간과 절대로 양립할 수 없다.

인터넷 중독 방지 앱

최근 들어 흥미로운 현상이 일어나고 있다. 인터넷 사용을 제한하거나, 완전히 제한하지는 못하더라도 최소한 인터넷을 과다하게 사용하고 있다는 사실을 자각하게 해주는 다양한 앱들이 폭발적으로 등장하고 있다.

이 중에는 사용자가 스스로 공부하고 싶은 시간을 정하면, 카운트다운 방식으로 설정한 시간이 끝날 때까지 SNS에 접속하지 못하도록 인터넷을 차단하는 다소 강경한 방식을 취하는 앱들도 있다. 말 그대로 물리적 제재를 가하는 것이다. 이러한 앱들은 주기적으로 사용자의 일일 SNS 이용 시간을 기록하고, 일종의 성적표 같은 것을 만들어, 건강한 사용 시간과 비교해 준다.

반면에 좀 더 교묘한 방식을 택하는 앱들도 있다. 이 앱들은 강제로 인터넷을 차단하진 않지만, 사용자의 죄책감을 자극하는 전략을 쓴다. 예를 들어, 공부를 시작할 때 사용자는 작은 가상의 식물(혹은 동물)을 '심는다.' 그런 다음 공부 시간을 정하면, 그 시간 중에 SNS를 확인하거나 딴짓을 하면 식물이 시들어 죽는다. 사용자의 죄책감을 자극하는 참으로 악랄한 방식이다.

공부할 때 들으면 좋은 음악

당신은 지루함을 없애려고 공부할 때 음악을 듣는가? 지금 이 문장을 읽으면서, 내가 당신의 손등을 찰싹 때리며 마지막 남은 작은 즐거움마저 앗아갈까 봐 조마조마하는 마음이 분명 있을 것이다. 하지만 이번만큼은 안심해도 된다. 음악은 앞서 언급한 멀티태스킹 유형들과는 확실히 다르다. 실제로 음악을 들으면서 공부할 때 좋은 점도 있다. 음악은 우리의 감정회로 물밑에서 작동해 기분을 좋게 할 뿐만 아니라,[5] 옆 사람의 말소리, 개 짖는 소리, 휴대폰 진동음, 아이들 울음소리, 텔레비전 소리 등 우리의 의지와는 무관하게 들려오는 거슬리는 주변 소음을 덮어준다. 음악을 틀면, 우리 스스로 배경 소음을 '선택'할 수 있게 되는 것이다. 다만, 지나치게 몰입하게 되는 음악이나 가사가 뇌리에 계속 맴돌면서 집중을 방해하는 곡은 피해야 한다. 그런 음악을 듣는 행위는 명백한 멀티태스킹이다. 그런 관점에서, 공부할 때는 가사가 없는 기악곡이 더 적합하다. 굳이 가사가 있는 음악을 듣고 싶다면, 가사가 귀에 잘 들어오지 않는 외국어로 된 곡을 고르는 것이 좋다.

어떤 음악을 듣는 것이 좋을까?

음악 교육이 인지력과 기억력의 강화와 상관이 있다는 사실은 이미 잘 알려져 있다. 이러한 효과는 클래식 음악에서 더 뚜렷하게 나타난다. 논란이 아예 없는 것은 아니지만, 유아기, 아동기, 청소년기 이전에 클래식 음악을 접하면 인지력이 향상된다는 모차르트 효과mozart effect는 다양한 연구를 거쳐 증명되었다.[6]

흥미롭게도, 논쟁의 대상이 되었던 일부 연구는 이러한 효과의 원인을 클래식 음악의 구조적 특징에서 찾는다. 클래식 음악은 대위법적 구조가 엄격하고, 구성적 대칭성이 뚜렷하다. 소나타 형식에서 볼 수 있는 '제시부-전개부-재현부'와 같은 구조만 봐도 그렇다. 그리고 대체로 구조가 복합적이다. 이런 특징 덕분에, 클래식 음악은 우리 뇌의 공간적 사고를 담당하는 두정엽 회로parietal circuit를 활성화하고 강화한다는 것이다. 이 두정엽 회로는 우리가 뒤에 다룰 고급 기억술(14~18장 참조)과 밀접한 관련이 있는 부위다. 그래서 두정엽 회로를 활성화하는 음악은 유용하게 활용될 수 있다. 특히, 제1빈악파first viennese school에 속한 하이든, 모차르트, 베토벤의 작품과 바흐, 헨델, 비발디에 이르는 바로크 시대의 작곡가들이 공부하면서 듣기에 적합하다. 이들의 음악은 복잡하면서도 구조가 매우 정돈되었으며, '고전적인 절제미' 안에 엄격한 기하학적 규칙성을 담고 있어 학습에 적합한 심리적 환경을 만들어준다. 끝으로, 내가 가장 좋아하는 작곡가인 구스타프 말러Gustav Mahler가 생전에 남긴 마지막 말로 이번 장을 마치고자 한다. "모차르트, 오, 모차르트여."

　나는 음악이 특정한 상황에서 집중력을 유지하는 데 도움을 주는 소중한 자원이라고 생각해 왔다. 물론 음악을 들으면 집중력이 떨어질 수도 있다. 하지만 다른 한편으로, 음악을 들으면서 공부하면 즐겁고 감정적인 만족감이 높아져서 학습 시간을 대폭 늘릴 수 있다. 예컨대, 초집중한 상태로 한 시간 동안 밀도 높은 학습을 한 뒤 탈진해서 세 시간 쉬는 것이 좋을까 아니면 음악을 들으면서 네 시간 내리 공부를 하는 것이 더 효율적일까? 내 경우, 학습의 여러 단계 중에서 음악을 들으면서 하기에 가장 적합한 과정은 필기 노트를 컴퓨터로 정리하는 단계였다(9장 참조). 이 작업은 두뇌에 과도한 부담을 주지 않는, 중간 정도 난이도의 작업이라, 음악을 들어도 집중력이 크게 흐트러지지 않는다.

　나는 클래식 음악의 열렬한 팬이자 순수주의자이기 때문에 학창 시절 음악을 공부에 적극적으로 활용했을 뿐 아니라, 한 걸음 더 나아가 특정 과목과 특정 음악을 감성적으로 강하게 연결했다. 조작적 조건화operant conditioning*와 비슷한 이러한 학습법 때문에 나는 시험을 준비하는 과정에서 과목별로 고유의 감정을 형성할 수 있었다. 이것은 놀라운 효과를 발휘했으며, 학업에 경이로울 만큼 풍부한 감정적 깊이를 더해 주었고, 공부를 잊을 수 없는 황홀한 기억으로 만들어주었다.

　림스키 코르사코프Rimsky Korsakov의 오페라 <보이지 않는 도시 키테시의 전설>에서 소녀 페브로니야가 부르는 달콤한 노래를 들으며 해부학을 공부했던 그

---

* 행동주의 심리학의 이론으로, 어떤 반응에 대해 선택적으로 보상함으로써 그 반응이 일어날 확률을 증가시키거나 감소시키는 방법.

수많은 밤을 어떻게 잊겠는가. 황혼에서 새벽까지 바그너의 <방황하는 네덜란드인>을 들으며 밤새 수학 문제를 풀던 기억도 잊을 수 없다. 당시 나는 네덜란드인이 방황을 마칠 때마다 수학 증명 문제를 하나씩 풀어내곤 했다. 또, 로시니의 <작은 장엄미사>와 함께 했던 생화학 공부도 잊을 수 없다. 그 장엄하고도 경건한 음악은 시험 기간 동안 내 귀를 맴돌았고, 시험지에 답을 써내려가는 내 손이 마치 로시니 때문에 저절로 움직이는 듯한 느낌마저 들었다. 생리학 시험을 앞두고 소리 내어 복습하려고 회의실로 밤마실을 가기 전이면 어김없이 이어폰을 귀에 꽂고 볼륨을 한껏 높여 바그너의 오페라 <탄호이저>에 나오는 순례자들의 합창곡을 듣곤 했다. 순례자들의 합창곡은 곡은 나만의 특별한 시그널 음악으로, 그 곡만 들으면 신기하게 힘이 났다. 보이토의 <메피스토펠레> 속 파우스트가 구원받는 장면의 음악과 함께 맞이했던 내 첫 번째 졸업식도 잊을 수 없다. 이 책을 쓰는 지금, 이 순간에는 비발디의 <승리하는 유디타>에 완전히 매료되었다. 이 모든 경험은 내 마음속에 평생 간직할 소중한 추억이 되었다. 이 방법은 내가 지금껏 소개한 모든 학습 전략 중에서도 가장 개인적이고 내밀한 것으로, 실제로 체험해 보지 않은 이들은 그 효과와 정서적 울림의 깊이를 상상하기 어려울 것이다.

실전

기억의 달인을 만드는
비장의 무기들

'sic est' 유형의 정보

지금까지 배운 기억과 관련된 정보를 다시 정리해 보자. 첫 번째, 기억은 관계적 패러다임에 따라 작동한다(1장 참조). 두 번째, 장기 학습은 뇌가 무대 뒤에서 수행하는 매우 정교한 분해 및 논리적 재구성 작업으로 구성된다(1장 참조). 이는 곧 인과관계, 결과, 유사 개념, 예외 사항, 반복되는 규칙 등을 중심으로 이루어지는 일종의 '지적 소화' 과정이다. 하지만 다음과 같이 아무리 이런 관계망을 구축하려고 해도, 도저히 논리적 연결 고리를 찾을 수 없는 정보도 있다.

- 에포님_{eponym}: 발견이나 발명품에 그것을 발견하거나 발명한 사람의 이름을 붙일 때. 예컨대, 모든 에포님이 그렇듯 아무리 애써도 점성 유체의 수학적 법칙과 '나비에-스토크스 방정식_{Navier-Stokes}' 사이의 논리적 연결 고리를 찾을 수 없을 것이다.

- 숫자: 대표적인 예가 연도다. 콜럼버스가 왜 하필 1492년에 아메리카 대륙에 도착했는지에 대한 수학적, 논리적 이유를 댈 수 있는가? 법률 조항 번호 체계도 혼란스럽기 이를 데 없다.
- 목록: 목록이라면 나도 지긋지긋하다. 특히 의학에서는 서로 전혀 관련 없는 증상들을 줄줄이 외워야 할 때가 많다. 인간의 모든 생리병리학적 현상이 완전히 파악되지는 않았기 때문에 모든 증상을 논리적으로 설명할 수는 없다.

즉, 이런 정보들은 논리적으로 풀어낼 수 없다는 것이다. 대신 순전히 암기력에 의존해서, 통째로 **꿀꺽 삼키듯** 외워야 한다. 이런 부류의 정보를 'sic est'형 데이터라고 부를 수 있다. sic est는 라틴어로 '그냥 그런 것이다'라는 의미다. 이런 유형의 정보는 외우기가 매우 까다롭고, 소화하는 데 엄청난 시간이 걸릴 뿐 아니라, 간신히 외운다 해도 머릿속에 '사진'처럼 저장된 그 이미지들은 눈 녹듯 사라져 버린다. 마치 뇌와 본질적으로 맞지 않는 정보인 것처럼.

실제로 관계적 패러다임을 기반으로 한 기억을 떠받치는 기둥들은 이런 비논리적인 자료 앞에서는 무너져버리고, 그 결과 전체 학습 시스템이 붕괴할 수 있다. 그렇게 되면 큰일인데, 이런 상황에서는 어떻게 벗어날 수 있을까?

기억술이란 무엇인가

우리를 이 난관에서 벗어나게 해줄 무기가 바로 기억술mnemonics이다. 기억술은 현실적으로는 전혀 연관성이 없는 정보들 사이에, 순전히 자의적인 상상력으로 가짜 연결 고리를 만들어내는 기술이다. 기억술의 최종 목적은 관련성이 없는 정보들을 관통하는 공통된 맥락을 만들어내어, 그 맥락을 따라 정보 전체를 머릿속에서 재구성하는 것이다. 그렇다. 이제 우리는 뭐든지 할 수 있다. 우리의 뇌가 정보를 지적으로 '소화'해 암기할 수만 있다면, 심지어는 존재하지 않는 연관성을 만들어낼 수도 있다. 기억술은 우리의 상상력을 기반으로 논리적 연관성이 결여된 sic est 유형 정보들의 빈틈을 메워, 가짜 연관성을 만들어내는 기술이다.

이번 장에서 다룰 '워밍업' 단계에서는 기억술의 장단점을 소개하고, 이어지는 네 개의 장에서는, 아래의 정보 유형별 가장 효과적인 암기 기법들을 자세히 설명할 예정이다.

1. 개념을 기억하기 위한 기법: 시각화 기법(15장 참조).
2. 숫자를 기억하기 위한 기법: 음운 변환법, 도미닉 시스템, 걸이 못 기억법, 규칙성 찾기(16장 참조).
3. 짧은 목록을 기억하기 위한 기법: 약어acronym 기법, 키워드-문장 기법(17장 참조).
4. 긴 목록 및 텍스트를 기억하기 위한 기법: 고전적 장소법, 변형 장소법(18장 참조).

기억술은 왜 폭발적인 힘이 있을까?

기억술과 관련해 가장 먼저 알아야 할 점은, 이 기법들이 엄청나게 효과적이라는 사실이다. 특히 곧 살펴볼 장소법은 기억술의 왕이라 할 정도로 효과가 강력하다. 기억술은 인위적이고 반직관적인 특성 때문에 피사대학교와 같은 세계적인 대학교 학생들 사이에서도 널리 사용되지 않았지만, 실로 놀라울 정도의 잠재력이 있고, 효과 역시 매우 엄격하게 실행된 실험적 증거들을 거쳐 검증되었다. 다양한 기억술을 체계적이고 정확하게 가르치고, 그 한계까지도 명확하게 인식하도록 교육하면(이에 대해서는 다음 장에서 다룰 것이다), 대학교뿐 아니라 고등학교에서도 성적 향상에 도움이 되는 것으로 나타났다.[1]

전통적인 기억력 챔피언

이 기법들의 신뢰성은 이들의 오랜 역사로 인해 더욱 강화된다. 음운 변환법의 기원은 17세기, 18세기 유럽 수학자들의 논문까지 거슬러 오른다. 반면, 장소법method of loci의 기원은 최소한 고대까지 거슬러 올라간다. 장소법은 《헤렌니우스에게 바치는 수사학(기원전 90~82년, 저자 미상)》《자연사(서기 77~78년, 플리니우스 지음)》《연설가 교육론(서기 90~96년, 퀸틸리아누스 지음)》, 그리고 무엇보다도 《웅변가에 관하여(기원전 55~54년, 키케로 지음)》등 오늘날까지 전해 내려오는 고대 로마 문헌 네 편에서 언급되고 있다. 이는 곧 장소법이 이미 고대 그리스 시대부터 전통적인 수사학으로 간주되었음을 암시한다. 인류는 문학이 존재하던 시기부터 기억술이 가진 강력한 힘을 인지하고 있었다. 게다가 고대에는 인쇄술이 발달하지 않아서, 정보를 전승하려면 기억에 의존할 수밖에 없었기 때문에, 당시 사람들은 게으른 현대인보다 월등히 뛰어난 기억력 달인이었다.

현대의 기억력 챔피언

오늘날에도 기억술은 모든 기억력 챔피언들이 사용하는 핵심적인 기술이다. 기억술을 활용하지 않고, 세계 기록을 세우기는 힘들 것이다. 예를 들어 당신은 원주율 π의 소수점 자릿수를 외우는 대회가 있다는 사실을 알고 있는가? 당신은 소수점 몇 자리까지 기억하는가? 두 자리, 세 자리, 많아야 네 자리쯤일 것이다. 처음 열 자리는 이렇다. 3.1415926535… 자, 이제 잠깐 책을 덮고, 세계 기록을 세운 사람이 소수점 몇 자리까지 맞췄을지 한번 맞혀보라.

생각해 보았는가? 좋다, 이제 정답을 알려주겠다. 이 책이 집필된 2021년을 기준으로, 세계 기록 보유자는 인도인 수레쉬 쿠마르 샤르마Suresh Kumar Sharma다. 그는 2015년, 스무 살의 어린 나이에, 7만 30자리의 소수점을 17시간 14분 동안 암송해 세계 기록을 세웠고, 이는 기네스 세계 기록Guinness World Records으로 공식 인증되었다. 그럼 이제 이런 질문이 떠오를 것이다. "세계적인 기억력 챔피언들은 애초에 타고난 유전자가 남다른 거 아니야?" 어느 정도는 맞는 말이다. 하지만 여기서 중요한 점은, 기억술을 활용하면 평범한 사람도 믿기 힘들만큼 놀라운 목표를 달성할 수 있다는 사실이다. 예를 들어, 카드 한 벌을 뒤섞은 뒤 이것을 30분 이내에 통째로 외우는 일도 가능하다. 이제 곧 지금껏 몰랐던 두뇌의 숨겨진 능력을 발견하게 될 것이다!

기억술에도 한계가 있다

제한적 적용 범위

앞서 기억술을 향해 한껏 찬사를 실컷 늘어놓았지만, 기억술에 대해 알아야 할 두 번째 사실은 기억술을 적용할 수 있는 범위가 매우 제한적이라는 점이다. 잘못된 신화를 바로 잡자면, 기억술은 어떤 때에도 전통적인 학습법을 대체할 수 없다. 기억술이 타당하게 사용될 수 있는 영역은 오직 sic est 유형의 정보뿐이다. 기억술은 학습 전체에서 극히 제한적인 특이한 문제만 풀 수 있다. 즉, 다른 모든 학습 기법이 두 손 들고 포기한, 논리적 구조 없이 있는 그대로 암기해야만 하는 정보들을 기억할 때만 유효하다.

그 이유는 분명하다. 기억술의 핵심은 실제로 존재하지 않는 가짜 연결 고리를 상상해 만들어내는 데 있기 때문이다. 반대로, 실제 논리적 인과관계나 연계성으로 특정한 개념을 설명할 수 있으면, 그런 진짜 연결 고리를 활용하는 것이 훨씬 낫다. 그 이유는 수없이 많지만, 가장 중요한 이유는 진짜 연결 고리를 활용하는 것이 학습한 내용을 실생활에 적용하는 정보의 전이에 용이하기 때문이다.

만약 우리가 암기해야 할 모든 상황에 정신 나간 사람처럼 기억술에만 의존한다면, 학문적 주제의 본질을 망각한 채 종이로 만든 가짜 세상에 살게 될 것이다. 학습이란 단순히 앵무새처럼 내용을 반복하는 것이 아니다. 그보다 훨씬 더 복잡하고 고차원적인 행위다. 기억술은 요령일 뿐이다. 그러므로 반드시 그에 적절한 절제력을 발휘해야 한다.

시간 절약 효과의 한계

기억술의 두 번째 심각한 한계는 시간 절약 효과가 미미하다는 점이다. 여기서도 또 하나의 잘못된 신화를 바로잡아야 한다. 아무리 기억술에 능숙해도, 기적적인 시간 절약 효과를 기대해서는 안 된다. 어느 날 갑자기 마술 모자에서 기억술 몇 가지를 꺼냈더니, 학습 효율이 열 배로 뛰고, 평소보다 훨씬 짧은 시간 안에 시험을 통과하게 된다는 식의 이야기는 있을 수 없다. 분명히 말하건대, 그런 기적은 수상한 온라인 강의 광고 배너에서나 나올 법한 이야기다. 기억술을 사용해도 암기하는 데 시간이 오래 소요되는 주요 원인 중 하나는 그 과정이 반드시 독창적인 창조를 수반하기 때문이다. 이야기, 이미지, 문장 등을 만들 때 그것은 각자의 개인적인 경험과 문화적 배경에 비추어볼 때 나름대로 '말이 되고' '기억에 남을 정도로 인상적'이어야 한다.

여기서 분명 자신은 이야기를 만들어내는 데 시간이 오래 걸려서 기억술과는 맞지 않을 것 같다는 독자들이 있을 것이다. 하지만 한 가지 분명히 해야 할 점이 있는데, 그것은 바로 기억술이 느린 건 당연하다는 사실이다. 기억술을 만들어내는 데는 꽤 많은 시간이 걸린다. 누구든 마찬가지다. 물론 연습을 해서 어느 정도 빨라질 수는 있지만, 일반적으로는 시간이 오래 걸릴 수밖에 없고, 그것을 당연한 과정으로 받아들여야 한다. 결론적으로, 기억술의 장점은 그것을 만들어내는 데 시간이 필요하다는 사실을 충분히 이해해야 비로소 드러난다. 하지만 앞서 말했듯 그 장점이 유효한 영역은 매우 제한적이다. 기억술은 논리적 연결성이 없고 그저 있는 그대로 외워야 하는

sic est 유형의 정보일 때만 유효하다.

교과서는 달라져야 한다

기억술은 만들어내는 데 시간이 오래 걸린다는 점이 가장 큰 제약이라는 사실을 고려할 때, 교과서나 대학교 교재에 기억술을 의무적으로 기재하는 것이 바람직하다고 본다. 암기해야 할 목록, 날짜, 에포님, 전문용어 옆에 사용 가능한 기억술을 아예 함께 제시하는 방식으로 말이다. 그렇게 하면 학생들이 직접 기억술을 구상하는 시간을 줄일 수 있다. 불행히도, 이탈리아에서는 이러한 관행이 자리 잡지 않았다.

반면 영미권에서는 기억술 활용이 활발하게 이루어지고 있다. 기억술은 특히 미국 의사면허시험USMLE 교재에 적극적으로 활용되고 있다. 이 시험은 기억해야 할 정보량이 매우 방대할 뿐 아니라, 전 세계적으로 내용이 표준화되어 있어서, 각종 질병의 증상 목록, 감별 진단, 임상 가이드 라인 등을 외우기 위한 기억술이 활용되고 있다. 시험 교재에 실린 기억술 중 일부는 효과가 너무나 뛰어나, 사실상 국제 표준이 되었다. 모든 학문 분야의 교육 방식은 이처럼 훌륭한 모범 사례에서 교훈을 얻어야 한다.

공부하는 과정에서 나는 웬만한 기억술 기법들은 다 사용해 봤다. 구체적인 사례들은 이어지는 장들에서 차근차근 소개하겠지만, 이 짧은 장을 마무리하기에 앞서 꼭 짚고 넘어가고 싶은 중요한 사실이 있다.

그동안의 비판적 관점으로 볼 때, 기억술은 분명 현실 세계와 동화 세계를 인위적으로 연결하는 것처럼 극단적 상황을 위한 비상수단이다. 그렇기에, 어떤 목록이나 전문용어가 sic est 유형이라고 결론을 내리기 전에, 반드시 현실적인 논리적 연결 고리를 찾기 위해 최대한 노력해야 한다.

이와 관련해 기억술이 잘못 사용되고 있는 대표적인 경우가 바로 전문용어를 암기할 때이다. 많은 학생이 전문용어를 외울 때, 그 의미도 제대로 모른 채 그냥 통째로 외워버리곤 한다. 딱딱한 알약을 씹지도 않고 꿀꺽 삼켜버리듯 말이다. 하지만 나는 항상 그 용어가 왜 그런 식으로 불리는지, 그 용어의 정확한 어원이 무엇인지 확인해야만 했다. 기존 표현들과의 연관성을 찾으면서, 왜 그렇게 불리게 되었는지 이해해야 직성이 풀렸다. 그런 관점에서 나는 어원학의 교육적 가치가 이루 말할 수 없이 크다고 생각한다.

나는 고등학교 때 이과였는데도 불구하고, 커리큘럼에 없는 고대 그리스어를 독학으로 공부할 정도였다. 라틴어와 고대 그리스어는 내게 어원 사전이라는 최강 무기를 안겨주었다(24장 참조). 어원을 아는 것은 정말 기적 같은 무기다. 특정 단어를 단순히 있는 그대로 sic est 외우는 것이 아니라, 왜 그런 의미를 갖게 되었는지 논리적인 이유를 알려주기 때문이다. 나는 해부학처럼 어원이 중요한 과목을 가르치면서 어원을 설명해 주지도 않고, 가장 권위 있는 교재에서조차 어원에 대한 체계적인 설명이 부족한 이유를 이해할 수 없다.

나는 학창 시절 어원학을 신봉했고, 새로운 단어를 접할 때마다 반드시 어원 사전을 찾아보았다. 산스크리트어 또는 심지어 네오라틴어와 게르만어가 파생된 원시 인도유럽어Proto-Indo-European, PIE까지 거슬러 단어의 어근을 추적하고 연결하는 작업은 나에겐 크나큰 기쁨이었다.

이런 내 열정과 관련된 잊지 못할 추억이 있다. 해부학 시험 중, 교수님들이 내게 메두사 머리caput medusae에 대해 물었다. 메두사 머리는 주로 간경변 환자에게 나타나는, 배꼽 주변 정맥이 방사형으로 부풀어 오르는 증상을 말한다. 그 질문에 나는 어원학적 지식을 곁들여 배꼽의 라틴어 어원인 '배꼽umbilicus'의 뿌리가 원시 인도유럽어의 'h_3neb^h'에 있다고 했다. 여기에는 '바퀴의 축'이라는 뜻도 있는데, 이는 중심에서 바퀴살이 방사형으로 뻗어나가는 구조를 표현하는 말로, 바로 그런 구조가 간경변증 환자의 배꼽 주변 정맥이 퍼지는 모습과도 절묘하게 닮았다고 설명했다. 그런 내 설명은 교수님들에게도 강한 인상을 남겼다. 이처럼, 가짜 의미를 바탕으로 억지로 기억술을 만들어내는 것보다는 실존하는 논리적이고 연관성을 찾는 편이 훨씬 의미가 있다. 나는 허황된 기억술보다는, 실제 지식을 바탕으로 한 인식의 연결 고리를 찾을 때, 기억력이 강화된다고 믿는다.

15

실전

어렵거나 긴 개념이라도
쉽게 외우는 법

시각화 기법이란 복잡한 개념을 시각적으로 기억하기 쉬운 회화적 이미지로 변환하는 것을 말한다. 이미지를 구성하는 여러 요소를 머릿속으로 따라가다 보면 그것들이 단서(6장 참조)라 불리는 강력한 실마리가 되어, 개념의 핵심 요소들을 떠올리고, 궁극적으로는 전체 개념을 기억하는 데 도움을 준다. 시각화 기법은 다양한 기억술 중에서 가장 보편적인 기법으로, 거의 모든 유형의 정보에 적용할 수 있다.

시각화 기법은 특히 목록을 외울 때 유용하다. 예를 들면 목록의 각 항목을 이미지 속 사물로 변환해서 외우는 식이다. 같은 방식으로 시의 연을 생생한 이미지로 만들어 해당하는 연에 포함된 모든 요소를 담아낼 수도 있다. 또 외국어 어휘 암기에도 효과적이다. 심지어 어떤 기억력 챔피언들은 숫자를 외울 때도 시각화 기법을 활용하는데, 이에 대해서는 16장에서 살펴볼 것이다. 마지막으로, 실험 결과에 따르면 시각화 기법은 단어 간 연상 규칙을 외우는 데 매우 효과적이라고 한다.

실제로 시각화 기법을 사용해서 두 단어씩 20쌍으로 구성된 목록을 암기하자, 성과가 45퍼센트에서 75퍼센트로 향상했다.[1] 이쯤 되면 떠오르는 인물이 바로 아인슈타인이다. 그는 상대성이론을 전개하면서 사고 실험thought experiment이라 불리는 일종의 시각화 연습을 즐겨 사용했다. 광선 위에 앉아 있는 자신의 모습을 떠올리거나, 광선을 따라 달리는 장면 등을 머릿속에서 시각화하며 사고했던 것이다. 결론적으로 시각화 기법은 활용 가능성이 매우 넓은 기술이며, 그 타고난 유연성 덕분에 독보적인 가치가 있다.

시각화 기법을 사용하라

이미지의 조건

이번에는 상상으로 만들어낸 이미지들을 기억에 남게 하는 요인들을 다음과 같이 정리해 보았다.

- 이미지들을 오래 기억하려면 생생하고, 색상이 다채로울 뿐 아니라 기쁨, 우울함, 고통, 폭력과 같은 강렬한 감정적 울림이 있어야 한다. 이런 기준은 문학과 비슷하다. 생생하지 않으면 걸작이라 부를 수 없다. 밋밋한 이미지는 따분하고 눈에 잘 들어오지 않는다.

- 사람들이 저지르는 가장 흔한 실수는 정적인 이차원 이미지를

만드는 것이다. 이미지를 만들 때는 되도록 삼차원 공간을 적극적으로 활용해야 한다. 동작을 넣어 장면을 더 생동감 있고 흥미롭게 하고, 가능하면 시각 외 청각, 미각, 온도, 촉각 등 공감각적 요소들을 추가하는 것이 좋다. 머릿속으로 그런 장면을 감각적으로 '체험'해야만 잊지 못할 기억으로 남을 것이다.

- 추상적인 개념들은 반드시 화살표, 손짓, 신호등, 도로 표지판과 같은 상징symbol으로 바꿔 표현해야 한다.

- 유머러스한 요소는 언제나 대환영이다. 핵심 요소들을 모두 과장하거나 의도적으로 기형적인 방식으로 표현해야 더 주목을 받을 수 있고, 등장인물들도 더 인상 깊게 느껴진다.

- 수많은 이미지를 잘 구별하려면 다양한 도시, 역사적 배경이나 상상 속의 세계에 배치해야 한다. 또 자신의 취향에 맞거나 익숙한 의미 영역에서 메타포를 가져와 지극히 사적인 이미지를 만드는 것이 효과적이다.

- 일반적으로 기이한 이미지나, 성적이고 폭력적인 요소를 담은 이미지는 기억이 더 잘 된다고 알려졌다. 불편하게도 이 점은 사실이다. 이러한 현상의 원인은 '폰 레스토프 효과Von Restorff Effect' 또는 '고립 효과isolation effect'에 있다. 수많은 평범한 이미지 사이에서 유별나게 튀는 이미지가 더 빨리, 더 오래 기억된다는 것이다. 여기서 주의해야 할 점은 모든 이미지가 특이한 요소들로만 가득해지면, 그때부터는 전혀 효과가 없어진다는 점이다. 예외가 규칙이 되어버리는 순간, 장점은 사라진다.[2]

연결 방식(연결 고리)의 조건

시각적 단서visual cue와 그에 대응하는 단어를 연결하는 방식은 매우 다양한데, 보편적으로 의미적 연결 고리semantic, 음운적 연결 고리phonetic, 그리고 일화적 연결 고리episodic 중 하나에 속할 때가 많다. 예를 들어 수학자 앙리 푸앵카레Henri Poincaré의 추측을 공부하고 있다고 가정해 보자. 푸앵카레의 이름이 좀처럼 기억나지 않는다면, 어떤 기준으로 기억을 도울 이미지를 떠올릴 수 있을까?

- 의미적 기준semantic criterion: 암기할 단어의 문자 그대로의 의미, 가장 기본적인 의미를 명확하게 드러내는 이미지를 만든다. 예를 들면 해당 단어 또는 그 일부를 인터넷 검색 엔진의 이미지 검색으로 찾아보는 것이다. 이때 일부러 단어 철자를 살짝 틀리게 입력하면 의외의 연관 관계를 포착할 수도 있다. 또 다른 유용한 방법은 해당 단어의 어원을 조사한 뒤 그것을 충실히 이미지화하는 것이다. 예를 들어, 웹 검색을 하면 '푸앵카레Poincaré'라는 성은 문자 그대로 해석할 때 '각진 주먹poing carré'이며, 이는 곧 '강한 남자'를 의미한다는 사실을 알 수 있다.

- 음운적 기준phonetic criterion: 물론 구체적인 시각적 의미를 부여하기가 어려운 단어도 있다. 이럴 때는 더 단순한 음운적 유사성을 활용할 수 있다. 즉, 해당 단어와 소리가 비슷한 다른 단어를 이용하는 것이다. 이럴 때는 '~로 시작하는 단어' '~로 끝나는 단어' 혹은 '~을 포함하는 단어'를 찾아주는 언어 사이트들을 이용하는 것도 유용하다. 푸앵카레를 예로 들자면, 푸앵카레는 이탈

리아어로 식빵을 뜻하는 '판카레pancarré'와 발음이 유사하다. '판카레'는 불어에는 존재하지 않는 이탈리아 특유의 표현이며, 문자 그대로는 '네모난carré 빵pain'이다.[*]

- 일화적 기준episodic criterion: 개인적인 경험이나 회상과 관련이 있는 단어는 더 생생하고 강렬한 이미지로 이어질 수 있다. 예를 들어, 언젠가 파리에 있는 앙리 푸앵카레 연구소Institut Henri Poincaré 앞을 지나간 적이 있다거나, 프랑스의 어느 도시에서 앙리 푸앵카레 거리rue Henri Poincaré 근처에 머문 적이 있다면, 그때의 기억이 프랑스 수학자와의 단단한 정신적 연결 고리를 형성할 것이다.

지금 소개한 세 가지 방법은 가장 일반적인 것으로, 그보다 창의적이고 기상천외한 방식도 얼마든지 사용할 수 있다. 예컨대 글자의 수, 음절의 수, 특정 글자의 유무, 단어의 익숙함 등을 기준으로 삼을 수도 있다.

흔히 '위도latitude'와 '경도longitude'를 혼동하는 사람들이 많다. 그런 사람들은 나침반의 이미지를 떠올려보자. 이때 'longitudine'에는 '북쪽nord'을 뜻하는 'n'이 들어가 있지만, 'latitude'에는 포함되어 있지 않다는 점을 기억해 두자.

따라서 '경도'는 북쪽에서 남쪽으로 이어지며, '위도'는 동쪽에서 서

쪽으로 이어진다. 이처럼 어떤 은유를 단서로 선택할지는 전적으로 개인의 취향과 판단에 달려 있다.

신경과학적 근거

시각화 기법의 효과가 탁월한 이유는 이 기법이 우리 뇌의 시각 처리 회로visual circuitry를 광범위하게 활용하기 때문이다. 앞서 1장에서 설명했듯이, 장기 기억은 뇌의 특정 부위에만 국한되어 저장되는 것이 아니라, 대뇌피질 전체에 걸쳐 분산되며, 각 피질 영역의 정보 처리 기능과 함께 작동한다. 진화론적 관점에서 볼 때, 영장류는 시각에 대한 의존도가 매우 높은 종이다. 그 결과, 그림 22에서 알 수 있듯 시각 정보 처리를 담당하는 영역은 대뇌피질에서 매우 넓은 면적을 차지하게 되었다. 실제로 시각 피질은 후두엽occipital lobe, 두엽temporal lobe, 두정엽parietal lobe 등 무려 세 개의 뇌엽lobe에 걸쳐 분포한다. 시각 피질은 우리 몸에 내장된 초대형 그래픽 카드와 같다. 시각 피질은 그래픽 카드처럼 복잡한 병렬 구조를 갖추고 있어서, 동시에 같은 정보를 다양하게 가공할 수 있다.[3]

이러한 특성 덕분에, 시각 회로는 언어 회로와 비교해 정보를 훨씬 더 효율적으로 처리할 수 있다. 언어 회로는 본래 직렬 구조를 띠고 있어, 한 번에 하나의 정보만 처리할 수 있기 때문이다. 시각화 기법의 핵심은 기억해야 할 정보를 모두 언어 영역에 욱여넣지 않고, 일부를 시각 영역으로 분산해서 뇌의 부하를 덜어주는 데 있다. 이런 식으로 부위가 넓고, 병렬 구조를 띤 시각 영역을 활용해 기억 효율성을 높이는 것이다. 꽤 괜찮은 전략 아닌가?

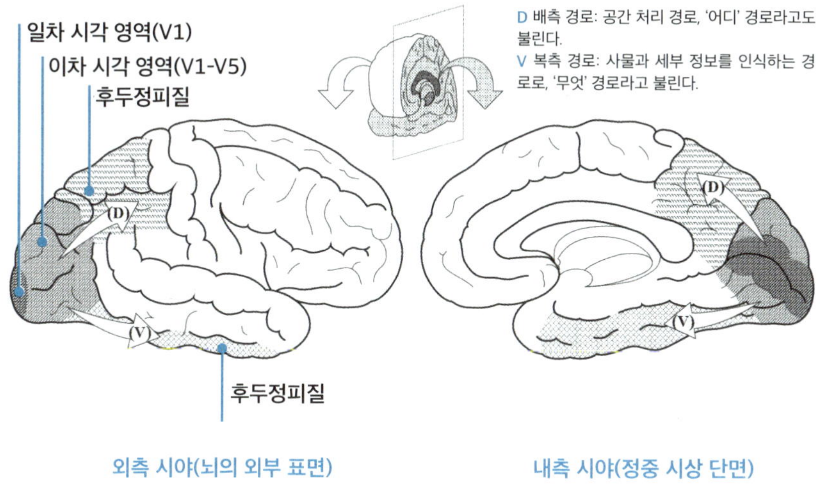

그림 22. 시각 피질의 조직도

나만의 노하우

나는 시각화 기법을 아주 광범위하게 사용했을 뿐만 아니라, 이 기법으로 할 수 있는 것은 다 해봤다. 예를 들어, 특정 과목의 시험을 준비하면서, 실험 삼아 강의 내용을 모두 만화화한 적도 있다. 나는 세부 사항을 포함한 강의의 주요 내용을 전부 색칠을 한 엉성한 그림으로 정리해 노트에 옮겨 놓았다. 커다란 눈과 다리가 달린 괴상하게 생긴 세포들이 말풍선을 거쳐 자신의 내부 구조를 설명하고 있는 조직학 수업 노트가 특히 기억에 남는다.

대학교에 입학하기 전, 고등학교 시절에도 나는 이 기법을 즐겨 쓰곤 했는데, 특히 근현대사를 공부할 때 효과가 컸다. 나는 역사적 사건들을 요약해서 만화로 그렸다. 이때 국가와 역사적 인물들을 팔과 다리가 달린 원형 캐릭터로 표현했다. 국기 색깔과 국가별 전통 의상으로 캐릭터들을 구분했으며, 얼굴 표정으로 해당 국가나 인물의 감정 상태를 직관적으로 표현했다. 예를 들어, 전쟁을 선언하는 장면에서는 해당 국가 캐릭터가 손에 검을 든 채 분노한 표정을 짓는 식으로 말이다. 그런가 하면 동맹을 맺는 장면에서는 캐릭터들이 손을 잡고 윙크를 주고받았다. 그림을 잘 그릴 필요도 없다. 아주 기본적인 감각만 있으면 한 컷을 그리는 데 30초도 걸리지 않는다. 색칠도 마커펜으로 대충 채우는 정도면 충분하다.

물론, 강의 전체를 만화로 그리는 방식은 얼핏 유치하거나 우스꽝스러워 보일 수 있다. 사실 실제로도 그렇다. 하지만 나는 이 방법이 지닌 놀라운 기억력 강화 효과를 직접 체험했다. 그림은 보는 즉시 이해가 가능하기 때문에 굳이 텍스트를 다시 읽지 않아도 내용을 쉽게 떠올릴 수 있었다. 강의 전체를 만화로 그리는 것이 부담스럽다면, 〈루니툰스〉 스타일의 캐릭터 몇 개만 그려넣는 것만으로도 충분하다. 장담컨대, 복습을 위해 노트를 다시 펼쳤을 때, 그 캐릭터만 봐도 거의 모든 내용을 자동적으로 떠올릴 수 있을 것이다. 게다가 캐릭터들이 소소한 웃음까지 안겨줄 테니, 손해 볼 일은 없지 않겠는가.

백 마디 말보다 한 장의 그림이 더 낫다

프랑스어로 마법 지팡이는 바게트 마지크Baguette magique다. 그렇다.

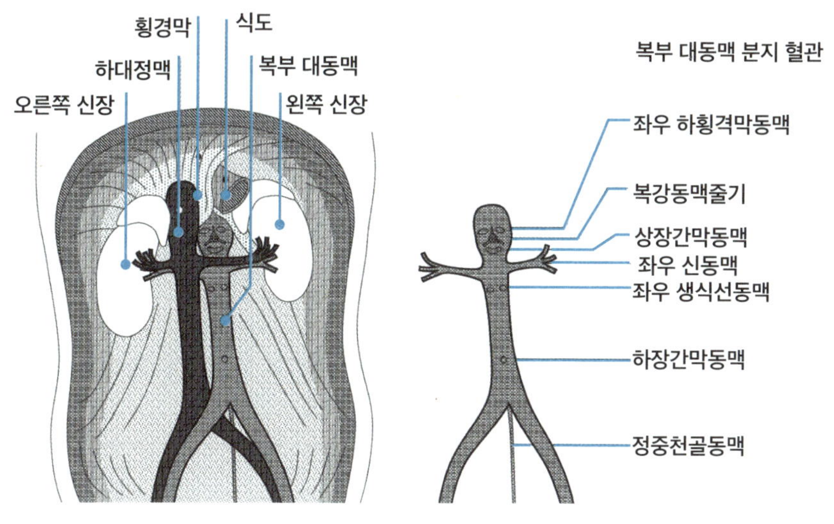

그림 23. 복부 대동맥과 하대정맥의 시각화

바게트 빵처럼 말이다. 해리 포터가 바게트를 마법 지팡이처럼 휘두르는 모습을 상상해 보라. 어떻게 이 표현을 잊을 수 있겠는가?

복부 대동맥과 하대정맥의 해부학적 관계를 기억하는 것은 결코 쉬운 일이 아니다. 더구나 복부대동맥과 하대정맥 주요 혈관 분지들의 배열을 정확히 암기하기는 더욱 어렵다. 이러한 내용을 암기하기 위한 유명한 기억술이 있는데, 그것은 바로 그림 23에서 알 수 있듯이 두 혈관을 한 쌍의 댄서로 상상하는 것이다. 즉, 복부 대동맥의 분지가 뻗어 나가기 시작하는 지점을 둘 중 한 댄서의 신체 부위에 대응하면, 기억하기 수월해진다.

뇌신경 운동핵의 종류는 그림 24에서 다음과 같다.

- 동안 신경핵oculomotor nuclei: 제3, 제4, 제6뇌신경(눈 세 개 이미지).

- 저작핵masticatory nucleus: 제5뇌신경(살바도르 달리 스타일의 입 이미지).

- 안면신경 운동핵facial motor nucleus: 제7뇌신경 (비행기 엔진 이미지).

- 의문핵ambiguous nucleus: 제9, 제10뇌신경 (망설이는 두 개의 화살표 이미지).

- 더부신경핵accessory nucleus: 제11뇌신경(시계 이미지. 시계는 액세서리니까).

- 제12뇌신경: 12시를 가리키는 시계 이미지.

그림 24. 뇌신경 운동핵의 시각화

16

실전

1,000자리 숫자라도
바로 기억하는 법

기본적으로 숫자보다 단어나 이미지를 기억하기가 훨씬 쉽다. 그렇다면 어떻게 해야 일관된 방식으로 숫자를 단어로 바꾸거나, 단어를 숫자로 바꿀 수 있을까? 숫자와 단어를 상호 전환하는 보편적이고 강력한 시스템을 구축하는 일은 어려운 과제다. 이제 당신은 그 유명한 음운 변환법phonetic conversion이라는 기법을 익히게 될 것이다. 음운 변환법을 익히는 것은 지난 400년 가까운 세월 동안 유럽 전역의 지성인들이 '완벽한 숫자 기억술mnemonic'을 만들려고 기울여온 노력의 유산을 물려받는 일이다.

음운 변환 기법은 다양한 이름으로 불려왔다. 가장 정확한 명칭은 에메 파리 기법Aimé Paris이다. 비공식적으로는 헤리고네 기법Hérigone 또는 라이프니츠 코드Leibniz라고도 불린다. 영어권에서는 흔히 메이저 시스템Major system이라는 이름으로 알려져 있는데, 흥미롭게도 여기서 'Major'는 이 기법이 다른 기억 기법들보다 우수한 주요 시스템major system이라는 의미인지, 아니면 이 기법의 변주를 발명한 폴란드계 영국 지식인 메이저 베뇨스키Major Beniowski의 이름을 따온 것인지 확실하지 않다. 참고로, 베뇨스키가 고안한 기법은 얼마 가지 못하고 사람들 기억에서 사라졌다. 자, 서론은 이쯤 마무리하고, 이제 본론으로 들어가 보자.

숫자와 단어를 결합하는 음운 변환법

이 기법은 숫자를 미리 정해진 자음으로 '암호화cryptograph'하는 방식이다. 이때 다음의 표와 같이 숫자와 자음을 일대일로 대응하고, 그 사이사이에 임의로 모음을 삽입하면 의미 있는 단어를 만들어낼 수 있다. 여기서 중요한 점은, 그 단어의 숫자적 의미는 오직 자음의 발음만으로 결정된다는 사실이다. 이때는 철자도 전혀 중요하지 않다. 다시 말해, 자음의 소리만 정보를 담고 있고, 나머지 요소들은 사용자가 의미 있는 단어를 만들 수 있도록 허용된 자유의 범주 내에서 선택한 것에 불과하다. 여기에서 우리가 자유롭게 선택할 수 있는 요소들은 다음과 같다. 괄호 안은 발음을 적었다.

- 모든 모음.
- /j/ [ieri(예리)] /ˈjɛːri/, you /juː/)와 /w/ [questo(퀘스토)/ˈkwesto/, weep(윕) /wiːp/] 과 같은 모든 반모음.
- H음: 엄밀히 말하면 자음이지만, 여기서는 예외로 취급한다.

▪ 쌍자음: 예를 들어, fratto(프라토)와 forati(포라티)는 동일한 숫자
로 간주한다. 단, midday(미드데이)처럼 두 자음이 명확히 분리되
어 발음되는 때는 예외다(mɪdˈdeɪ).

국제 음성 기호	이탈리아어 알파벳	영어 알파벳
1. 치경음 /t/, /d/, /θ/, /ð/	T D	T D TH, 예: *thing* /θ ɪŋ/
2. 비음 /n/, /ɲ/	N GN, 예: gnocchi /ˈɲɔkki/	N
3. 유음 /m/	M	M
4. 진동음 /r/	R	R L, 예: *colonel* /ˈkɜnəl/
5. 액체음 /l/	L, GL	L
6. 구개음 /tʃ/, /dʒ/, /ʒ/ 영어에서는 /ʃ/도 포함	부드러운 C 발음 부드러운 G 발음	CH J 부드러운 G 발음 S, 예: *vision* /ˈvɪ.ʒ(ə)n/ Z, 예: *seizure* /ˈsiʒɚ/ SH T, 예: *inflation* /ɪnˈfleɪʃən/
7. 연구개음 /k/, /g/	강한 C 발음 강한 G 발음 K Q	강한 C 발음 강한 G 발음 K Q

		F V PH GH, 예: *laugh* /lɑːf/
8. 순치음 /f/, /v/	F V	
9. 양순음 /p/, /b/	P B	P B
0. 치찰음 /s*/ /z/ 이탈리아어에서는 /ʃ/도 포함	S Z SC, 예: sciocco /ˈʃɔkko/	S Z 부드러운 C 발음, 예: pace /peɪs/ x, 예: *xenophobia* /ˌzɛnəˈfəʊbɪə/

● 저자가 소개한 음운 변환법을 한국어에 대응하면 다음과 같은 표로 정리할 수 있다.

숫자	자음	기억법
0	ㅎ	'0'의 동그란 모양이 'ㅎ'의 머리 같음
1	ㄱ, ㅋ	'1'의 꺾인 모양이 'ㄱ'과 비슷함
2	ㄴ	'2'와 'ㄴ'의 하단 획 구조가 비슷함
3	ㄷ, ㅌ	'3'을 옆으로 눕히면 'ㄷ'과 비슷함
4	ㄹ	'4'와 'ㄹ'의 굴곡이 비슷함
5	ㅁ	'5'는 사각형(ㅁ)처럼 꽉 찬 느낌
6	ㅂ, ㅍ	'6'을 뒤집으면 'ㅂ'과 비슷함
7	ㅅ	'7'의 사선이 'ㅅ'의 한 획과 같음
8	ㅈ, ㅊ	'8'의 교차점이 'ㅈ'과 비슷함
9	ㅇ	'9'의 윗부분 동그라미가 'ㅇ'과 같음

이 표를 사용하면 원주율 소수점 아래 10자리를 쉽게 외울 수 있다. 1415926535는 자음과 숫자를 1(ㄱ) - 4(ㄹ) - 1(ㄱ) - 5(ㅁ) - 9(ㅇ) - 2(ㄴ) - 6(ㅂ) - 5(ㅁ) - 3(ㄷ) - 5(ㅁ)로 각각 대응할 수 있고, 자유롭게 모음을 삽입하여 '고래거미가 논밭마다.' 즉, '고(1=ㄱ)래(4=ㄹ)거(1=ㄱ)미(5=ㅁ)가(1=ㄱ) 논(2=ㄴ)밭(6=ㅂ)마(5=ㅁ)다(3=ㄷ)'라는 문장을 만들 수 있다.

메타기억술[●]

아마도 누군가는 도대체 얼마나 벽에 머리를 박아야 앞에 나온 괴상한 표 내용을 외울 수 있을 것인지 고민하고 있을 것이다. 하지만 걱정할 필요 없다. 다행히 기억술을 외우기 위한 메타기억술metamnemonic이 존재한다. 이 방법은 앞의 표의 역사적 기원과도 상당 부분 일치할 뿐 아니라, 향후 기억력 향상에 큰 도움이 될 수 있으므로 꼭 알아두는 것이 좋다. 메타기억술의 기본 원칙은 다음과 같다.

● 저자가 소개한 메타기억술을 한국어에 대응하면 다음과 같은 표로 정리할 수 있다.

숫자	대응 자음	기억법
1	ㄱ	숫자 1과 ㄱ은 거의 비슷하게 생겼음 (기억 = 1)
2	ㄴ	숫자 2의 바닥 선과 ㄴ이 똑같음
3	ㄷ	3을 왼쪽으로 눕히면 ㄷ임
4	ㄹ	ㄹ을 대충 쓰면 숫자 4처럼 보임
5	ㅁ	5는 사각형(ㅁ)에 꼬리가 달린 느낌
6	ㅂ	6을 뒤집으면 ㅂ이 됨
7	ㅅ	7을 거꾸로 세우면 ㅅ임
8	ㅇ	8은 동그라미(ㅇ)가 두 개 겹친 것
9	ㅈ	9의 머리와 꼬리가 ㅈ의 획과 비슷함
0	ㅎ	0에 모자만 씌우면 ㅎ임

이 표를 사용하면 원주율 소수점 아래 10자리를 음운 변환법보다 더 쉽게 외울 수 있다. '고래가 먹어, 나비만 다 먹어.' 즉, 고(1=ㄱ)래(4=ㄹ)가(1=ㄱ) 먹(5=ㅁ)어(9=ㅈ), 나(2=ㄴ)비(6=ㅂ)만(5=ㅁ) 다(3=ㄷ) 먹(5=ㅁ) ㅓ(모음은 자유롭게 삽입)'라는 문장을 만들 수 있다.

1. T는 로마 숫자 I를 닮았다.

2. N은 로마 숫자 II를 닮았다.

3. M은 로마 숫자 III를 닮았다.

4. R은 영어 단어 four의 끝소리다.

5. L은 로마 숫자에서 50을 나타내는 기호다.

6. J는 수평으로 뒤집으면 6처럼 보인다.

7. K는 7 두 개가 가로로 포개진 것처럼 보인다.

8. 필기체의 f는 8과 닮았다.

9. P는 거울에 비친 9와 비슷하게 생겼다.

10. Z는 숫자 zero(0)의 첫 글자다.

실전

이제 이 기법이 실전에서는 어떻게 활용되는지 단계별로 정리해 보자. 가령 다음의 숫자를 외워야 한다고 하자.

9484959445941

↳ 이 숫자는 다음과 같이 나눌 수 있다.

948495 - 944 - 5 - 941

우선 위에서 제시한 변환표에 따라 숫자를 자음으로 변환하자.

그다음에는 자음을 기반으로 자유롭게_{ad libitum} 모음을 덧붙여 단어 또는 문장을 만든다. 숫자가 길기 때문에 단일 단어보다는 문장으로 구성하는 편이 더 현실적이다. 이때 문장의 의미가 완벽하지 않더라도, 문법적으로 일관된 형태를 갖추는 것이 좋다. 그래야 기억하기 훨씬 수월하기 때문이다. 다행히도, 이 과정을 수월하게 해주는 프로그램이나 온라인 서비스들이 다양하게 존재하며, 대부분 무료로 제공되고 있다. 웹에서 'phonetic convesion'(음운 변환), 또는 영어로 'Major system'(메이저 시스템)을 검색해 보면, 이 작업을 지원하는 도구들을 쉽게 찾을 수 있다.

예를 들어 이런 사이트에 앞의 숫자 중 첫 번째 구간인 948495를 입력하면, 다음과 같은 결과가 생성될 수 있다.

perforabile(구멍을 뚫을 수 있는), preferibile(선호하는), preverbale(말하기 전의), proferibile(발음 가능한), proverbiale(속담).

다음 구간 944는 aprire(열다), 941은 porta(문)으로 변환되며, 남은 5는 정관사 la로 처리할 수 있다. 이 모든 요소를 조합하면 다음과 같은 문장을 만들 수 있다.

"è preferibile aprire la porta(문을 여는 것이 바람직하다)."

이 문장은 논리적으로는 말이 안 될 수도 있지만, 문법적으로는 완벽하게 일관적이라 비교적 쉽게 기억할 수 있다. 복잡하다고 불평하지 말자. 9484959445941이라는 숫자 덩어리를 통째로 외우는 것보다는 이쪽이 훨씬 쉬우니까. 이 기법에 흥미가 있다면, 이러한 단어 조합을 자동으로 처리해 주는 잘 만든 웹사이트도 있다. 이런 서비스를 이용하면 시간이 절약될 뿐 아니라, 훨씬 자연스러운 문장을 만들 수 있다.

사전 기억법

하지만 앞서 소개한 방법으로도 잘해봤자 10자리 숫자 정도 외울 수 있을 뿐이다. 말하자면 전화번호 한 개 밖에 못 외운다는 말이다. 수십 자리, 아니 수만 자리의 숫자를 기억하는 기억력 스포츠memory sports 선수들은 어떻게 하는 걸까?

사실 비결은 간단하다. 두 자리 혹은 세 자리 숫자마다 하나씩 대응되는 이미지 '사전'을 미리 외워두는 것이다. 숫자가 조금 많은 타로 세트를 외운다고 생각하면 된다. 단, 여기서 중요한 점은 연상 규칙이 체계적이고 엄격해야 한다는 것이다. 실제로 기억력 챔피언들은 사전에 앞서 설명한 음운 변환표를 바탕으로 000부터 999까지의 숫자에 명사 하나씩(총 1,000개)을 매칭해 둔다.

그렇게 하면, 390자리 숫자를 기억해야 할 때, 이 수열을 자동으로 명사 130개로 변환할 수 있다. 그다음부터는 간단하다. 이 명사들을 모두 연결하는 하나의 이야기를 만들어내면 된다. 물론 이때 만들어지는 이미지는 앞서 15장에서 설명한 시각화 기법의 원칙에 따라 기억하기 좋게 공감각적이고, 역동적이고, 기괴하게 만드는 것이 좋다.

숫자와 인물을 결합하는 도미닉 시스템[*]

세계 기억력 대회World Memory Championships에서 금메달을 여덟 번이나 수상한 영국인 도미닉 오브라이언Dominic O'Brien은 음운 변환법의 흥미로운 변형 방식을 고안했다. 그가 만든 이 방식은 인물-행동 시스템person-action system으로 널리 알려져 있다. 핵심은 숫자 한 쌍을 인물 한 명에 연결하는 것이다.

그 원리를 간단히 정리하면 다음과 같다. (자세한 내용은 오브라이언 본인의 저서를 참고하길 바란다.) 예를 들어,[1] 다음 숫자를 외워야 한다고 하자.

27776822

실전에서는 이 숫자를 최대 네 자리씩 묶어 여러 덩어리로 나눈다. 이때, 2777과 6822 두 묶음으로 나뉠 것이다. 그다음, 네 자리로 된 숫자에 각각 두 명의 인물을 연결한다. 이때

- 맨 앞 숫자 두 개는 첫 번째 인물(주인공)을 나타낸다.
- 뒷자리 숫자 두 개는 주인공의 행동에 책임을 지는 두 번째 인물을 나타낸다.

그렇다면 어떻게 숫자 쌍을 특정 인물에 연결할 수 있을까? 간단하다. 도미닉 시스템 전용 문자 변환표를 사용하면 된다(이 표는 앞서 나

1	2	3	4	5	6	7	8	9	0
A	B	C	D	E	S	G	H	N	O

왔던 음운 변환표와는 다르다). 각 숫자 쌍을 알파벳 두 글자로 변환한 후, 그 이니셜에 해당하는 유명 인사를 떠올리면 된다. 특정 이니셜에 대응하는 유명 인물을 떠올리는 것이 어렵다면 도미닉 시스템 전용으로 설계된 무료 사이트를 활용하면 된다. 이러한 사이트에 숫자를 입력하면 자동으로 알맞은 인물을 추천해 준다.

등장인물 두 명을 선택했으면, 첫 번째 인물이 두 번째 인물의 대표적인 행동을 하는 모습을 머릿속에 그려보자. 이질적인 인물을 고르면 강렬한 대비 효과 때문에 기억에 오래 남을 것이다.

그럼 이제 다시 아까의 예로 돌아가 보자. 위 표에서 2777은 이니셜 B.G.와 G.G.에 해당한다. 언뜻 빌 게이츠Bill Gates와 백발의 간달프Gandalf the Gray정도의 인물이 떠오른다. 이제 간달프의 대표적인 행동을 생각해 보자. 예컨대 〈반지의 제왕〉 1편에서 발록을 향해 "너는 지나갈 수 없을 것이다!"라고 외친 장면을 생각하면서, 그 행동을 빌 게이츠가 한다고 생각하면, 그 장면이 잊히지 않을 것이다. 그럼 이제 6822을 외워보자. 6822는 S,H와 B,B이니 셜록 홈즈와 벅스 버니Bugs Bunny가 떠오른다. 벅스 버니의 대표 동작은 무엇인가? 물어보나 마나 당근을 먹는 것이다. 이렇게 하면 첫 번째 장면이 완성된다.

이어서 6822는 이니셜 S.H.와 B.B.에 해당한다. 이를 각각 셜록 홈즈와 벅스 버니로 연결할 수 있다. 벅스 버니의 대표 행동은 당연히 당근을 씹는 것이다. 이제 셜록 홈즈가 당근을 오물거리며 말하는

장면을 상상해 보자. "흠… 이번엔 무슨 일이야, 친구?" 이 진지하고
도 품격 있는 방식으로 이번 문단의 예시를 마무리하겠다.

메타기억술

이때에도, 앞에 있는 문자-숫자 대응표를 손쉽게 기억할 수 있는
메타기억술이 있다.

    1~5. A부터 E까지의 다섯 글자는 알파벳 순서상 처음 다섯 글

저자가 소개한 도미닉 시스템을 한국어에 대응하면 다음과 같은 표로 만들 수 있다.

1	2	3	4	5	6	7	8	9	0
ㄱ	ㄴ	ㄷ	ㄹ	ㅁ	ㅂ	ㅅ	ㅈ	ㅇ	ㅎ

이 표를 사용해 원주율 소수점 아래 10자리인 151415926535를 맨 앞 숫자 두 개는
첫 번째 인물을, 뒷자리 숫자 두 개는 두 번째 인물의 행동을 가리키면 다음과 같은
표로 만들 수 있다.

숫자	자음	인물	행동
14	ㄱㄹ	공룡(둘리)	"호이!" 하며 마법을 부린다
15	ㄱㅁ	거미(스파이더맨)	손목에서 거미줄을 쏜다
92	ㅇㄴ	연아(김연아)	은반 위에서 우아하게 스케이트를 탄다
65	ㅂㅁ	박명수	"야야야!" 하고 호통을 친다
35	ㄷㅁ	도라에몽	주머니에서 도구를 꺼낸다

즉, 공룡이 스파이더맨처럼 거미줄을 쏘고(14, 15), 연아는 박명수처럼 호통을 치고
(92, 65), 도라에몽은 도구를 꺼내는(35) 우스꽝스러운 이미지를 연상해 외울 수 있다.

자이다.

6. S는 six의 머리글자이다.

7. G는 알파벳에서 일곱 번째 글자이며, 필기체로 쓸 때 중간에 가로선이 들어가는 모양은 숫자 7과 닮았다.

8. 영어로 H를 발음하면 /eɪtʃ/인데, 이는 숫자 8의 영어 발음인 /eɪt/와 유사하게 들린다.

9. N은 nine의 머리글자다.

10. O는 숫자 0과 형태가 닮았다.

순서를 외울 때 필요한 걸이못 기억법

지금까지 살펴본 두 가지 방법은 긴 수열을 원하는 만큼 기억하는 데 유용하다. 하지만 공부하다 보면, 단순한 숫자가 아니라 순서대로 정리된 목록과 목록을 구성하는 요소 간의 조합 및 목록 내 순서와 같은 까다로운 데이터를 다뤄야 하는 때가 있다. 예를 들어 n번이라고 하면, 해당 목록에서 n번째에 명시된 요소가 무엇인지 알아야 한다. 반대로 목록에 명시된 요소를 들으면, 그것이 몇 번째에 명시된 것인지도 알아야 한다.

예컨대, 원소 주기율표 중에서 74번째 원소는 무엇이냐는 질문을 받는다고 상상해 보자. 주기율표 전체를 통째로 외우고 있더라도, '텅스텐'이라는 답이 바로 나오라는 법은 없다. 이때를 위해 등장한 기법이 바로 걸이못 기억법peg system이다.

이 방법은 전설적인 미국의 마술사 해리 로레인Harry Lorayne이 고안한 것이다. 해리 로레인은 〈타임〉²이 '기억 훈련계의 요다'라고 부른 인물이기도 하다. 걸이못 기억법은 다음 두 리스트의 조합을 전제로 한다.

- 항목 리스트. 즉, 우리가 순서를 기억하고자 하는 대상들. (예: 원소 주기율표)
- 걸이못 리스트. 즉, 각 숫자에 고정적으로 대응하는 이미지들의 집합. 이때 '정통 음운 변환표phonetic conversion table'를 활용해도 되지만, 그보다 단순하게는 숫자와 단어의 음운 유사성을 기반으로 외워도 된다. 예를 들면 다음 표와 같은 식이다.

숫자	이탈리아어로 유사한 음운	영어로 유사한 음운		
1	Uno(우노)	Bruno[남자 이름(브루노)]	*One /wʌn/*	*Sun /sʌn/*
2	Due(두에)	Bue[소, (부에)]	*Two /tuː/*	*Due /djuː/*
3	Tre(트레)	Tè[차, (테)]	*Three /θɹːr/*	*Tree /tɹiː/*
4	Quattro(콰트로)	Gatto[고양이, (가토)]	*Four /fɔː/*	*Floor /flɔː/*
5	Cinque(친퀘)	Lingue[혀들(링궤)]	*Five /faɪv/*	*Hive /haɪv/*
6	Sei(쎄이)	Dei[신들, (데이)]	*Six /sɪks/*	*Stick /stɪk/*
7	Sette(세테)	Fette[조각들, (페테)]	*Seven /ˈsɛvən/*	*Heaven /ˈhɛvən/*
8	Otto(오토)	Motto[좌우명, (모토)]	*Eight /eɪt/*	*Fate /feɪt/*
9	Nove(노베)	Giove[목성, (지오베)]	*Nine /naɪn/*	*Pine /paɪn/*

10	Dieci(디에치)	Feci[배설물, (페치)]	*Ten /tɛn/*	*Hen /hɛn/*
11	Undici(운디치)	Giudici[판사들, (주디치)]		
12	Dodici(도디치)	Codici[암호들, (코디치)]		
13	Tredici(트레디치)	Orefici[금세공인들, (오레피치)]		
14	Quattrodici (콰토르디치)	Nordici[북유럽인들, (노르디치)]		
...				

이제 두 리스트가 준비되었으면, 이들을 나란히 훑으며 연상 장면을 만들어야 한다. n번째 '항목'에 해당하는 n번째 걸이(걸이못) 이미지를 확인하고, 이 두 요소를 연결하는 특이한 장면을 상상하는 것이다. 모든 쌍을 훑고 나면, '내가 그 항목을 떠올릴 때 어떤 장면을 상상했더라?'라고 생각하기만 해도 그것이 몇 번째 항목이었지 쉽게 떠오를 것이다. 예를 들면 이런 식이다.

텅스텐(항목)의 원자 번호가 74라는 사실을 외우려 한다고 하자. 숫자 74는 음운 변환 기법에 따르면 K와 R에 해당하며, 이 두 알파벳의 발음이 들어간 단어로는 'acquario 수족관-아쿠아리오'(=걸이못)이 있다.

이제 텅스텐과 수족관을 연결할 만한 이미지를 상상해 보자. 어떤 식으로 텅스텐을 수족관에 활용할 수 있을까? 수족관에 텅스텐 전구를 설치하는 것이다. 드디어 기억해야 할 장면이 완성되었다. 텅스텐 전구 빛을 받으며 귀여운 물고기 한 마리가 수족관에서 헤엄치는 장면이다. 이제 누군가 "텅스텐의 원자번호는 몇 번이지?"라고 물으면 "텅스텐으로 무엇을 만들었지?"라고 생각하면 된다. 우리는 텅스텐으로 수족관 조명을 만들었고, 그것이 바로 우리의 걸이못이다! 이제 반대로 'acquario'의 C와 R을 7과 4로 변환해 보자. 그러면 마치 데우스 엑스 마키나처럼 74라는 순서가 떠오를 것이다. 이런 식으로 주기율표 전체를 외울 수 있다. 꽤 괜찮은 방법 아닌가?

◉ 저자가 소개한 걸이못 기억법을 한국어에 대응하면 다음과 같은 표를 만들 수 있다.

숫자	대응 글자	확정된 걸이못(물건)	근거
1	가	가위	가나다 첫 번째
2	나	나비	가나다 두 번째
3	다	다리(교량)	가나다 세 번째
4	라	라면	가나다 네 번째
5	마	마차	가나다 다섯 번째
6	육	육군(군인)	'육'의 머리글자
7	칠	칠판	'칠'의 머리글자
8	팔	팔찌	'팔'의 머리글자
9	구	구두	'구'의 머리글자
0	영	영구(심형래)	'영'의 머리글자

이 각각의 걸이못을 숫자 두 개씩 끊어서, 앞 숫자는 '못', 뒤 숫자는 '걸어둘 물건'으로 생각한다. 이제 여기에 원주율 소수점 10자리를 연결하면 다음과 같이 연상할 수 있다.

커다란 가위로 라면을 싹둑 잘랐더니(14) 그 잘린 라면 가닥들이 갑자기 가위를 꽁꽁 묶고 마차로 변해버렸다(15). 달리는 마차가 밟고 지나간 자리에서 구두가 튀어나오고, 그 구두 안에서 나비가 날아올랐다(92). 날아가던 나비가 육군(군인)코끝에 앉았는데, 그 군인이 깜짝 놀라 탱크 대신 마차를 타고 도망갔다(65). 도망가던 마차가 삐걱거리는 다리를 건너가는데, 그 다리 밑에도 마차들이 가득 쌓여 있다(35).

숫자의 규칙성을 발견하는 법

이번 장에서 소개한 기억술 기법들은 놀라울 정도로 효과가 뛰어나다. 이러한 기법들을 사용해서 이뤄낸 숱한 기억력 세계 기록들이 그 위력을 증명한다. 하지만 실제 학창 시절, 이 정도로 복잡하고 부담스러운 알고리즘을 적용해야 할 정도로 긴 수열을 암기해야 할 때는 드물다. 아이러니하게도, 이런 기법을 사용해야 할 때는 오히려 법학에서 자주 발생한다. 법률 공부를 할 때는 수많은(그리고 흥미로운) 조문, 법률, 판례에 법률이 공포된 일자까지 기억해야 하므로 숫자를 암기해야 할 때가 비교적 많은 편이다. 이런 때를 제외하면 보통 우리가 기억해야 할 숫자의 양은 일반적인 기억 수준을 넘지 않는다. 이 말은 곧, 특별한 기억술의 도움 없이도 충분히 감당할 수 있는 수준이라는 말이다. 사실(나를 포함한) 어떤 학생들은 어느 정도까지는 숫자를 별 어려움 없이 기억할 수 있다. 비결은 바로 규칙성의 발견이다.

1장의 기억의 관계적 패러다임에서 살펴보았듯, 기억에서는 관계가 중요하기에, 단순한 숫자 나열보다, 규칙이나 패턴을 기억하는 것이 뇌에 부담이 적다.

예컨대, 1357이라는 연도를 외워야 할 때, 각 숫자가 앞자리보다 2씩 증가한다는 사실을 찾으면, 기억하기 쉬워진다. 이러한 수열의 규칙성은 대게 산술적인 것이다. 하지만 모든 숫자에서 이런 산술적 규칙을 발견할 수는 없다. 때에 따라 엉뚱한 규칙성이 숨어 있을 수 있다. "악마는 디테일에 있다The devil is in the details"라는 말처럼 우리의 창의력이 필요한 것이 바로 이 지점이다.

이번 장에서도 어김없이 고백의 시간이 돌아왔다. 당신에게 학창 시절 내가 직접 고안하고 유용하게 활용한 숫자의 규칙성을 찾는 세 가지 방법을 소개하겠다.

첫 번째 방법: 컴퓨터나 현금인출기ATM의 숫자 키패드를 떠올려보자. 빠르게 디지털화되어 가고 있는 현대 사회에 사는 당신이라면, 아마도 눈을 감고도 키패드를 누를 수 있을 것이다. 이 방법의 핵심은 숫자를 일련의 수열로 기억하지 않고, 이를 키패드로 입력하려고 손가락이 취하는 동작으로 기억하는 데 있다. 이렇게 하면 기억의 부담을 선언적 기억declarative memory에서, 전혀 다른 뇌 영역에 자리한 절차 기억procedural memory으로 넘길 수 있다(1장 참조). 예를 들어, 1831이라는 연도는 키패드에서 삼각형을 그리는 손의 움직임에 해당한다. 멋지지 않은가?

두 번째 방법은 첫 번째보다는 덜 기발하지만, 효과는 강력하다. 뇌로 하여금 강제로 시각적으로 상상하게 하는 것이다. 이를테면, 1975라는 연도를 기억해야 한다면, 20세기 전체의 흐름을 머릿속에 하나의 시간 선으로 떠올리고, 그 위에서 정확히 4분의 3지점에 해당하는 지점에 위치를 표시한다. 머릿속에서 시간 선을 시각화하는 데 그치지 않고, 시간 선을 종이에 실제로 그려보는 것도 좋다. 이렇게 하면 숫자의 자릿값을 헷갈려서 실수하는 일을 방지할 수 있다. 어떤 연도를 기억할 때, 마지막 자리 숫자는 기억나는데, 몇십 년도였는지, 아니면 몇백 년도였는지는 기억나지 않을 때가 얼마나 많은가. 시간이 흐르며 더 많은 날짜를 같은 선상에 추가하다 보면, 여러 사건 간의 시점 비교도 가능해지고, 흥미로운 우연과 연대적 연결성도 발견하게 된다.

마지막으로 내가 가장 자주, 그리고 즐겨 활용하는 방법은, 지극히 사적인 열정을 활용하는 것이다. 나는 비행기에 대한 열정을 활용했다. 나는 네 살 때부터 비행 시뮬레이터를 조종했던 할 정도였으므로, 항공기 기종들은 오래된 친구들의 이름과도 같다. 운 좋게도 항공기 모델은 대부분 두 자리 또는 세 자리 숫자로 구성되어 있다. 덕분에 나는 항공기나 항공 엔진 모델 번호를 기반으로 0부터 1,000 사이의 거의 모든 숫자를 연상해낼 수 있다. 따라서 특정한 연도를 외워야 할 때면 그에 해당하는 항공기를 떠올린다. 이때 천 단위는 보통 문맥상 명확하므로 생략할 수 있다. 필요하면 상상으로 해당 숫자에 맞는 모델을 만들어낼 수도 있다! 항공기 명명 체계에서, 세 번째 숫자(이를 '시리즈'라고 부른다)는 대개 동체 길이를 나타낸다. 예를 들어, 에어버스 A340 기종 중 가장 긴 모델은 A340-600(346)인데, 이는 A340-500(345)보다 동체가 길다. 나는 이러한 사실에 착안해서 흑사병이 발발한 연도인 1347을 기억할 때, 가상의 기종인 A340-700(실제로 존재하지는 않는다)을 떠올리곤 한다. A340-600보다도 더 긴 동체를 가진 이 비행기가 감염된 설치류들을 잔뜩 실은 채 지중해 연안을 향해 몽골 초원에서 이륙하는 것이다. 말도 안 된다고? 맞는 말이다. 하지만 우디 앨런Woody Allen의 영화 제목처럼, 효과만 있다면야whatever works.

17

실전

연관 없는 짧은 목록을
외우는 법

공부하다 보면 논리적 연관성이 전혀 없이 나열된 목록을 외워야 할 때가 자주 있다. 이럴 때는 최대한 빨리 각 항목의 첫 글자를 활용하여 인위적인 관계를 새롭게 만들어내야 한다. 이때 활용할 수 있는 기억술에는 두 가지가 있다.

- 약어: 운이 좋으면, 항목들의 첫 글자를 조합하거나 약간만 변형하면 발음 가능한 단어가 만들어질 수도 있다. 물론, 의미가 있는지는 전혀 다른 문제지만….
- 키워드-문장: 약어라는 행운이 따르지 않는 모든 경우에 활용할 수 있는 방법.

이제 일상에서 자주 사용되는 이 두 가지 기법을 최대한 효과적으로 사용하기 위한 실전 팁을 살펴보자.

우선 운 좋게 약어를 활용할 수 있는 경우부터 시작해 보자. 먼저 알아둘 것은, 앞글자 한 자만으로 기억의 단서가 될 만한 단어를 만들 수 없다면(6장 참조) 각 항목에서 한 자 이상의 글자를 따와도 된다는 점이다. 유명한 예를 하나 들면, 독일어를 배워본 독자라면, 누구나 테카몰로tekamolo를 기억하고 있을 것이다. 테카몰로는 독일어 문장을 구성하는 보어의 순서 즉, 시간tempo, 원인causa, 방식modo, 장소luogo를 외우는 데 쓰인다.* 상황에 따라, 각 항목에서 선택하는 글자 수는 다를 수도 있으며, 약어에서 연상할 수 있는 원래 단어를 자연스럽게 유추할 정도만 되다면, 어느 정도의 변형이나, 왜곡은 허용된다. 또 하나 강조하고 싶은 점은, 약어가 꼭 의미 있는 단어일 필요는 없다는 것이다. 발음이 가능하고, 듣기 좋고, 어감이 좋으면 충분하다. 심지어 나는 어떤 때는 의미 없는nonsense 키워드가 낫다고 생각한다. 추상적인 단어를 사용하면, 암호화된 정보를 인출하려고 공부하던 주제의 의미 영역을 벗어나지 않아도 되기 때문에, 의미가 있는 약어를 쓸 때보다 인출 과정이 훨씬 더 간단하고, 효율적이다.

---

* 실제로 한국에서도 독일어를 가르칠 때 시간-원리-방법-장소의 약어 '시원방장'이라는 표현을 사용한다고 한다.

이번에는 나만의 약어 기법 실전 사례를 들려주겠다. 고등학교 시절, 나는 독학으로 신경과학을 공부했는데, 그때 신경과학 분야에서 매우 중요한 뇌 신경 유형 12개가 도무지 잘 외워지지 않았다.

후각신경olfattivo, 시신경ottico, 눈돌림신경oculomotore, 도르래신경trocleare, 삼차신경trigemino, 외전신경abducente, 안면신경faciale, 전정와우신경vestibolococleare, 설인신경glossofaringeo, 미주신경vago, 더부신경accessorio, 혀밑신경ipoglosso.

그러던 어느 날, 놀라운 사실을 발견했다. 맨 앞의 두 신경(후각, 시신경)은 기본적인 신경이라 예외로 하고, 나머지 신경 이름 10개의 그 첫 글자들을 순서대로 조합하면 매우 매혹적인 발음의 단어가 만들어진다는 사실을 깨달은 것이다. 단, 이때 자음 'V'를 라틴어 고전 발음법에 따라 'U'처럼 발음하도록 한다.

그 결과는 만들어진 단어가 바로 오타푸구아이ottafuguai다. 이 얼마나 아름다운 단어인가. 발음이 어찌나 멋들어지는지, 한 번 들으면 절대로 잊을 수 없을 것이다. 뇌 신경 이름 중 하나가 도통 기억나지 않을 때, '오타푸구아이!'를 떠올리면 그 즉시 정답이 생각날 것이다. 이 방법은 너무나도 간편하고, 짜릿하고, 보편적이고 '교향악적인' 순수함이 느껴지는 기법이다.

키워드로 문장을 만들어라

하지만 불행히도 목록을 구성하는 항목의 첫 글자들을 조합해도 발음이 가능한 단어를 만들 수 없을 때가 더 많은 편이다. 이런 때를 위한 기막힌 해결책이 있으니, 그것은 바로 목록을 키워드들로 구성된 문장이나 짧은 이야기로 바꾸는 것이다. 이때 등장인물, 행위, 사물 등 이야기 속 핵심 요소들의 첫 글자나 음절이, 목록을 구성하는 항목들의 첫 글자나 첫 음절과 똑같은 것이 좋다.

상상력을 더 발휘해서, 항목의 끝 글자들을 활용하는 것도 가능하다. 이를 잘 보여주는 유명한 화학계 기억술 예시가 바로 "il moroso è partito, l'amico è tornato(연인은 떠났고, 친구는 돌아왔다)"라는 문장이다. 이 표현은 전통 화학 명명법에서 산에 해당하는 -oso가 -ito로, -ico가 -ato로 바뀌는 음이온anioni의 어미 변화를 기억할 때 사용할 수 있다.

이쯤에서 이런 의문이 떠오를 수 있다. '문장을 구성하는 단어의 수가 목록의 길이와 똑같으면 대체 무슨 이점이 있을까?' 이에 대한 답은 간단하다. 완결된 문장은 단순히 항목들을 나열한 sic est 목록과는 달리 이를 구성하는 단어들 사이에 논리적이고 문법적인 연결 관계를 내포하고 있다. 그러므로 이야기가 시각적이거나 감정적일수록 기억술 효과는 강력해질 것이다.

● 저자가 소개한 이탈리아어 암기 문장처럼, 한국어에서도 발음의 유사성을 이용해 뇌에 각인시키는 학습법을 적용할 수 있다. 예를 들어 영어의 비교급(-er)과 최상급(-est)을 외울 때 "더(er) 빠른 배(est)를 타라"는 문장을 활용해 보자. '더'라는 발음에서 자연스럽게 비교급인 'er'을 연상하고, '최고best'의 의미를 담은 '배(est)'를 통해 최상급 'est'를 연결하는 방식이다.

놀라지 마시라. '이야기화'하기에 제일 안성맞춤인 목록은 다름 아닌 원소 주기율표다. 이번에도 화학이냐고? 그렇다. 이쯤에서 미래의 과학도들에게 드리고 싶은 간곡한 조언이 있는데, 그것은 바로 주기율표는 몇 시간 정도 투자해서 통째로 외울 가치가 있다는 것이다. 물론, 이 과정은 참을 수 없이 지루하겠지만.

하지만 이럴 때야말로 나를 포함한 '선배 카드'를 쓸 수 있다. 우리는 원소 주기율표 정도는 빠르고 즐겁게 외울 수 있게 놀랍도록 정교하고 기발한 기억술을 고안해냈으니까. 그중에서 가장 널리 이용되는 기법이 바로 주기율표의 그룹이나 주기를 구성하는 원소들의 기호의 첫 글자들을 이용해 만든 간결한 문장들로 구성된 짧은 이야기를 만드는 방법이다.

이 이야기들은 세대를 넘어 전해져 내려오는 학생들의 비밀 무기로, '기억하기 좋은' 모든 특성의 집합체라 할 수 있다. 다만, 이 이야기들은 점잖은 자리에 어울리지 않는 때가 많다. 굳이 설명하지 않아도 무슨 이야기인지 눈치챘을 것이다…. 그러므로 내가 주기율표를 외울 때 실제로 만든 문장을 당신과 공유하지 못해도 이해해 주길 바란다. 대신 원래 이야기보다는 다소 재미가 덜할 수는 있지만, 나이에 상관없이 무난하게 사용할 수 있는 효율적인 예시들을 소개하겠다.

실전을 위한 예시들

천문학	
My very educated mother just served us nine pizzas	태양계 행성의 순서를 태양에서 먼 순으로 외우기 위한 문장: Mercury(수성), Venus(금성), Earth(지구), Mars(화성), Jupiter(목성), Saturn(토성), Uranus(천왕성), Neptune(해왕성), Pluto(명왕성) (참고로 명왕성은 현재 왜행성으로 분류된다.)
생물학	
Kings play cards on fairly good soft velvet	린네식 분류 체계의 순서를 기억하기 위한 문장: 각각은 다음과 같은 분류 단계를 의미한다: Kingdom(계), Phylum(문), Class(강), Order(목), Family(과), Genus(속), Species(종), Variety(변종)
화학	
Purga	핵산을 구성하는 Purine(퓨린계) 염기 중에는 Guanine(구아닌)과 Adenine(아데닌)이 있다. Cytosine(시토신), Uracil(유라실), Guanine(구아닌)은 Pyrimidine(피리미딘계) 염기이다.
Pvt (= private) TimHall	필수 아미노산을 외우기 위한 문장: Phenylalanine(페닐알라닌), Valine(발린), Threonine(트레오닌), Tryptophan(트립토판), Isoleucine(아이소류신), Methionine(메티오닌), Histidine(히스티딘), Arginine(아르기닌), Leucine(류신), Lysine(라이신)
Sabato pane, domenica focaccia(토요일은 빵, 일요일은 포카차)	오비탈orbital*의 종류를 궤도 양자 수 증가 순으로 기억하기 위한 문장: S, P, D, F는 오비탈의 순서다.

---

* 원자 내 전자의 위치와 파동과 같은 행동을 설명하는 함수.

	물리학
Richard of York gave battle in vain	무지개 색을 기억하기 위한 문장: Red(빨강), Orange(주황), Yellow(노랑), Green(초록), Blue(파랑), Indigo(남색), Violet(보라)
	지리
Homes	북미 오대호를 외우기 위한 단어: Huron(휴런), Ontario(온타리오), Michigan(미시간), Erie(이리), Superior(슈피리어)
Piacque	로마의 일곱 언덕을 외우기 위한 단어: Palatino(팔라티노), Gianicolo(야니콜로), Aventino(아벤티노), Celio(셀리오), Quirinale(퀴리날레), Viminale(비미날레), Esquilino(에스퀼리노). 여기서 V는 라틴어 복원 발음으로 U처럼 읽는다.
	삼각법
Soh-cah-toa	삼각법의 기본 정의를 요약한 문장: Sine(사인)은 Hypotenuse(빗변)에 대한 Opposite(대변)의 비율이다. Cosine(코사인)은 Hypotenuse(빗변)에 대한 Adjacent(인접변)의 비율이다. Tangent(탄젠트)는 Adjacent(인접변)에 대한 Opposite(대변)의 비율이다.
	의학
Facts	독감의 주요 증상을 외우기 위한 단어: Fever(열), Aches(기침), Chills(오한), Tiredness(피로), Sudden onset(갑작스러운 발병)
Never let monkeys eat bananas	백혈구의 종류를 혈액 내 존재 비율이 높은 순서대로 기억하기 위한 문장: Neutrophils(호중구), Lymphocytes(림프구), Monocytes(단핵구), Eosinophils(호산구), Basophils(호염기구).

	손목뼈를 기억하기 위한 문장:
<u>S</u>e <u>s</u>ei <u>P</u>eter <u>P</u>an, <u>t</u>rova <u>t</u>u <u>C</u>apitan <u>U</u>ncino! (네가 피터 팬이라면 후크 선장을 찾아라!)	근위열proximal row: <u>S</u>caphoid(주상골), <u>S</u>emilunate(반달골), <u>T</u>riquetrum(삼각골), <u>P</u>isiform(두상골) 원위열distal row: <u>T</u>rapezium(대능형골), <u>T</u>rapezoid(소능형골), <u>C</u>apitate(유두골), <u>H</u>amate(유구골).
음악	
<u>E</u>very <u>g</u>ood <u>b</u>oy <u>d</u>oes <u>f</u>ine <u>Face</u>	음표들을 외우기 위한 문장: 오선지 선에 있는 음표들은 <u>E</u>(미), <u>G</u>(솔), <u>B</u>(시), <u>D</u>(레), <u>F</u>(파) 오선지의 칸에 있는 음표들은 <u>F</u>(파), <u>A</u>(라), <u>C</u>(도), <u>E</u>(미)

18

실전

책 한 권을
통째로 외우는 법

학생 식당에서 동기들과 잡담을 나누거나, 학습용 웹사이트를 서핑하다 보면, 전설처럼 내려오는 초기억supermemory 기법들에 대해 들어본 적이 있을 것이다. 이러한 기법들은 인간의 초라하기 이를 데 없는 금붕어 수준의 기억력을 놀라운 코끼리의 수준의 포토그래픽 메모리photographic memory로 만들어준다고 알려져 있다.

하지만 언제나 그렇듯 무한한 잠재력을 내세우는 '비밀스러운' 기법들 대부분은 사실 그리 새롭지 않은, 오래된 방법이다. 그것은 결국 수 세기 동안 문자 인쇄 기술 없이도 사람들이 서사시나 책 전체를 암기할 수 있는 능력을 갖추려고 고대 그리스 시대부터 사용한 고전적인 기억술인 '장소법'이다. 장소법은 키케로의 방법, 기억의 궁전, 기억의 도시, 로마 방 기법, 여행 방법, 기억의 기술 등 시대를 거치며 다양한 이름으로 불려왔다.

여기서 먼저 짚고 넘어가야 할 점이 있다. 이 초기억 기법의 잠재력에 대한 극찬 가운데에는 어느 정도 사실도 섞여 있지만, 마케팅적인 과장도 많다. 이 기법이 실제로 어디까지 적용될 수 있는지는 결코 단순한 문제가 아니다. 그러니 조급해하지 말고 차근차근 살펴보자. 우선은 가장 고전적인 장소법의 원형으로 기법의 작동 원리를 살핀 후에, 다양하게 변주된 방식들도 소개해 보겠다.

고전적 장소법의 4단계

1단계

먼저 세부적인 것까지 기억할 수 있는 매우 익숙한 장소를 하나 정한다. 대표적인 예로 과거 또는 현재 거주 중인 집이나 자주 다니는 거리, 자신이 살고 있는 도시가 있다. 여기서 중요한 것은 지리적 특징이 아니다. 그보다는 머릿속으로 그 공간의 랜드마크landmark적인 요소들을 떠올리며 자유롭게 탐색할 수 있을 정도로 명확하게 기억하는 장소여야 한다는 점이다. 쿠션, 침대, 의자, 책상, 선반과 같은 가구나, 시청, 병원, 슈퍼마켓, 은행, 법원 같은 건물 혹은 도로 표지판, 깨진 자갈, 어릴 적 놀던 담장, 덤불처럼 소소한 대상도 랜드마크가 될 수 있다. 예컨대 내 경우에는 피사를 선택할 수 있을 것이다.

2단계

이제 그 장소를 산책하고 있다고 상상해 보자. 산책 경로를 따라

가면서, 랜드마크를 발견할 때마다 멈춰서 관찰해 보자. 우리가 멈춰서는 지점들은 순차적으로 배열된 특별한 장소들의 연속이 되는데, 현자 키케로는 이를 라틴어로 로키loci라 불렀다. 이때 학습해야 할 학문의 규모에 맞게 산책 경로의 길이를 적절히 조정해야 한다. 기억해야 할 분량이 많을수록, 그에 걸맞은 수의 로키, 즉 장소를 마음속에 준비해 두어야 한다. 학습해야 할 범위가 방대할 때, 여러 공간에 다양한 산책 경로를 설정해 상호 연결하고, 바로 사용할 수 있는 로키를 수백 개 마련할 수도 있다. 심지어 마음속으로 '산책'을 할 때 일부 구간을, 혹은 전 구간을 교통수단을 이용해 이동할 수도 있다.

나에게 가장 익숙한 경로 중 하나는 피사에서 부모님 집으로 가는 길이다. 그 길은 총 네 개의 구간으로 이루어져 있는데, 나는 그 경로를 따라 먼저 산탄나의 파에도 기숙사에서 피사 중앙역까지 걸어가는 경로를 마음속으로 따라가며, 기억나는 길가의 모든 건물을 장소로 설정했다. 그다음에는 피사에서 피렌체까지 가는 기차를 타고, 기차 창밖으로 보이는 독특한 풍경들을 새로운 로키로 설정했다. 피렌체 산타 마리아 노벨라 역에 도착하면, 역을 지나면서 마주치는 건축들을 다시 장소로 설정했다. 그 뒤에는 볼로냐행 기차에 올라 같은 방식으로 로키를 배치했다. 이 과정을 집에 도착할 때까지 반복하는 것이다.

당신이라면 이 이야기의 핵심을 이해했을 것이다. 먼저 세부적인 사항을 머릿속으로 떠올릴 수 있는 경로에서 출발해서, 경로에서 눈에 띄는 모든 요소를 골라내, 이를 로키, 즉 장소로 설정해야 한다. 그 결과는 일종의 아리아드네Ariadne의 실타래*가 될 수도 있고, 아니면 엄지 동자가 흘린 조약돌**이 될 수도 있다. 부디 이 먹물 냄새를 풍기는 비유를 너그러이 이해해 주기를 바란다. 요컨대, 우리는 세밀하게 기억하고 있는 공간 속에서 고정된 순서로 배열된 일련의 지점을 따라가며, 마음속으로 그 지점들을 하나하나 분명하게 떠올릴 수 있는 경로를 선택해야 한다.

3단계

이제 비로소 본격적인 학습 단계가 시작된다. 암기하려는 목록을 꺼내어, 모든 항목에 시각화 기법(15장 참조)을 적용해 보자. 즉, 해당 항목을 떠올릴 수 있게 강렬한 단서(16장 참조) 역할을 할 수 있는 '대상'이나 '실마리'를 만들어내야 한다.

그다음부터는 간단하다. 처음에 생각한 상상 속 산책 경로를 마음속으로 다시 따라가면서, 대상을 해당 장소에 '배치'하는 것이다. 목록의 첫 번째 항목은 첫 번째 장소에, 두 번째 항목은 두 번째 장소에 배치하는 식으로 말이다.

이 방법을 확장하면 목록뿐 아니라 텍스트 전체를 암기할 수 있다. 암기할 텍스트를 읽으면서, 핵심 단어가 나올 때마다 그것을 떠올릴 수 있는 시각적 단서를 구상하고, 산책 경로 다음에 나오는 빈 장소에

---

* 그리스 신화에서 아리아드네 공주가 미궁에 갇힌 테세우스가 빠져나올 수 있도록 건네준 실타래를 말한다.
** 가난한 부부가 일곱 아들을 부양하지 못해 숲에 버리고 나올 때, 막내아들인 엄지동자가 미리 흘린 조약돌을 따라 집으로 돌아왔다는 서양의 이야기다.

그 단서를 배치하면 된다. 때로는 단서를 완전히 새로운 대상에 배치하는 대신에, 기존 랜드마크에 거시적인 변화를 주는 식으로 배치할 수도 있다. 시청 건물 외벽에 거대한 벽화를 그리거나 도심 광장의 중앙 분수대 모양을 바꾸는 식으로 말이다.

다시 내 이야기로 돌아가서, 피사에서 친가까지의 여정을 내분비학을 공부하기 위한 기억 경로로 활용하는 과정을 소개하겠다. 나는 우선 피사역까지 가는 경로의 장소들을 모두 단서들로 채우고, 기차에 올라탄다. 역에서 출발한 다음에 나오는 장소는 피사를 둘러싼 아름다운 산들을 배경으로 펼쳐지는 토스카나 평야다.

평야가 펼쳐짐과 동시에 내분비학 교재 중에서, 쿠싱 증후군cushing's syndrome의 증상 중 하나인 들소혹 변형 혹은 달덩이 얼굴facies lunare을 다루는 부분에 도착했다. 이 특이한 임상 징후를 떠올리게 해줄 대상을 들판에 배치해야 하는데, 무엇이 좋을까? 목에 반달 모양의 펜던트를 단 거대한 들소는 어떨까? 완벽하다. 들소를 평야 중앙에 놓고, 그 뒤로 거친 갈색 산맥이 배경으로 펼쳐진 그림엽서 같은 장면을 그려본다. 도시를 완전히 벗어날 즈음, 차창 밖으로 커다란 로터리가 나타난다. 마침 내분비학 교재에서 쿠싱 증후군의 또 다른 증상으로 옆구리와 복부에 나타나는 붉고 자주색 줄무늬인 적자색 선striae rubrae에 대한 설명이 나온다. 이번엔 어떤 대상을 상상하면 좋을까? 피사의 공식 색이기도 한 붉은색과 흰색 줄무늬 깃발이 로터리 한가운데에 우뚝 솟아 있는 장면을 상상해 보자. 그림엽서 한 장을 더한다. 나는 그 위풍당당한 깃발을 마음속 여정에 추가한다.

나는 이런 식으로 내분비학 교재를 읽어내려 가면서, 이와 관련된 시각적 단서들을 떠올리고, 각 장소의 지리적 특징에 맞게 단서를 조정하면서 기억 경로상에 있는 장소에 그것들을 하나씩 배치해 나간다.

4단계

이렇게 상상 속 세계에서 산책 경로를 걸어보았다. 이 경로가 바로 광범위한 의미의 '기억의 궁전'이다. 기억의 궁전은 집에서 가구 사이를 오가는 동선이 될 수도 있고, 기차 여행 중 보이는 풍경이 될 수도 있고, 동네 산책길이나 머릿속에서 완벽하게 건축한 도시가 될 수도 있다. 일단 경로에 특정한 목록이나 텍스트를 부호화해 두었다면, 그것을 다시 떠올려야 할 때마다 머릿속으로 산책길을 걸으면서, 장소마다 멈춰서 그곳에 숨겨 둔 단서나 실마리를 통해 기억하려 했던 개념을 다시 떠올리는 것이다. 복습할 때도 마찬가지다.

기억의 궁전을 갖는다는 것은 아파트를 임대하는 것과 같아서, 주기적으로 '임대료'를 지불해야 한다. 여기서 임대료는 돈이 아니라 기억을 유지하기 위한 시간과 인지 자원이다. 임대료를 안 내면 어떻게 되느냐고? 강제 퇴거당하는 수밖에.

단서-실마리의 특징

당신도 눈치챘겠지만, 장소법은 결국 '지리적' 요소를 추가한 강화된 시각화 기법(15장 참조)이다. 장소법은 살면서 경험으로 자연스럽게 익숙해진 특정한 장소에 대한 견고한 기억을 배경으로 순서대로 단서 및 실마리를 따라가는 것이다. 각 장소의 순서를 정확하게 기억해야 할 때면, 일정한 간격마다 장소의 번호를 상기시켜주는 단서 및 실마리를 추가하는 것이 좋다. 책에 책갈피를 끼우듯이 말이다. 예를 들어, 열 번째 장소마다 표시를 남기면, 126번째 장소에 무엇이 있는 지 답해야 할 때, 120번째 장소부터만 복기하면 된다. 시나 서사시를 외울 때가 이러한 경우에 해당한다. 예컨대 단테의 《신곡》을 외워야 할 때에, 3행으로 이루어진 각각의 연을 장소로 지정하면, n번째 연 이 무엇이냐는 질문에 바로 답할 수 있다.

'장소'의 선택

장소를 선택할 때 가장 큰 문제는 속속들이 알고 있는 장소의 수 가 머릿속에 저장해야 할 방대한 양의 지식에 비해 제한적이라는 점 이다. 그러므로 장소마다 가능한 많은 정보를 최대한 효율적으로 담 아야 한다. 이때 가장 중요한 것은 장소를 창의적으로 선택하는 것 이다. 우선 장소가 반드시 물리적인 공간일 필요는 없다. 중요한 것 은 그것이 눈에 보이는 지점에 있고, 특정한 랜드마크에 연결되어 있 어야 한다는 점이다. 그러니 장소를 선택할 때는 기지를 발휘해야 한 다. 예를 들어, 배경 장소로 서재를 선택했다고 하자. 서재에는 당연 히 컴퓨터와 휴대폰이 놓인 책상이 있을 것이다. 이때 책상 위 공간 은 첫 번째 장소, 컴퓨터 모니터 이미지는 두 번째 장소, 휴대폰 액정 이미지는 세 번째 장소가 될 수 있다. 이렇게 하면, 한 공간에 세 개의 장소를 확보한 셈이다!

이런 요령을 사용해도 기억해야 할 내용을 모두 소화할 수 없다면 '시각 쌓기visual stacking' 기법을 활용할 수 있다. 시각 쌓기는 한 장소에 한 가지 단서만 배치하지 않고, 최소 두 가지에서 다섯 가지 정도의 단서 및 실마리를 쌓는 방식이다. 쌓을 수 있는 단서의 수는 각자 정할 수 있지만, 앞서 청킹(1장 참조)에서 다룬 것처럼 마법의 숫자 7을 넘지 않는 것이 좋다.

마지막으로, 한 가지 주의할 점은 같은 공간을 너무 많은 과목에 사용하지 않는 것이다. 예를 들어, 열 개의 기억의 궁전 모두, 거주하는 집을 배경으로 구축했을 때, 나중에 사회학과 관련된 기억을 저장한 궁전을 꺼내보면 책상 위에 어떤 단서를 놓았고, 베개 위에는 무엇을 놓았는지, 심지어 화장실에는 어떤 이미지가 있었는지를 헷갈리게 된다. 왜냐고? 이유는 간단하다. 가구 하나하나에 놓은 단서들이 과도하게 겹쳐지면서, 6장에서 다룬 것처럼 역행 간섭이 발생하기 때문이다. 있을 법한 일이 아닌가?

신경과학적 원리

이야기를 마무리하기에 앞서, 장소법이 어떻게 인간의 기억 용량을 이토록 놀라울 정도로 확장하는지, 그 메커니즘을 살펴보도록 하자. 정답은 언제나처럼 만능 해결사인 신경과학에 있다. 사실, 이는 앞서 살펴보았던 시각화 기법의 원리와 매우 유사하다. 영장류가 진화하는 과정에서 공간 탐색 능력은 정보의 시각적 처리와 마찬가지로 생존을 위한 핵심 기능으로 자리 잡았다. 예컨대 고대 인류의 삶을 상상해 보자. 공간 탐색 능력에 오류가 생겨 사냥을 마친 뒤 자신의 동굴을 찾지 못하면, 최악의 경우, 밤새 밀림의 포식자에게 물어뜯길 수도 있는 것이다. 이 때문에, 영장류의 뇌에는 성능 좋은 '나침반'이 탑재되어 있는데, 그것은 바로 두정엽에 있는 공간 방향 감각을 담당하는 신경 회로망이다. 시각 정보 처리 회로처럼, 이 영역 또한 넓은 피질 면적에 걸쳐 고도로 병렬화된 회로 구조를 이루고 있어서 정보 처리뿐 아니라 기억 저장 효율성도 높다.

우리의 뇌가 얼마나 효율적으로 장소를 기억하는지 보여주는 예는 일상 속에도 수두룩하다. 시험을 보다가 어떤 문제의 답이 노트 몇 번째 페이지, 몇 번째 줄에 있는지는 뚜렷이 기억나는데, 내용은 도무지 떠오르지 않는 적이 있지 않은가? 이것은 두정엽 회로가 공간을 계산하고 기억하는 능력이 얼마나 뛰어난지 보여주는 경험적 증거다. 자, 이제 장소법의 원리는 명확해졌다. 결국, 장소법은 외워야 할 정보를 이미 과부하 상태인 언어 처리 영역 대신, 비교적 여유롭고, 진화 과정에서 효율성이 향상된 두정엽으로 우회해서(진화적으로 동굴의 위치를 기억하는 것이 우리 집 강아지 이름이 뽀삐라는 사실을 기억하는 것보다 훨씬 중요하므로), 계산 처리로 생기는 과부하를 피하려는 전략이다.

뇌 영상

이런 이론을 확증하기 위해, 장소법을 수행하는 동안 뇌의 어떤 피질 영역이 활성화되는지 분석하는 많은 연구가 진행되었다. 장소법을 사용하여 자료를 암기하는 실험 대상자들의 뇌 활동을 기능자기공명영상functional Magnetic Resonance Imaging, fMRI으로 촬영해 본 결과, 그림 25에서처럼 뇌 영역 세 개가 눈에 띄게 활성화되는 것으로 나타났다.[1]

- 두정엽: 특히 방향 감각을 담당하는 내측이 두드러지게 활성화된다.

- 후대상 피질retrosplenial cortex: 두정엽과 시각 영역을 연결하는 다리 위치에 존재하는 부위로, 장소법과 시각화 기법 간 연관성이 얼마나 깊은지 보여준다.

- 해마: 결국은 장소법도 선언적 학습declarative learning의 일환이므로, 해마가 활성화되는 것은 당연하다. 흥미로운 점은 우측 해마의 후방 영역이 상대적으로 더 활성화된다는 사실이다.

결론적으로, 이러한 실험 결과들은 앞선 제시한 이론을 한층 더 강하게 뒷받침해 준다. 장소법은 기억 형성에는 매우 효과적이지만 일반적인 학습 방식에서는 좀처럼 활용되지 않던 공간 정보 처리 회로를 활성화한다.

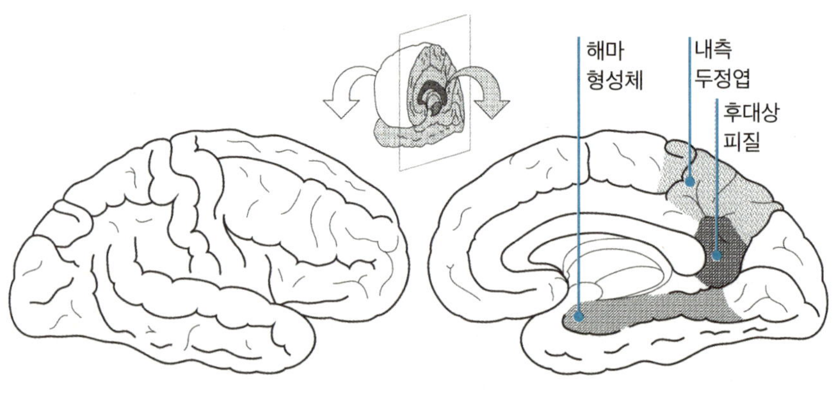

그림 25. 장소법을 사용할 때 활성화되는 뇌의 영역

셜록 홈즈도 사용한 기억의 궁전

기억의 궁전

재생되는 에너지는 아니지만, 장소법을 작동시키는 주원료는 상책 경로의 배경이 되는 공간에 대한 깊은 지식이다. 그런데 이렇게 세세하게 기억할 수 있는 장소가 바닥난다면? 그보다 최악으로 공부해야 할 분량이 너무 많다면? 이러한 질문을 던진다면, 셜록 홈즈의 말처럼 "당신은 아직 초보다."

해결책은 간단하다. 완전히 새로운 장소를 만들면 된다. 약간의 상상력이 가미된 현실의 장소가 아니라, 온전히 머릿속에만 존재하는 허구의 공간에서 산책하는 것이다. 이러한 방식은 좁은 의미에서의 기억의 궁전이라 불린다. 당신에게 인테리어 디자이너의 기질이 있다면 기억의 궁전을, 장엄한 야외 공간을 디자인하는 건축가적 기질이 있다면 또 다른 변주인 '기억의 도시'를 활용할 수 있다.

장단점

이 단계에서는 상상하는 데 엄청난 에너지가 필요하다. 기억의 궁전에 있는 방이나 기억의 도시 거리를 탐색할 때마다, 오로지 마음의 힘으로만 공간을 창조해 내야 하기 때문이다. 이는 삶의 경험을 기반으로 한 일화 기억이라는 강력한 보조 수단 없이 순수한 상상력에만 의존해야 한다는 것을 의미한다.

하지만 다른 한편으로는 탐색하는 공간을 아름답게 꾸밀 때 전적인 주도권이 생긴다는 장점이 있다. 특히 상상력이 풍부한 사람이라면 그만큼 만족감도 클 것이다. 예컨대 단서들이 대리석에 조각되어 있고, 천장에는 바로크 양식의 벽화가 그려져 있고, 벽에는 프랑스산 테피스트리가 걸려 있고, 고풍스러운 골동 가구에 장작이 타오르는 따스한 벽난로가 있는 공간을 한 번 상상해 보라. 수학이나 기하학처럼 비감성적이고 건조한 학문이라면, 거친 콘크리트, 시끄러운 기계와 이탈리아의 대표적인 미래주의자 마리네티_{Marinetti}가 울고 갈 정도로 복잡한 장치들이 설치된 브루탈리즘_{brutalism} 건축 양식도 어울릴 것이다. 기억의 궁전은 지극히 사적인 장소로, 자신의 이미지에 따라 정교하게 형성된 공간이다. 이것이 다가 아니다. 뒤이어, 나만의 특별한 변형법, 일명 '데안젤리 장소법'을 소개할 테니 기대하시라!

장소법을 사용하는 철학적 이유

모순

장소법에 관한 이야기를 마무리하며, 메타인지적 쟁점을 제시해 보고 싶다. 장소법은 인위적인 방식으로 기억력을 향상하는 기억술계의 빛나는 별로, 시대를 불문하고 찬양과 찬미를 받아왔다. 심지어는 '기적의 기억력'을 자랑하는 사람들의 광고물에서도 장소법은 학습계의 비아그라처럼 소개되곤 한다.

하지만 솔직히 사실, 나는 이 기법을 극히 제한된 범위에서만 사용해 왔다. 그뿐 아니라, 내가 지난 6년간 이탈리아 최고의 학교에서 만난 수많은 수재 중에서, 장소법을 일반적인 학습 방법으로 활용하는 학생은 단 한 명도 본 적이 없다. 그렇다. 말 그대로 0명이었다.

그 이유는 무엇일까? 아마 당신은 "그들은 워낙 비범해서 일반인들과는 달리, 그런 대단한 기법에 의존하지 않아도 되겠지"라고 말할 것이다. 물론, 그런 주장에도 일리는 있다. 하지만 나는 그보다 더 본질적인 이유, 장소법을 사용하는 철학적 이유를 사유하게 하는 이유가 있다고 생각한다.

철학적 성찰

장소법이 전화번호나 사전을 암기하는 데 효과적이라는 사실을 의심하는 사람은 아무도 없다. 또한, 연설문, 강연, 연극 대사, 학교 낭송회를 위한 시를 외울 때도 대단히 유용하다. 파이π 숫자를 7만 30자리까지 외우고 싶다면, 장소법이야말로 최고의 방법이다. 《화씨 451도》*를 집필한 레이 브래드버리Ray Bradbury에게 영광을 돌리려고 단테의 《신곡》 전권을 통째로 암기하는 때에도 마찬가지다.

하지만 장소법을 공부에 적용하는 건? 일부 교사들의 생각과는 달리 공부란 단순히 앵무새처럼 정보를 마구잡이로 외우는 행위가 아니다. 공부는 미로의 경로를 외우는 것이 아니라, 출구를 찾을 수 있는 감각을 기르는 것이다. 공부란 세계를 이해하는 방식을 익히는

---

* 1953년에 발표한 디스토피아적인 소설로 책을 소유하거나 읽는 것이 금지된 사회를 그리고 있다.

것이다. 공부는 인식의 틀을 제공하고, 우리 주변에서 일어나는 현상을 꿰뚫는 방향성을 제시하고, 인간의 본질적인 공허함을 메워 준다. 그러므로 나는 "교양이란 모든 지식을 기억하는 것이 아니라, 그것을 어디서 찾을 수 있는지 아는 것이다"라는 움베르토 에코Umberto Eco의 숭고한 인용을 들을 때마다 감탄을 금치 못한다.

결론적으로, 장소법은 분명 놀라운 도구지만, 어디까지나 부차적인 문제, 즉 단순 암기를 위한 보조 수단일 뿐이다. 진정한 공부의 핵심은 제대로 이해하고 지적 연결 고리를 생성하고 습득한 정보를 자신에게 맞게 재가공하는 것이다. 이런 행위야말로 지성에 지울 수 없는 흔적을 남기고, 언젠가는 남들보다 더 멀리 볼 수 있는 시각을 갖게 해줄 것이다. 그러므로 내 생각에는 일반적인 기억의 범위를 넘어서는 초기억은 뛰어난 학생이 갖추어야 할 필수 요건이 절대 아니다.

나만의 노하우

"한니발 렉터 박사 역시 과거의 많은 학자처럼 수천 개의 방에 방대한 정보를 저장해 두고 있었다. 하지만 고대 학자들과 달리 렉터 박사는 기억의 궁전을 다른 목적으로도 사용했다. 그렇다. 때때로 그는 그 안에서 살았다. 한니발 렉터의 궁전은 방대하다. 정신이라는 이름의 슬리퍼를 신고 현관에서 사계절의 대광장을 빠르게 가로지르는 렉터 박사에게조차 궁전은 너무나 넓었다. 천장이 높고 환한 그의 궁전은 생생하고 강렬한 물건들과 그림들로 장식되어 있다. 그 장식품들은 때로는 충격적이고 기괴하지만 대개는 너무나 아름다웠다. 전시품들은 대형 박물관처럼 환한 조명 아래 적절한 공간을 두고 잘 배치되어 있었다."

한니발 렉터 시리즈의 저자 토머스 해리스Thomas Harris의 소설 일부분이다.[2] 나는 장소법을 학습에 많이 적용하지는 않았지만, 사실 과거에 지극히 사적이고 특이한 장소법의 변주를 만든 적은 있다. 당신도 알다시피 나는 학습에 창의성과 아름다움을 결합하는 것을 매우 사랑한다. 그렇다 보니 내게도 렉터 박사와 같은 기억의 궁전, 아니 더 정확히 말하면, 탐험할 수 있는 수많은 궁전으로 가득한 도시가 있다. 나 역시 한니발 박사처럼 오랫동안 수많은 조각상과 그림이 전시된 긴 복도를 걷곤 했다. 하지만 내 기억의 도시는 머릿속에만 존재하지 않는다. 내 도시는 마인크래프트Minecraft 안에 있다. 그렇다, 역사상 가장 '너드스러운' 비디오게임 말이다.

마인크래프트 크리에이티브 모드에서는 큐브로 이루어진 세계를 자유롭게 창조할 수 있다. 나는 고등학생 시절, 몇몇 과목을 공부할 때 남몰래 마인크래프트 안에 실제로 기억술용 '박물관'을 만들곤 했다. 그 박물관들은 매우 실용적이면서도 보기에도 아름다운 즐거운 공간이었다. 마인크래프트 그래픽 엔진이 주는 최고의 아름다움은 직관적인 단순성에 있다. 클릭 몇 번이면 새로운 공간을 만들 수 있어서, 공간을 꾸미는 시간을 최소화할 수 있다.

나는 박물관 벽을 만들 때 푯말을 아낌없이 사용했는데, 덕분에 조각상 옆에 꼼꼼하게 제목을 적어 넣을 수 있었다. 깃발에 담긴 의미를 잊지 않으려면 모든 것을 꼼꼼히 기록해 두는 편이 더 나았다. 당신도 이 기발한 방법을 꼭 한번 시도해 보길 바란다. 장소법이 지닌 놀라운 기억력 증진 효과를 체험하는 동시에, 자신만의 취향으로 만든 궁전의 순수한 아름다움은 당신의 감성을 깊이 어루만져줄 것이다. 원할 때마다 당신이 창조한 공간으로 들어가, 차 한

잔을 마시며 기억의 복도를 걷는다고 상상해 보라. 온몸에 소름이 돋을 정도로 멋진 경험이 아닌가?

19

오해

잠을 줄여서라도
공부를 해야 한다?

인간은 평균적으로 평생 자면서 26년을 쓰고, 잠들기 전 뒤척이는 데 7년을 쓴다. 그러니까 눈을 감고 침대에 누워서 보내는 시간이 33년에 달하는 것이다.[1] 이게 공부와 무슨 상관이 있냐고? 이제부터 우리는 밤새워 공부하는 모범생의 이미지가 얼마나 현실과 동떨어진 것인지 밝혀낼 것이다. 단순히 건강 지상주의적 관점에서 하는 말이 아니다. 앞서 살펴보았듯이, 우리의 뇌에는 놀라운 특징이 있는데, 그것은 바로 기억을 형성하는 과정 중 대체 불가한 핵심적인 절차가 수면 중에 일어난다는 것이다(1장 참조).

우리가 맘 편하게 자는 동안, 뇌는 조용히 기억을 형성하려는 물밑 작업을 진행한다. 이 작업은 기억 형성을 위해 없어서는 안 될 절대 조건이다. 즉, 그 학습법도 제대로 된 수면법 없이는 완성될 수 없다. 언제나 그렇듯, 우리가 실생활에서 적용해야 학습법의 원리를 이해하려면, 그 전에 뇌의 메커니즘을 알아야 한다. 이번에는 '추리극' 형식으로, 지금까지 찾은 단서들을 따라가며 수면이라는 미해결 사건을 풀어보도록 하겠다. 자, 이제 생명의 근원에 관한 가장 근원적인 질문에 대한 해답을 찾아 떠나는 자기통찰적인 여행을 떠나보자.

인간은 왜 자야 할까?

진화가 만들어낸 신비로운 골칫거리

추리극의 첫 번째 단서는 '동기'다. 인간은 왜 자는가? 누구든 어린 시절 한 번쯤은 던져봤을 질문이다. 결론부터 말하면, 인간이 왜 자는지 아직 잘 모른다. 적어도 완벽하게는 알지는 못한다.

수면의 기능은 아직 명확히 규명되지 않았지만, 확실한 것은 그것이 무엇이든, 상상 이상으로 중요하다는 점이다. 수면은 다윈의 진화론적 관점에서 볼 때 엄청난 비용을 수반한다. 우리의 선조들은 분명 잘 알고 있었을 것이다. 하루의 3분의 1을 움직이지 않고 거의 무방비 상태로 보내는 건 포식자에게 물어뜯길 위험을 피할 수 있는 좋은 전략이 아니라는 사실을. 이와 관련해 신경과학자 앨런 렉트샤펜Allan Rechtschaffen은 다음과 같은 명언을 남겼다. "수면이 생명에 절대적으로 중요한 기능을 수행하는 것이 아니라면, 그것은 진화가 저지른 가장 큰 실수가 될 것이다."[2]

하지만 신은 주사위 놀이를 하지 않고, 수면은 생물학적으로 가장 오래된 창조물 중 하나다. 실제로, 거의 모든 생명체는 수면이라는 활동을 놀랍도록 잘 보존하고 있다. 여기서 말하는 생명체는 영장류만이 아니라, 무척추동물까지 포함한다. 심지어 곤충도 잠을 잔다. 초파리조차 매일 밤 평균 일곱 시간을 자며, 수면의 특성이 인간의 수면 특성과 놀라울 정도로 유사하다. 최근에는 선형동물과 같은 더 낮은 단계의 생명체와 심지어 단세포생물도 수면한다는 사실을 증명하려는 연구가 진행되고 있다. 요컨대, 수면은 진화적으로는 엄청난 장애 요소다. 그렇지만 지구에 생명이 존재한 지난 35억 년 동안, 자연은 단 한 번도 수면을 포기하지 않았다. 수면의 기능이 무엇이든 간에, 이토록 오래되고, 잘 보존되고 있다는 사실은 수면이 생명의 근간이라는 것을 말해준다.

수면을 줄이기 위한 전략

수면을 완전히 없앨 수는 없다는 사실을 보여주는 가장 극적인 예는 바로 철새들이다. 철새들은 거의 열흘 동안 쉬지 않고 비행하기도 한다. 당신은 분명 '설마 날면서 자지는 않겠지…'라고 생각할 것이다. 하지만 놀랍게도 새들은 날면서 잘 수 있다! 2016년, 한 연구진이 태평양과 인도양 섬 지역에 서식하는 날개폭이 2미터에 달하는 군함조fregata minor 무리에 뇌파검사를 시행했는데, 그 결과 이들이 비행과 동시에 잔다는 놀라운 사실이 밝혀졌다. 실제로 이들은 땅에서 머물 때보다 비행 중에 잠을 자는 시간이 훨씬 길었다. 군함조에게는 오히려 땅이 더 위험하기 때문이다. 실제로 많은 철새가 반구 수면이라는 전략을 쓴다.

철새들은 비행할 때 'V'자 형태의 대열을 이루어 이동한다. 이때 V자 맨 앞에서 대열을 이끄는 새는 좌뇌와 우뇌가 모두 깨어 있는 상태다. 대신 V자 대열의 좌측에 있는 새들은 오른쪽 시야를 담당하는 우측 대뇌반구가 깨어 있는 상태에서 비행 대열을 유지하고, 우측에 있는 새들은 반대로 좌측 대뇌반구가 깬 상태에서 비행한다. 이런 식으로 여행 내내 새들은 일정한 주기로 좌우 위치를 교체한다.[3] 고대 로마의 점쟁이들은 하늘을 나는 새들의 V자 대형을 신의 계시라 여겼건만, 실상은 잠시라도 눈을 붙이려는 새들의 전략이었던 셈이다. 이와 유사한 현상은 돌고래에서도 관찰된다. 돌고래는 자면서도 주변 환경을 스캔하려고 반구 수면을 활용한다.[4]

이뿐만이 아니다. 어떤 철새들은 이보다 놀라운 방법을 이용해, 좌우 대뇌반구가 모두 잠든 상태에서 비행하는데, 그것이 바로 부분 수면이다.[5] 부분 수면은 말 그대로, 비행에 꼭 필요한 핵심적인 뇌 회로만을 활성화한 채 나머지는 모두 꺼두는 방식이다. 말하자면 일종의 자율 주행 모드인 셈이다.

정리하면, 생물이 아무리 기상천외한 방법을 동원해도 진화는 수면을 완전히 제거하지는 못했다. 대신, 대뇌의 특정 영역을 번갈아 쉬게 하는 방식으로 수변을 제한하는 데는 성공했다. 결론적으로 수면은 생물학적으로 대체할 수 없는 생명의 핵심이다.

수면의 다섯 가지 기능

그렇다면 수면은 구체적으로 어떤 역할을 하는 걸까? 수십 년간의 신경과학 연구에도 불구하고, 이에 대한 학문적 합의는 이루어지지 않았다. 그동안 수면의 기능에 대한 수많은 가설이 제시되었고, 그중 몇몇은 탄탄한 실험적 증거를 거쳐 증명되었다. 사실 유형별로 중요도는 다를 수 있지만, 가설 대부분이 모두 사실일 가능성은 충분히 있다.[6] 이번 장에서는 수면 기능에 대한 다섯 가지 가설을 사진처럼 소개하겠다. 이 가설들은 신경과학자들 대부분이 가장 신뢰하는 것들이다.

첫 번째 가설: 2단계 학습

첫 번째 가설은 앞서 다룬 것처럼 기억 강화가 이루어지는 해마와 관련이 있다(1장 참조). 기억 강화의 중요한 과정이 일부는 수면 중에, 더 구체적으로는 서파 수면 중에 이루어진다. 서파 수면은 뒤에서 더 자세히 다룰 예정이다. 이 가설에 따르면 수면의 목적은 뇌를 오프라인 상태, 즉 전류의 흐름이 정지된 상태로 전환하는 것이다. 그렇게 감각 기관들로부터 입력되는 정보를 일시적으로 차단함으로써(1장 참조), '야만적인 외부 자극'으로 인한 간섭 없이 원활하게 기억 강화가 이루어지게 하는 것이다.*[7] 이와 관련하여, 수면 중에는 시상 thalamus의 기능이 대폭 억제된다는 점이 흥미롭다.

시상은 뇌의 기하학적 중심부에 위치한 '허브'로, 깨어 있을 때 신경계를 통해 전달되는 감각 정보를 대뇌피질로 전달하는 임무를 수행한다. 수면 중에 시상의 활동이 억제된다는 것은 곧 감각 정보의 입력이 차단된다는 것을 의미한다. 우리 뇌에 사는 '작은 학생'이 조용히 방문을 걸어 잠그고, 그날 하루 급히 받아 적은 필기를 깨끗하게 옮겨 적는 것과 비슷한 현상이다.

두 번째 가설: 시냅스의 항상성 가소성

두 번째 가설은 뉴런과 뉴런 사이를 전기적으로 연결하는 시냅스

---

* 1장의 장기 기억 임시 저장소에 대한 내용을 참고하라.

의 강도(1장 참조)와 관련이 있다. 신경조직에서 가장 흥미로운 현상 중 하나는 바로 시냅스의 '항상성 가소성homeostatic plasticity'이라는 원리다.[8] 이를 단순하게 표현하면, 뇌의 각 영역이나 회로 내의 모든 시냅스 강도의 총합은 과도한 증가나 감소를 피해 대체로 일정하게 유지된다는 의미다. 앞서 우리는 학습이란 특정 시냅스가 강화되는 현상이라는 사실을 살펴보았다. 하지만 특정 시냅스가 강화되면, 다른 시냅스들이 약해지거나 파괴된다. 이러한 가지치기 작업은 전기적인 활동이 비교적 활성화되지 않은 조용한 환경에서 원활하게 이루어지는데, 그러한 환경을 제공하는 것이 바로 수면이다.

세 번째 가설: 해독

세 번째 가설은 뇌의 기초적인 활동과 관련이 있다. 깨어 있는 동안, 인간의 뇌에서는 전기적 활동이 활발하게 일어난다. 그로 인해 뉴런의 신진대사가 일어나고, 그 과정에서 신경 염증 유발 물질 및 신경독성 물질들이 부산물로 만들어지는데, 그중에는 알츠하이머병과 밀접한 관련이 있는, 악명 높은 β-아밀로이드β-amyloid 단백질도 포함된다. 이러한 악당들을 청소하는 뇌의 자정 작업이 바로 수면 중에 이루어진다. 만성적인 수면 부족이 알츠하이머병의 위험을 높인다는 사실은 결코 우연이 아니다.

사실, 수면에 해독 기능이 있다는 가설은 수면과 관련된 초기 이론 중 하나였지만, 그 구체적인 메커니즘이 밝혀지지 않았다. 그러던 중 2010년대 초, 일련의 중요한 실험을 거쳐 인간의 뇌에 그때까지 몰랐던, 글림프계라는 새로운 시스템이 존재한다는 사실이 밝혀졌다.[9]

이해하기 쉽게 이 글림프계가 뇌 안에 존재하는 하수도 시스템이라고 생각해 보자. 여기서 아교 세포들은(변기) 동맥 옆을 따라 형성된 미세한 틈새(배관)에 노폐물을 배출한다. 그렇게 배출된 노폐물은 배관을 거쳐 뇌에 있는 네 개의 넓은 빈 공간인 뇌실(바다)로 모이고, 거기서 여과되어 혈액으로 배출된다. 이때 글림프계는 깨어 있을 때보다 수면 중에 약 60퍼센트 더 활발하게 작동하는 것으로 나타났는데,[10] 그 이유는 글림프 시스템이 작동하는 데 뉴런이 전기적 활동도 하지 않고, 대사 활동도 하지 않는, 조용한 수면 상태에 있어야만 감당할 수 있을 정도로 막대한 에너지가 필요하기 때문이다.

네 번째 가설: 자원의 재분배

진화론적 관점에서 제시된 네 번째 가설은, 수면과 먹이 찾기를 연결 짓는다. 몇몇 연구자들은 생물이 주기적으로 수면을 취하는 이유는 사냥을 가장 효율적으로 할 수 있고, 포식자로부터 공격당할 위험이 가장 낮은 특정 시간대에 에너지 자원을 집중하기 위해서라고 주장한다. 예를 들어, 초파리, 나방 등의 곤충을 먹고 사는 작은 갈색 박쥐myotis lucifugus는 먹잇감이 가장 활발하게 돌아다니는 해 질 무렵에 깨어난다. 게다가 너무 일찍 깨어나면, 맹금류에게 공격당할 위험이 커지는데, 맹금류는 박쥐와는 달리 낮에 시력이 매우 뛰어나기 때문이다.

마찬가지로, 인간이 밤에 잠들도록 유도하는 생리적 충동 역시, 진화가 지나치게 열성적인 야간 활동을 피하도록 우리 조상들에게 심어준 원시적 유전 암호의 유산일지도 모른다. 밤늦게 돌아다니면 인간보다 시력이 몇 배는 더 좋은 굶주린 야수들과 마주칠 위험이 훨씬 크기 때문이다. 설치류에선 이 원리가 반대로 작용한다. 설치류는 시력이 매우 나빠서, 주로 진동을 감지하는 수염에 의존해 공간을 탐색하는데 이러한 특성 때문에 밤에 움직이고 낮에는 가만히 있는 것이 생존에 유리하다.

다섯 번째 가설: 근육의 미세한 손상 복구

마지막으로 다섯 번째 가설은 뇌와는 무관하게 수면이 근육 회복에 도움이 된다는 내용이다. 수면 박탈을 주제로 수십 년에 걸쳐 진행된 일련의 실험 결과, 수면은 근육보다 뇌에 훨씬 더 중요하다는 사실이 입증되었다. 그렇지만 육체 활동이 일시적으로 중단되는 수면 상태는 그날 하루 근육의 움직임 때문에 생긴 미세한 손상을 복구하는 데 필수적이다. 만성적인 수면 부족의 결과 중에 다른 여러 증상과 더불어 근육병도 포함된다는 사실이 이를 증명한다.[11]

수면과 뇌의 상관관계

이제 '범죄 현장'인 침실로 들어가 우리의 수사를 계속해 보자. 수면을 연구하는 일은 결코 간단하지 않다. 수면을 연구하기 위한 대표적인 검사법은 뇌의 전기 활동을 측정하는 뇌파검사로, 근전도EMG(근육 활동), 심전도(심장 활동)ECG, 눈 움직임EOG, 호흡 패턴(흉부용적측정법), 팔다리와 몸통의 자세, 코와 입을 통한 공기 흐름, 혈중 산소 포화도 등 다양한 생리적 신호를 종합적으로 관찰하는 수면다원검사 polysomnography다. 이처럼 복합적인 측정 방법 덕분에 우리는 이른바 수면의 거시 구조macroarchitettura를 파악할 수 있게 되었다. 수면의 거시 구조 분석을 거쳐 우리는 수면이 여러 주기로 구성되어 있으며, 각 주기는 수면의 깊이에 따라 여러 단계로 나뉜다는 사실을 알게 되었다.

보다 구체적으로 말하면 수면의 단계는 렘수면REM, N1, N2, N3으로 분류되는데, 여기서 N은 '비렘수면non-REM'을 뜻한다. 참고로 분류에 따라 N4 단계를 추가하기도 하지만, N4 단계의 존재는 학계에서도 아직 합의가 이루어지지 않았다.

수면의 깊이가 깊어질수록 뇌의 활동은 더 희박해지고, 깨어 있을 때의 패턴과는 확연히 달라진다. 각 수면 주기는 'U자형 계곡'처럼 생겼으며, 항상 가장 얕은 수면 단계인 N1에서 시작해서, 급격히 깊은 수면 단계(N3 또는 N2)로 진입해 일정 시간 머물다, 다시 빠르게 상승하여 렘수면 단계에 도달한 뒤, 다음 주기로 넘어간다.

흥미로운 점은, 밤이 깊어지면서 각기 다른 수면 주기의 양상이 달라진다는 것이다. 다음 단락을 읽기 전에 그림 26을 먼저 살펴보자. 그림 26은 젊고 건강한 사람의 전형적인 수면의 거시 구조를 나타낸

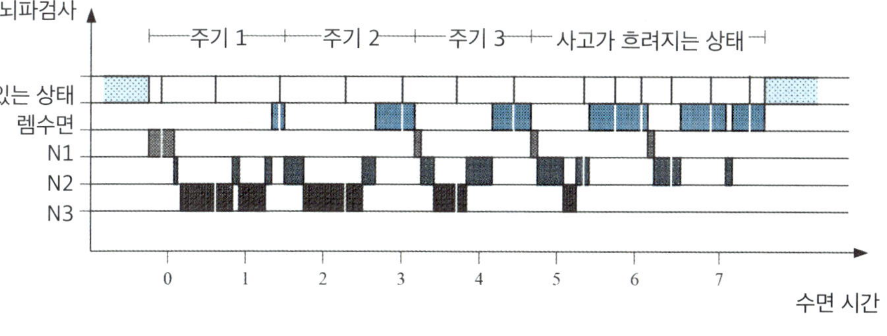

그림 26. 수면의 거시 구조

것이다. 이 그림을 유심히 보고, 특이한 점을 찾아보자.

수면 주기

가장 먼저 눈에 띄는 것은, 시간이 지날수록 수면 주기가 점점 짧아지고 불규칙해진다는 점이다. 일반적으로 젊은 사람일 때, 처음 세 번의 수면 주기는 명확하게 구분되며, 각 주기는 90분에서 110분 정도 지속된다. 하지만 네 번째 주기부터는 패턴이 점차 분절되기 시작하고, 아침에 가까워질수록 주기라고 부를 수 없을 정도로 분절 정도가 심해진다.

두 번째로 주목할 점은, 주기의 내용이 시간이 지나면서 확연히 변한다는 사실이다. 즉, 수면 초기 주기에서는 N3 단계의 비중이 높고 렘수면은 거의 없지만, 후반 4시간 동안에는 그 비율이 반대로 뒤바뀌어서[12] 렘수면이 우세하고 N3 단계는 거의 없어지다시피 짧아진다.

이 점은 학습과 기억에 큰 영향을 미치므로 반드시 기억해 둘 필요가 있다. 이제 수면의 단계를 순서대로 빠르게 훑어보자. 진짜로 잠들게 하지는 않을 테니, 걱정 마시라!

(1)수면 잠복기

수면 단계를 살펴볼 준비가 되었는가? 이제 침대에 누워, 불을 끄고, 눈을 감아보자. 잠이 드는 데까지 걸리는 시간을 수면 잠복기라고 부르는데, 일반적으로 잠들기까지 15분에서 20분 정도의 시간이 걸리면 정상에 속한다. 수면 잠복기가 이보다 짧으면 기면증이나 폐쇄성 수면 무호흡 또는 저호흡 증후군(OSAS/OSAHS) 등 수면의 질을 심각하게 떨어뜨리는 질환을 의심할 수 있다. 쉽게 잠들지 못하고 너무 오래 뒤척거린다고 걱정한 적이 있다면, 지극히 정상적인 현상이니 걱정할 것 없다!

(2) N1 수면

눈을 감은 채 잠들지 않은 상태로 몇 분이 지나면, 우리의 뇌는 수면의 첫 번째 단계인 N1 단계로 진입한다. 그러나 이때도 실제로 '잠들었다'라고 느끼지는 않는다. N1 단계는 마음이 허공을 떠다니는 것만 같고, 묘한 생각들이 떠오르는, 달콤한 몽환적 순간이다. 누군가를 이 시점에서 깨우면, 분명 잠들지 않았다고 말할 것이다. 이때 뇌파검사를 하면 주파수가 점차 낮아지는 것이 관찰되며 근긴장도muscle tone가 서서히 감소한다. N1 단계는 매우 짧아서 보통 10분을 넘지 않는다. N1 단계가 끝나면 짧은 N2 단계를 거쳐(이 단계는 워낙 짧아 지나쳐도 무방할 정도다) 순식간에 꿈의 신 모르페우스Morpheus의 품에 안겨 깊은 잠의 세계인 N3 단계로 빠져들어, 비로소 완전히 잠들게 될 것이다.

(3) N3 수면 혹은 서파 수면

모르페우스의 영역인 N3 단계는 서파 수면 또는 델타 수면이라고 불린다. 서파 수면은 수면 단계 중 가장 깊은 단계이며, 외부 자극 때문에 쉽게 깨어나지 않는 상태다. 이 단계에서 뇌파검사를 하면 대략

1Hz(헤르츠, 1초당 1회 진동)의 주기로 서파라 불리는 저주파 파동이 뚜렷이 나타난다. 운동학적으로, 근긴장은 중간 정도이며, 안구 운동은 아예 없거나 아주 느리고, 생식기 활동도 전혀 관찰되지 않는다. 이러한 특징은 뒤이어 나올 렘수면에서 나타나는 현상과는 매우 대조적이다.

서파 수면의 기능

서파 수면은 근육 기능을 제외한 앞서 묘사한 모든 기능이 가장 뚜렷하게 발현되는 단계다. 이 단계는 회복력이 가장 높고, 에너지를 충전해 주는 수면으로, 아침에 상쾌하게 일어나 활력 있는 하루를 보내려면 반드시 필요하다. 서파 수면이 수면 초반 네 시간 동안 나타난다는 사실에 부합하는 "자정 이전의 수면 한 시간이 자정 이후 수면 두 시간보다 값지다"라는 영국 속담을 보면, 선조들도 이 사실을 알고 있었던 듯하다.

하지만 이보다 더 중요한 것은, 이 단계에서 기억 강화가 이루어진다는 사실이다(6장 참조). 증거가 필요하다면, 친구를 대상으로 이런 실험을 한번 해보자. 기왕이면 너무 예민하지 않은 친구가 좋겠다. 친구에게 잠자리에 들기 직전에 단어 목록을 주고 암기해 보라고 하자. 친구가 잠든 것을 확인하고, 네 시간 후에 친구를 깨우자. 이때 친구는 완전히 깨어야 한다. 그런 다음 자기 전에 외운 단어 목록을 얼마나 기억하는지 테스트한 뒤, 새로운 단어 목록을 암기하게 한 다음 친구를 다시 재운다.

아침에 친구가 일어나면, 바로 두 번째 목록을 기억하는지 테스트

해보자. 첫 번째 목록보다 기억하는 단어가 현저히 적다는 사실을 알 수 있을 것이다. 이유는 간단하다. 처음 네 시간 동안 서파 수면의 비중이 높은 수면 단계를 여러 차례 거친 덕에 첫 번째 목록에 대한 기억을 훨씬 더 효율적으로 강화할 수 있었기 때문이다.[13]

서파 수면 중에 나타나는 수면이상증

마지막으로, 수면 중에는 나타날 수 있는 특이한 현상인 수면이상증을 알아보도록 하자. 일부 수면이상증은 정신질환과 관련이 있기도 하지만, 임상적으로 특별한 문제가 없는 때가 대부분이다. 수면이상증은 주로 유전적 요인 때문에 발생하지만, 스트레스나 수면 부족, 약물, 알코올 때문에 악화할 수 있다. 서파 수면 중에 나타나는 대표적인 수면이상증으로는 잠꼬대(수면 중 말하기), 몽유병(수면 중 걷기)과, 인구의 약 1퍼센트에서 나타나는 수면 섹스 장애 등이 있다.

(4) N2 수면

이제 깊은 수면 단계인 N3 수면을 지나 중간 단계인 N2 수면으로 우리의 여정을 이어가 보자. 이 단계는 전체 수면 중에서 가장 많은 비중을 차지하지만, 아이러니하게도, 가장 신비롭고, 특징을 파악하기 힘든 단계이기도 하다. 서파 수면만큼은 아니지만, 이 단계 역시 기억 강화에 영향을 미친다는 증거들이 있다. 예를 들어, 서파 수면 중에 일어나는 해마의 기억 강화 과정이 수면 방추파sleep spindles라는 뇌파에 영향을 준다는 사실이 밝혀졌는데,[14] N2 단계에서 이러한 뇌파가 관찰됐다.

(5)렘수면

이제 N2 수면을 지나, 말 그대로 꿈의 수면인 렘 단계로 우리의 여정을 이어나가자. 모든 수면 단계에서 짧은 의식적 사고나 이야기를 떠올릴 수 있지만, 서사가 있는 긴 꿈은 대부분 렘수면에서 발생한다. 실제로 렘수면에서의 뇌파는 깨어 있을 때와 놀랄 만큼 유사하다. 실제로 고주파 뇌파가 활발할 뿐만 아니라, 심박수와 호흡도 증가한다. 반면, 앞 단계에서는 어느 정도 유지되던 근긴장이 완전히 사라지면서, 온몸이 완전히 마비된 상태가 된다.

왜 이런 현상이 일어나는 걸까? 그 이유는 간단하다. 꿈에서 벌어지는 움직임을 실제로 따라 하지 않도록 몸이 우리를 보호하는 차원에서 이런 마비가 발생하는 것이다. 일종의 '꿈 보호 장치'라 볼 수 있다. 사실 이 장치는 꽤 유용하다. 예를 들어, 공을 차는 꿈을 꾼다고 상상해 보자. 이러한 보호 장치가 없으면 옆에서 자는 파트너에게 발길질을 날릴 테고, 그 결과는 결코 유쾌하지 않을 것이다.

단, 눈은 예외다. 눈 근육만은 마비되지 않고 이리저리 빠르게 움직일 수 있다. 바로 렘이란 용어가 바로 빠른 안구 운동Rapid Eye Movements, REM에서 나온 것이다. 일반적으로 첫 번째 렘수면과 이를 동반하는 첫 번째 꿈은 잠든 후 약 90분이 지난 후에 나타나며, 10분에서 20분간 지속한다. 렘수면이 끝나면서 첫 번째 수면 주기가 마무리된다.

렘수면의 기능

렘수면의 기능은 다른 수면 단계의 기능보다 더 큰 미스터리다. 근육 기능을 제외하고 앞서 설명한 모든 가설에서 제시된 기능들은 대부분 N2 수면과 N3 수면 단계에서 주로 나타나기 때문이다. 그렇다면 렘수면은 대체 어떤 역할을 하는 걸까?

간단히 말하면, 렘수면의 주목적은 정서적 정보 처리를 통한 심리적 안정이며, 이 과정의 부산물이 바로 꿈이다. 실험을 거쳐 대상자들에게 렘수면만을 박탈한 결과, 비렘수면을 박탈했을 때와는 달리, 육체적 건강에는 거의 영향이 없는 반면, 심리적으로는 불안과 스트레스를 유발한다는 사실이 밝혀졌다. 흥미로운 점은, 렘수면 시간과 학습 성과 사이에는 어떠한 상관관계도 없다는 점이다. 실제로 렘수면을 억제하는 약물을 먹거나, 뇌 손상을 입어도 기억력은 악화하지 않는 것으로 나타났다.

그렇지만 더 넓은 의미에서는 렘수면이 창의적 기억과 관련이 있을 수 있다는 흥미로운 연구 결과도 존재한다. 예를 들어, 두 그룹에 세 개의 단어로 이루어진 목록을 제시한 뒤(예: worm, red, ticker 또는 bug, drill, hell), 이 세 단어를 모두 연결할 수 있는 네 번째 단어를 떠올려보라고 했다. 문제를 제시한 후, 모든 참가자에게 잠을 자도록 했는데, 첫 번째 그룹은 N3 수면까지만 포함되도록 짧은 낮잠을 자도록 했고, 두 번째 그룹은 렘수면까지 포함하도록 충분한 수면을 취하도록 했다. 결과는 어땠을까? 놀랍게도, 렘수면 단계를 거친 그룹이 훨씬 더 독창적이고 연구 취지에 맞는 답변을 생각해 냈다![15]

꿈

우리는 매일 밤 평균적으로 네 번에서 다섯 번의 꿈을 꾼다. 흥미로운 점은, 꿈을 꾸는 도중에 깨거나, 꿈을 꾼 지 2분 이내에 깰 때 빼고는, 꿈을 꾸자마자 거의 바로 잊는다는 사실이다. 그렇다. 꿈을 기억하고 있다는 것은 수면의 질이 좋지 않았거나, 제대로 깨지 못했다는 신호다! 내 말 때문에 가장 소중했던 꿈에 대한 기억이 손상됐다면, 다음 문단은 아예 읽지 말길 바란다. 더 실망스러운 이야기가 나올 테니까….

렘수면 동안 근육조직은 완전히 이완되는 반면, 말하기는 쑥스럽지만, 근육이 아닌 유압 메커니즘으로 움직이는 남성 생식기는 작동한다. 그래서 꿈의 내용과는 전혀 무관하게, 꿈을 꾸는 경우의 80퍼센트는 생식기가 자동으로 작동한다. 참고로 실제로 에로틱한 꿈을 꿀 때는 아무리 많아도 10퍼센트 정도에 불과하다고 한다.

렘수면 중에 나타나는 수면이상증

렘수면과 관련된 수면이상증을 소개하며 수면 단계 소개를 마무리하겠다. 렘수면 단계에서는 앞서 나온 근육을 마비시키는 '꿈 보호 장치'와 관련된 몇 가지 이상증이 나타난다. 어떤 사람들은 근육 마비 기능이 제대로 작동하지 않아서, 말 그대로 꿈속에서 하는 행동을 그대로 실행해 버린다. 이는 명백한 렘수면행동장애 불리는 명백한 수면 장애로, 단순한 몽유병과는 다르다. 이 장애는 일반적으로 약물, 알코올, 마약의 복용이나 금단과 관련이 있으며, 최근 연구에 따르면 파킨슨병 전조 증상으로 나타날 수도 있다.[16]

그와는 정반대로 보호 장치가 오히려 너무 오래 작동할 때도 있다. 이러한 증상을 나타내는 사람은 몇 분간 완전히 깨어 있는 상태로, 몸을 전혀 움직일 수 없는 끔찍한 상태에 빠진다. '수면 마비'라고 부르는 이러한 증상은, 임상적으로는 별로 심각하지 않지만, 경험하는 사람으로서는 굉장히 당혹스러운 현상이다. 이 증상은 주로 심한 스트레스를 받는 학생들에게 나타난다. 나 역시 시험 기간에 여러 번 이와 같은 경험을 했는데, 놀라운 점은 이러한 상태가 실제로는 단 몇 분밖에 지속되지 않는데도, 체감상으로는 그보다 훨씬 긴 시간처럼 느껴진다는 것이다. 나를 포함한 어떤 사람들은 애를 써서 간신히 새끼손가락이나 얼굴 근육을 조금 움직였다. 그러면 그 작은 움직임이 기폭제가 되어 댐이 무너지듯이 근육조직 전체가 순식간에 마비가 풀린다.

각성

마지막으로, 우리의 뇌는 한밤중에 우리도 모르게, 주기적으로 몇 초간 깨어난다. 각성arousals이라고 부르는 이러한 짧은 순간에는 수면이 계속 안전하게 유지될 수 있는 환경인지 확인하려는 감각 기능만이 활성화된다. 이때는 아주 미세한 소음 때문에 생기는 자극조차도 각성에 영향을 미칠 수 있다.

잠자는 환경이 그래서 중요한 것이다. 다음 표에서도 알 수 있듯 밤새 잠자는 방이 완벽하게 조용하지 않으면 자다 깰 수 있고, 그 결과 수면의 거시 구조가 손상될 수 있다.

단계	비중	뇌파	특징
N1 수면	3~7%	세타파(4~7Hz)	• 수면 잠복기, 몽롱한 상태
N2 수면	40~45%	세타파(4~7Hz) 뇌파검사 그래프: 수면방추와 k-복합체	• 기능은 아직 불명확하지만, 아마도 기억 강화와 관련이 있을 것으로 추정됨 • 비렘수면 관련 수면이상증: 잠꼬대, 몽유병, 수면섹스장애
N3 수면 (서파 수면/ 델타수면)	20~25%	서파(1Hz)	• 회복 작용 • 기억 강화 • 비렘수면 관련 수면이상증: 수면 중 대화, 몽유병, 성행동 수면장애
렘수면	20~25%	알파파(8~13Hz) 베타파(14~30Hz) 톱니파	• 기능은 불명확하나, 감정 처리와 창의성과 관련 있음 • 꿈 • 렘수면 관련 수면이상증: 렘수면행동장애, 수면 마비
각성		눈을 감은 상태: 알파파(8~13Hz) 눈을 뜬 상태: 베타파(14~30Hz) 밀도 높은 정신 활동을 하는 상태: 감마파(30~90Hz)	

잠을 못 자면 몸은 어떻게 될까?

수면 박탈의 결과

당신은 이제 모든 사실관계를 알게 되었다. 애거사 크리스티의 소설처럼 범인이 누구인지 밝혀지지는 않았지만, 우리의 추리는 이제 여기서 막을 내린다. 하지만 지금부터는 당신이 알고 있는 수많은 단서를 바탕으로, 수면이 박탈되었을 때 우리의 인지 활동과 집중력에 어떤 영향을 미칠지 한번 상상해 보자. 수면 박탈에는 급성 수면 박탈과(연속 18~24시간 깨어 있을 때), 만성 수면 박탈(몇 달 동안 잠을 적게 자거나 수면의 질이 나쁠 때)이 있다.

수면 박탈로 인한 결과를 보면 간담이 서늘해질 것이다. 이 마지막 경고와 함께 수면과 학습 수행 능력과의 연관성을 넘어, 수면이야말로 생명이라는 이 신비하고 기적 같은 현상을 지탱하는 어둡고도 난해한 열쇠라는 메시지를 전달하려고 했던 이번 장을 마무리할 것이다.

수면 박탈의 단기적 영향

- 인지 기능 저하: 논리적 사고와 집중력, 작업을 전략적으로 계획하고 결정을 내리는 능력이 떨어진다. 자극에 신속하게 반응하지 못하고, 외부 자극을 인지하는 능력도 떨어진다. 예를 들어, 추월하려는 차량이 백미러에 비쳐도 알아채지 못할 수 있다. 24시간 동안 잠을 자지 못했을 때 몸의 기능은 혈중알코올농도 0.1퍼센트 상태와 유사한 것으로 추정된다. 그러니 사망자가 발생하는 교통사고의 5분의 1이 운전자의 수면 박탈로 인해 발생하는 것도 이상한 일이 아니다.

- 성격 변화: 걸핏하면 짜증을 내고, 신경질적이고, 이기적으로 변한다. 리더십을 잃고 공감 능력도 떨어져, 커플 관계를 포함한 모든 사회적 관계가 위험해진다.

- 기억력 저하: 새로운 기억을 형성하거나 기존 기억을 떠올리는

능력이 감소한다.

- 식욕 변화: 호르몬 변화 때문에 필요 이상으로 음식을 섭취하게 되며, 지방이 많고 건강에 좋지 않은 음식을 선호하게 된다. 설상가상으로, 같은 양의 음식을 먹었을 때 체내에 축적되는 지방의 양도 증가한다.
- 운동 기능 저하: 떨림, 통증, 협응 능력 저하 등의 증상이 나타난다.
- 외모 변화: 눈이 붓고, 다크서클이 생기고, 피부가 창백해지고, 주름이 많아져서 전체적으로 인상이 안 좋아진다.
- 면역 기능 저하: 면역력이 떨어져 계절성 독감과 같은 감염 질환에 걸릴 위험이 높아진다.

수면 박탈의 장기적 영향

- 심혈관 질환: 심근경색, 고혈압, 뇌졸중의 위험이 증가한다.
- 종양성 질환: 다양한 종류의 암 발병 위험이 증가한다.
- 신경정신 질환: 알츠하이머병 및 기타 치매, 우울증, 불안 장애, 알코올 중독 위험이 증가한다.
- 대사 문제: 제2형 당뇨병, 비만, 다양한 소화계 질환 위험이 증가한다.

성적과 합격을 부르는 잠자기 전략

이제 본격적인 실전에 들어갈 테니, 침대에 누울 준비를 하시라. 이 번 장에서는 앞 장에서 배운 유용한 개념들을 바탕으로 일일 적정 수면 시간, 효과적인 학습을 위한 수면 시간 분배 등 수면과 학습법에 관한 핵심 사항들을 살펴보려 한다. 편히 자리 잡았는가? 그럼 이제 시작해 보자.

하루에 얼마나 자야 할까?

시험이 없는 시기

먼저 조금 더 쉬운 경우부터 시작해 보자. 시험은 아직 한참 멀었 고, 당장 눈앞에 닥친 중요한 마감이나 일정도 없다. 이처럼 여유로 운 시기에는, 의무적으로라도 수면 욕구를 충족할 수 있는 만큼 수면을 취해야 한다. 앞 장에서 이미 살펴보았듯이, 뇌 인지 기능의 핵심 자원인 수면을 아끼겠다는 발상은 그 자체가 위험하다. 특히 만성적인 수면 부족은 최악이다! 경험상, 피사에서 만났던 우수한 학생 중, 시험 기간이 아닐 때 수면 시간을 줄이는 사람은 단 한 명도 없었고, 시험이 없을 때는 모두들 다음 날 상쾌하고 힘차게 깨어나기 위해 적당한 수면 시간을 확보하려고 노력했다.

이상적인 수면 시간

이쯤 되면 당신은 분명 대체 몇 시간을 자야 이상적인 수면 시간이라 할 수 있을지 알고 싶은 열망에 사로잡힐 것이다. 유감스럽게도, 정답은 없다. 실험적 근거에 따르면, 이상적인 수면 시간은 개인별로 차이가 매우 크며, 대부분은 유전적으로 결정된다. 다시 말해, 누군가에게는 네 시간이 이상적일 수도 있지만, 다른 누군가에게는 11시간이 이상적인 수면 시간일 수 있다. 키가 더 크거나 줄어드는 법을 배울 수 없는 것처럼, 이상적인 수면 시간은 후천적으로 학습할 수 있는 특성이 아니다.

그러니 우리는 각자 자신에게 필요한 수면 시간을 직접 측정해야 한다. 가장 쉬운 방법은 몇 시간을 자야, 하루 종일 기분이 상쾌하고, 집중력도 잘 유지되는지 스스로 측정해 보는 것이다. 보통 이상적인 수면 시간은 일곱 시간에서 아홉 시간 정도지만, 모두가 그런 것은 아니다. 예전에 성적이 정말 뛰어난 우등생 친구가 있었는데, 그 친구는 10시간은 자야 다음 날 머리가 제대로 돌아간다고 했다. 그러니 사람은 무조건 일곱 시간, 여덟 시간 혹은 아홉 시간 자야 한다는 말은 보편적인 법칙이 아니다. 그런 주장에는 그 어떤 과학적 근거도 없다.

요즘은 스마트폰 앱을 이용해 수면 시간을 기록할 수 있으니 얼마나 자야 낮에 졸리지 않은지 스스로 측정해 보자. 그 이상도 이하도 아닌 수치가 바로 각자의 이상적인 수면 시간이다. 단, 이렇게 측정한 이상적인 수면 시간도 절대 불변은 아니다. 나이나 감염 여부, 월경 전 증후군, 임신, 완경기 등의 신체 상태에 따라 조절이 필요할 수 있다. 여기서는 참고로 영국 국가보건서비스가 권장하는 연령별 수면 시간 기준을 소개한다.[1]

연령	적정 수면 시간
4~12개월	12~16시간
1~2세	11~14시간
3~5세	10~13시간
6~12세	9~12시간
13~18세	8~10시간

시험 기간에는 얼마나 자야 할까?

나만의 노하우

지금까지 이야기한 내용은 이론상으로는 완벽하지만, 한꺼번에 여러 과목 시험을 준비해야 할 때는 실전에 적용하기 쉽지 않다. 충분한 수면의 매력이 아무리 커도, 시험 기간에는 기적의 '최근 효과'를 위해(1장 참조) 한 번이라도 더 복습하는 것이 효과적일 수 있다. 2주 만에 일곱 과목 시험 준비를 해본 학생이라면(그렇다. 나 역시 그런 경험이 있다) 어느 정도 수면 부족에 시달리지 않고 버티는 게 거의 불가능하다는 사실에 공감할 것이다.

그럴 때는 어떻게 해야 할까? 어느 정도 잠이 부족할 수는 있겠지만, 그런 상황을 조심스럽게 통제하고 관리해야 할 것이다. 지금부터는 경험으로 습득한, '나만의 노하우'를 소개하겠다. 먼저, 다소 과장되기는 했지만 두 가지 극단적인 성황을 가정해 보자. 시험에는 '논리형' 시험과 '앵무새형' 시험이 있다. 대부분 시험은 이 두 극단 사이 어딘가에 위치하므로, 시험의 성격을 잘 파악하여 다음의 실용적 지침을 적절히 조정하길 바란다.

• 극단적 상황 1: 논리형 시험

수학적 수행 능력이나 논리적 추론 능력이 필요한 시험을 봐야 할 때는 반드시 충분한 수면을 취하고 시험에 임해야 한다. 공학, 컴퓨터 과학, 수학, 물리학 등이 이러한 범주에 속한다. 계산이 중요한 시험에서는 작은 실수 하나로도 답안 전체가 망가질 수 있으므로, 시험을 보다 1분마다 하품을 해대면, 결코 도움이 되지 않는다. 이런 시험을 대비할 때는 앞서 설명한 각자의 이상적인 수면 시간을 철저히 지켜야 한다.

• 극단적 상황 2: 앵무새형 시험

반대로, 암기력을 평가하는 시험일 때(안타깝게도, 의외로 이런 유형을 선호하는 교수들은 많은 편이다) 시험 직전 복습의 장점이 수면 부족 때문에 생기는 단점보다 훨씬 클 수 있다. 특히 교수님이 학생이 방대한 양의 세부 정보를 '쏟아내길' 기대하는 시험이라면 말이다. 이를테면, 과연 쓸모가 있을지 의심스러운 '통째로 표 외우기' 등의 문제가 이러한 범주에 속한다.

이런 종류의 정보는 기억 지속 시간이 매우 짧아서, 시험 전날 밤에 한 번 더 훑어보는 것이 훨씬 효과적이다. "카이사르의 것은 카이사르에게"라는 말처럼 교수가 크라카토아 화산 급으로 외운 것을 쏟아내는 초특급 앵무새를 원한다면, 우리는 기꺼이 앵무새가 되어줘야 할 테니 말이다.

단, 한 가지 잊지 말아야 할 점이 있는데, 그것은 수면을 네 시간 이하로 줄여서는 안 된다는 것이다. 앞서 살펴보았듯, 서파 수면은 기억 형성에 절대적으로 중요하기 때문에(며칠에 한해서라면) 렘수면은 포기할 수 있지만 서파 수면은 절대 포기할 수 없다. 기억력의 생명수라 할 수 있는 서파 수면의 주기는 잠든 후 네 시간 동안 가장 길기 때문에 외울 내용이 많으면, 무슨 수를 써서라도 서파 수면을 취해야 한다.

시험이 끝난 후

수면 부족 상태로 시험 기간을 보냈다면, 시험이 끝난 후에 부족한 수면을 반드시 보충해야 한다. 경제학자들의 말처럼 세상에 공짜 점심은 없는 법이다there ain't no such thing as a free lunch. 수면은 음식 못지않게 중요한 생명의 근간이다. 연구 결과, 하룻밤을 꼬박 새우고 난 후에 서파 수면은 전부 보충할 수 있지만, 렘수면은 약 50퍼센트 정도만 보충할 수 있는 깃으로 나타났다. 충분한 수면을 취하지 못하고 나서 이를 보충하려고 취하는 수면을 보충 수면catch-up sleep이라고 하는데, 하루 이상의 밤을 새울 때는 보충할 수 있는 수면의 비율도 줄어든다. 보충 수면은 진화적으로 매우 오래된 현상으로, 심지어 곤충에게도 나타난다! 예를 들어, 초파리를 일정한 간격으로 진동하는 용기에 넣거나, 카페인을 투여하여 강제로 잠을 못 자게 했더니, 수면 부족 시간이 길어질수록 그 후에 취하는 수면 시간이 증가하는 것으로 나타났다.[2]

나는 시험이 끝나면 알람도 맞추지 말고, 뇌가 스스로 깨어날 시간을 선택할 때까지 계속 자기를 권한다. 사실 나는 시험 기간에 36시간 동안 아예 잠을 자지 않고, 시험이 끝난 다음에 무려 19시간 30분을 내리 잔 적도 있다!

언제 자야 가장 공부가 잘될까?

크로노 타입

이제 이야기의 초점을 수면의 양에서 수면의 시기로 옮겨보자. 즉 "언제 자고, 언제 일어나야 하지?"라는, 우리의 일상과 매우 밀접한 질문을 던질 때가 된 것이다. 과거에는, 서카디안 리듬circadian rhythm(일주기 리듬)이 모두에게 똑같이 작동하는 보편적이고 '정상적인' 생물학적 메커니즘이라고 생각했다. 따라서 그 기준과는 생체 리듬이 다른 사람들은 병에 걸렸다고 생각했지만, 지금은 그렇지 않다는 사실이 밝혀졌다. 일주기성circadianity은 건강한 사람들 사이에서도 매우 다양하게 나타난다. 그리고 이러한 차이를 설명하는 개념이 크로노 타입이다. 요즘은 한발 더 나아가, 크로노 타입의 유형이 거의 전적으로 유전적 요인 때문에 결정된다는 사실도 밝혀졌다.

- 인류의 25퍼센트는 아침 일찍 일어나서, 오전에 집중적으로 활동하고, 저녁에는 일찍 잠자리에 드는 경향을 나타내는데, 이들은 종달새형larks 혹은 아침형 인간이라 부른다.
- 인류의 25퍼센트는 늦게 일어나고, 오후나 밤에 일하고, 늦은 시간에 잠드는데, 이들은 올빼미형owls 혹은 저녁형 인간이라 부른다.
- 나머지 50퍼센트는 이 두 극단 사이 어딘가에 해당한다.

종달새니 올빼미니 하는 명칭을 듣고 피식 웃을 수도 있겠지만, 놀랍게도 이 명칭들은 실제 신경 과학 논문과 연구에서도 자주 사용되는 학술 용어다.

심지어 장난기 가득한 신경과학자들은 '종달새 지수larkness'와 '올빼미 지수owlness'를 측정하는 기준도 만들었다. [3]

코르티솔 호르몬의 변화

크로노 타입이 정말 존재한다는 사실은 코르티솔이라는 호르몬 때문에 확실히 증명되었다. 스트레스 호르몬이라 불리는 코르티솔은 22장에서 더 자세히 다룰 것이다. 코르티솔 호르몬 분비가 서카디안 리듬을 따른다는 점은 이미 반세기 전부터 잘 알려진 사실이었다. [4] 실제로 그림 27에서 알 수 있듯 일반적으로 코르티솔은 우리가 잠에서 깨어나는 오전 7시에 가장 많이 분비되는데, 이때를 정점acrophase 이라 한다. 반대로 취침 시간에 가까워지는 오후 6시에서 12시 사이에는 코르티솔 수치가 낮아지는데, 이때를 최저점nadir이라 한다.

그런데 최근 연구 결과 이렇게 호르몬 분비량이 정점에 달하는 시

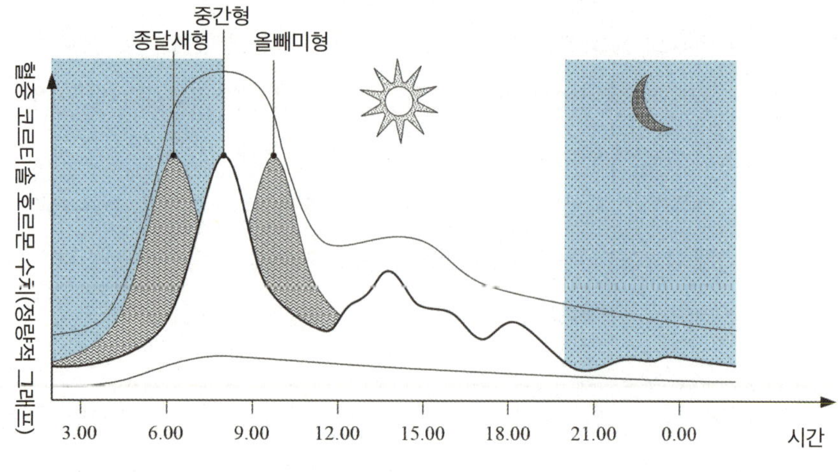

그림 27. 코르티솔의 서카디안 주기

점과 최저점에 달하는 시점은 각자의 크로노 타입에 따라 다르다는 사실이 밝혀졌다. 즉, 종달새형은 정점과 최저점에 달하는 시간이 빠르게 나타나고, 올빼미형은 늦게 나타난다는 것이다.

다시 말하지만, 코르티솔 호르몬의 변화shift는 거의 전적으로 유전적 요인 때문에 결정된다. 이 모든 증거는 크로노타입이 단순한 기분이나 습관의 산물이 아니라, 유전자에 각인된 정교한 내분비 시스템이 결정한다는 사실이며, 이는 의지와는 상관없는 생리적 기제라는 사실을 증명한다.

이상적인 취침 시간

이 모든 사항을 고려하면, 앞서 제시했던 생활 밀착형 질문 중 "언제 자야 하는가?"라는 질문에 대한 답은 명확해졌다. 잠은 졸음 올 때

298

자야 하고, 그 시점은 각자의 크로노 타입에 따라 다르다. 이러한 내용은 수면을 다루는 과학서들이 보편적으로 합의하는 사실이다.

하지만 이 대목에서, 나를 포함한 이 글을 읽고 있는 모든 올빼미형 독자들은 졸릴 때 자야 한다면 대체 수업 시간에는 어떻게 하라는 말인지 의아해할 수도 있겠다.

내가 과거에 썼던 전략 하나를 소개하자면, 억지로라도 자신의 생체 리듬을 깨우는 방법을 찾아야 한다. 올빼미형 인간은 일어나서도 정신 차리는 것을 힘들어하고, 속도도 느리다. 이 과정을 빠르게 할 수 있는 가장 좋은 방법은 몸을 쓰는 것이다. 예컨대, 수업을 들으려고 강의실에 갈 때 일부러 걸어가는 것만으로도 충분하다. 게다가 그 시간을 복습에도 활용하면 일석이조가 아닌가(21장 참조).

생체 리듬을 고려한 시간표

물론, 앞서 말한 방법이 최적의 해결책은 아니다. 그보다는 대학교를 비롯한 교육기관들이 아침 일찍 시작하는 구조로 구성된 전통적인 수업 시간표가 과학적이지 않고, 구시대적인 생체 리듬 개념에 기반하고 있음을 자각해야 한다.

종달새형 학생들은 이러한 시간표를 사랑하고, 올빼미형이나 종달새형에 완전히 속하지 않는 50퍼센트의 학생들은 그럭저럭 견딜 만하다고 생각할 것이다. 하지만 올빼미형 학생들은 아침에 수업을 수강하는 환경에서 최상의 인지능력을 발휘할 수 없다. 많은 올빼미형 학생들은 오로지 아침 수업을 피하려고 대면 강의를 포기하고 비대면 수업을 선택할 수 있다. 다소 황당하게 들릴 수도 있지만, 이 문제는 결코 가볍게 볼 사안이 아니다. '올빼미 보호'는 교육 당국이 진지하게 고민해야 하고, 임상적으로도 중요한 의미가 있는 중요한 문제다.

이상적인 기상 시간

두 번째 질문인 "언제 일어나야 할까"에 대한 답은 덜 직관적이다. 한 가지 명심할 점은, 우리의 뇌는 생각보다 우리를 훨씬 더 잘 알고 있다는 사실이다.

인간의 뇌는 모든 것을 엿볼 수 있는 수많은 버튼으로 가득한 조종실에 있기 때문에 우리가 몇 시에 일어날 생각인지까지도 파악하고 있다. 평소에 맞춰둔 알람 시간보다 몇 분 먼저 자연스럽게 눈이 떠지는 경험을 한 적이 있지 않은가? 이는 결코 우연이 아니다. 멜라토닌이나 코르티솔과 같은 호르몬 수치의 변화를 보면, 일단 특정한 시간에 일어나는 데 익숙해지면, 우리 몸은 이미 기상 시간 90분 전부터 일어날 준비를 시작한다는 사실을 알 수 있다. 이렇게 자연스러운 생체 리듬에 따라 깨어나는 것이, 깊은 수면인 N2 수면 단계나 N3 수면 단계에서 갑작스럽게 깰 때보다 훨씬 더 상쾌하고 개운하다. 수면 의학 전문의들이 가능한 한 알람을 사용하지 말고 자연스럽게 깨는 것을 권장하는 이유가 바로 여기에 있다.

물론 아침에 피할 수 없는 일정이 있으면 어쩔 수 없지만, 그렇지 않으면 기상 시점을 판단하는 것을 뇌에 맡기는 것이 바람직하다. 수면 주기를 도중에 끊지 않으려면, 알람은 어디까지나 '비상용'이나, 자연스럽게 일어나지 못할 때를 대비한 백업 수단 정도로만 사용해야 한다. 수면 전문가들이 입 모아 반대하는 기능이 바로 '일시 중단

snooze' 기능이다. 알람을 끄고 10분만 더 자는 것이 얼마나 달콤한지는 잘 알지만, 수면의 질을 생각하면 그래선 안 된다.

이제 다시 당신을 나만의 고해소로 초대할 시간이다. 나는 방학 동안에는 "졸리면 자라"는 조언을 지나칠 정도로 문자 그대로 받아들였는데, 그 결과는 꽤 극단적이었다. 자, 이제 나의 말도 안 되는 행태를 고백할 테니 기대하시라.

먼저 알아두어야 할 점은, 내가 최악의 올빼미형 인간이라는 사실이다. 그러니까 나의 생체 리듬은 서카디안 리듬과는 거의 상관이 없었다. 게다가 학창 시절 내내 감당하기 힘들 정도로 넓은 시험 범위를 소화하려면 평소 일일 학습 계획을 철저하게 세워야 했다. 그러다 보니 매일 예정된 범위를 끝내지 못한 채 하루를 마칠 때가 많았다.

잠을 자려면, 나 자신과 맺은 비밀스러운 약속을 깨뜨려야 했는데, 그것은 스스로 도저히 용납할 수 없는 일이었다. 그래서 어떻게 했냐고? 그럴 때마다 나는 세 시간, 네 시간, 심지어 여섯 시간 늦게 잠자리에 들었다. 그러니까 하루에 20시간에서 24시간 가까이 광적으로 공부한 후에서야 눈을 붙인 것이다. 대신 나는 수면의 중요성을 잘 알고 있었기 때문에, 그다음 날 일어날 시간은 전적으로 생체 리듬을 따랐다. 그러다 보니 아홉 시간, 심지어 12시간 동안 내리 자기도 했다. (전날 밤 부족했던 서파 수면은 다음 날 온전히 회복된다는 사실을 기억할 것이다.) 다음 날도 같은 일이 반복되었고, 또 그다음 날도 마찬가지였다.

그 결과, 강의가 없는 시기에 내 생체 리듬은 24시간을 기준으로 움직이는 서카디안 리듬에서 24시간보다 긴 주기로 움직이는 인프라디안infradian 리듬으로 바뀌게 되었다. 참고로 울트라디안ultradian 리듬은 24시간보다 짧은 주기를 의미한다.

게다가 야밤에 집중적으로 공부했기 때문에 생기는 특이한 장점들도 있었다. 밤에 공부하면 조용한 데다, 휴대폰도 울리지 않고, 메시지를 주고받을 일도 없다. 물론, 원한다면 메시지를 보내도 되지만, 새벽 4시에 메시지에 답장해 줄 사람은 나 말고는 아무도 없을 것이다!

원체 특이한 크로노 타입을 타고난 덕분에 내게는 광기에 가까운 인프라디안 리듬이 전혀 부담스럽지 않았고, 오히려 자연스럽게 느껴졌다. 실제로, 수강 기간에 억지로 서카디안 리듬을 따르던 때보다 스트레스도 훨씬 줄었고, 학습 효율도 눈에 띄게 향상되었다.

결론적으로, 내 뇌의 요구에 맞춰 학습 리듬을 조정한 것이 전반적인 삶의 질과 학습 능력 향상에 큰 도움이 됐다. 당신에게 내 경험을 들려준 이유는 나처럼 밤을 새워 공부하라는 말을 하고 싶어서가 아니라, 각자의 생체 시계가 지닌 유전적 특성을 고려해, 자신만의 학습 시간표를 짜라는 이야기를 하고 싶어서다.

공부하다 낮잠을 자도 될까?

대단원의 막을 내리기 전에, 분위기를 바꿔 수 세기에 걸쳐 논란의 중심에 있었던 낮잠에 관해 이야기해 보자. 어이없게 들릴 수도 있겠지만, 낮잠이 야간 수면에 미치는 영향은 지금도 과학적으로 활발한 논쟁의 대상이다. 다만 확실하게 증명된 몇 가지 사실들은 다음과 같이 정리해 볼 수 있겠다.

- 낮잠이 유익하기만 할 때: 특히 외과 의사나 장거리 비행 조종사처럼 근무 시간이 긴 직종에 종사해서 수면 부족에 시달리는 사람들에게는 낮잠이 매우 유익하다. 이런 때에는 낮잠이 수면 부족의 부정적인 영향을 줄여주고, 호르몬을 서카디안 리듬에 맞춰서 조절해 주고 주의력 회복을 도와준다. 따라서 당신도 시험이 몰려서 수면이 부족하다면, 낮잠은 더없이 현명한 선택이다. 게다가 낮잠은 거의 서파 수면으로만 구성된 단일 주기 수면이기 때문에, 기억력 향상에도 도움을 준다는 점을 반드시 기억해 두자.
- 낮잠이 해롭기만 할 때: 만성 불면증을 겪는 사람들이 낮잠을 자면, 본래 잘 시간에 잠들지 못한다. 게다가 수면 잠복기latency, 수면 분절fragmentation과 같은 다른 문제들을 악화시킬 수 있다.

그 외의 경우에는, 낮잠이 긍정적이라는 증거도 부정적이라는 증거도 없다. 단지, 늦은 저녁에 낮잠을 자는 것은 피해야 한다. 그렇지 않으면 야간 수면 시간을 침범하게 되어, 수면의 거시적 구조를 흐트러뜨릴 위험이 있다. 정리하자면, 낮잠이 체질에 잘 맞고, 그로 인해 밤잠을 설치지 않는다면, 굳이 낮잠을 자지 않을 이유는 없다.

낮잠 시간과 냅푸치노

일반적으로 이상적인 낮잠 시간은 15분에서 20분 사이라고 알려져 있다. 영미권에서는 이러한 짧은 낮잠을 에너지를 재충전해 준다는 의미로 파워 냅power naps이라 부른다.

실제로 짧은 낮잠은 주의력과 인지 기능 회복에 도움이 되기 때문에, 이름을 꽤 잘 지은 것 같다. 단, 낮잠을 너무 많이 자면, 잠에서 깬 뒤 멍하고 어지러운 수면 관성 현상이 나타날 수 있으므로, 수면 시간은 30분을 넘지 않는 것이 좋다.

수면 관성을 피할 수 있는 꿀팁은 낮잠을 자기 전에 냅푸치노 nappuccino를 마시는 것이다. 카페인을 섭취한 후, 그 효과가 나타나기까지는 약 30분 정도가 소요되는데, 낮잠 직전에 커피, 차, 에너지 음료와 같은 카페인 음료를 섭취하면, 낮잠에서 깰 즈음에 카페인 효과가 나타나 더 강력하고 완벽한 '재부팅 효과'를 얻을 수 있다.

다단계 수면

역사와 관련된 재미있는 일화로 수면과 관련된 이야기를 마무리하겠다. 레오나르도 다빈치, 나폴레옹, 니콜라 테슬라 같은 역사적 인물들이 하루에 여러 번 나눠서 자는 다단계 수면을 취했다는 이야기를 들어보았을 것이다. 예를 들면, 네 시간마다 짧은 낮잠을 자는 식으로 말이다. 하지만 이러한 정보는 떠도는 풍문일 뿐 역사적 사실과 거리가 멀다. 그런 이야기가 사실이었던 유일한 시기는 그들이 생후 0개월에서 3개월이었을 때뿐이었을 것이다. 이 시기가 지나면, 생물학적 특성상 인간은 다단계 수면을 버리고 단일 수면 또는 이중 수면(낮잠을 즐기는 때)을 취하게 된다.

21

실전

몸을 움직이면
뇌가 깨어난다

공부하는 사람의 올바른 생활 방식이라는 대주제 아래 이번에는 신체 활동에 관한 이야기를 나누어보자. 온종일 구부정하게 자세를 구부린 채 책만 붙들고 있는 고전적인 모범생의 이미지는 과연 얼마나 현실적일까? 결론부터 말하면, 현실과는 다소 거리가 멀다. 실제로 인간의 인지 활동은 신체 활동과 떼려야 뗄 수 없는 관계다. 게다가 생물학의 장난으로 인지 활동과 신체 활동의 관계는 특히 기억에 큰 영향을 미친다.

늘 그렇듯, 그 이유를 이해하기 위해, 이번에도 뇌신경과학의 미로 속으로 들어가 보자. 신체 활동은 다양한 방식으로 인지능력을 향상하는데, 이번 장에서 그중 특히 매혹적인 방식을 한 가지 소개하겠다. 그런 다음, 실전으로 넘어가서 학습 활동과 신체 활동을 균형 있게 병행하려면 어떻게 해야 할지 알아보자.

시작하기에 앞서, 당신에게 약간 까다로운 질문을 던져보겠다. 뇌는 성인이 된 이후에도 완전히 새로운 뉴런을 만들어낼 수 있을까? 자, 곧 그 정답과 함께, 그것이 운동과 어떤 관련이 있는지 알게 될 것이다.

뉴런이란 무엇일까?

뉴런의 수

기초적인 동물 생물학을 공부한 사람이라면, 해부학자 줄리오 비조제로Giulio Bizzozero가 만든 분류 기준에 따라 세포는 불안정 세포, 안정 세포, 영구 세포로 나뉜다는 것을 기억할 것이다. 여기서 불안정 세포는 피부조직처럼 생명이 지속되는 한 계속 재생되는 세포다. 안정 세포는 필요에 따라 외상 등의 자극이 있을 때만 복제되는데, 대표적인 예로는 골절 후 재생되는 뼈가 있다. 마지막으로, 영구 세포는 일단 성숙하면 더는 복제할 수도 없고, 새로운 조직을 생성할 수도 없는데, 그 대표적인 예가 바로 뉴런이다.

실제로 다양한 생애 주기에 따른 뉴런 수 변화 곡선은 꽤 흥미롭다. 태아일 때 뇌는 임신 10주 차부터 특정 신경 줄기세포의 작용으로 뉴런을 생성하기 시작한다. 이렇게 만들어진 세포들은 신경세포로 분화할 수 있는 유일한 세포다.

뉴런은 임신 초중반에 집중적으로 생성되며 전체 임신 기간 40주 중에서 임신 25주 차에 사실상 대부분 뉴런이 생성된다.[1] 인간은 무려 1,000억 개의 뉴런을 가지고 태어나는데, 이는 우리 지구가 있는 은하수의 모든 별의 수와 맞먹는 숫자다!

흥미로운 점은 태아가 태어난 후에는, 이 과정이 거꾸로 진행된다는 사실이다. 출생 후 인간의 신경계는 시냅스 가지치기pruning 단계로 들어간다. 이 단계에서는, 뇌 회로의 기능에 불필요하거나 비활성화된 뉴런과 시냅스가 의도적으로 제거된다. 가지치기 과정은 뇌가 건강하게 발달하려면 꼭 필요한 과정이며, 생후 10년 동안 가장 활발하게 일어지만, 그 후에도 계속 일어날 수 있다.

이후 뉴런의 수는 약 860억 개 선에서 안정화되며, 이때 확정된 뉴런의 수가 거의 평생 유지된다. 물론, 이러한 수치는 780억 개에서 940억 개 정도 개인차가 날 수 있다.[2] 이쯤 되면 '신생아의 뇌는 어른보다 훨씬 작지 않은데, 어떻게 뉴런 수는 거의 같을까?'라는 의문이 떠오를 수 있다. 놀랍게도, 뇌의 부피가 커지는 주된 이유는 수초화*와 새로운 시냅스의 형성과 관련이 있다. 시냅스들은 공간을 많이 차지하므로, 뇌의 부피는 커지지만, 뉴런 수 자체는 변하지 않는 것이다.

즉, 뉴런을 새로 연결하거나 끊는 방식으로 학습과 기억에 영향을 주는 뇌 가소성**은 어디까지나 시냅스 수준에서 이루어지는 것이다(1장 참조). 하지만 뉴런 자체는, 우리가 태어날 때 갖고 태어난 1,000억 개 중 일부를 평생 사용하는 것이 전부다. 태어난 후에는, 단 한 개의 뉴런도 새로 생성되지 않는다. 적어도, 전통적인 해부학에서는 지난 수십 년 동안 그렇게 가르쳤다. 하지만, 이제 기막힌 대반전이 일어날 테니 기대하시라!

---

* 신경세포의 축삭돌기를 지방질로 감싸 신경 신호 전달 속도를 높이는 과정.
** 뇌의 구조와 기능이 학습, 경험, 환경 변화에 따라 유동적으로 변하는 능력.

운동이 뉴런에 미치는 영향

　지금까지 설명한 내용은 거의 모든 뇌 영역에 해당한다. 하지만 1960년대에, 몇몇 과학자들이 이 통념을 뒤집는, 소소하지만 결정적인 예외를 발견했는데, 그것은 바로 뇌의 두 영역에서는, 배아기에 새로운 뉴런을 만드는 데 관여했던 신경 줄기세포가 성인이 돼서도 살아남아 있다는 사실이다.

　더 놀라운 점은 이 두 줄기세포 오목*에 남아 있는 줄기세포들은 평생 활발하게 새로운 뉴런을 생성한다는 사실이다. 이렇게 태어난 신경세포들은 마법처럼 뇌 회로에 통합되어, 활동까지 한다. 이처럼, 성인의 뇌에서도 새로운 뉴런이 생성되는 과정을 성인기 신경세포 생성이라고 부르며, 이 현상이 발생하는 영역 두 개는 그림 28에서도 볼 수 있듯 다음과 같다.

- 성인기 뉴런 생성이 일어나는 첫 번째 영역은 측뇌실의 뇌실하 영역SVZ이다. 여기에서 생성되는 뉴런은 주로 후각 기능에 기여한다. 사실 후각 망울에 줄기세포 오목이 있어서 성체가 된 후에도 뉴런을 활발하게 생성하는 동물 종은 꽤 많다. 하지만 인간에게 이 기능은 미미한 수준이어서 실질적인 영향은 없다고 봐도 무방하다.
- 두 번째 줄기세포 오목은 뇌실하 영역에 있는 줄기세포 오목보다 훨씬 중요한데, 그것은 놀랍게도 해마, 보다 구체적으로는 치

---

* 줄기세포가 발견되는 특정 해부학적 위치 내의 미세 환경.

아이랑 내 과립하영역$_{SGZ}$에 위치한다. 치아이랑은 광범위하게 해마 형성체를 이루는 여러 하위 구조 중 하나다. 이쯤 되면 다들 눈치챘겠지만, 과립하 영역에서 일어나는 성인기 뉴런 생성 기능은 기억 형성에 필수적이다. 여기에서 생성되는 뉴런의 수는 극히 적지만, 그 역할은 학습과 기억에 결정적인 영향을 미친다.

여기까지 읽은 후에 '이게 운동이랑 무슨 상관이지?'라는 생각이 떠오를 수도 있다. 이제부터 그 부분을 다룰 예정이니, 걱정 마시라.

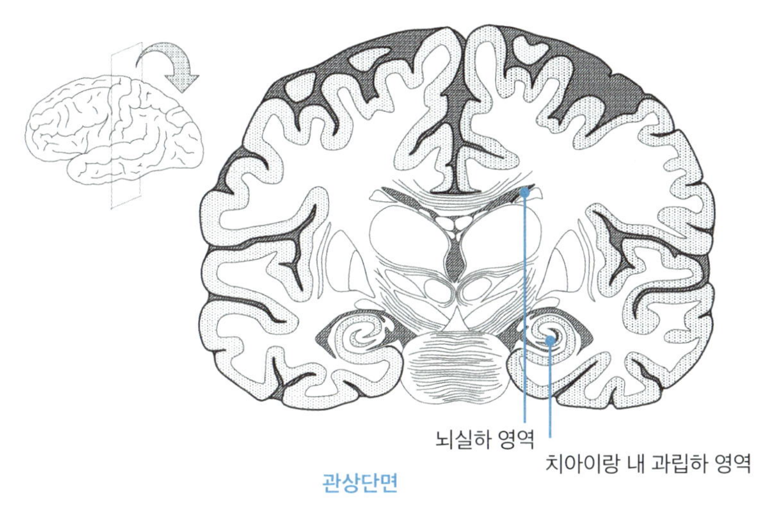

그림 28. 성인기 뉴런 생성이 일어나는 해부학적 부위

성인기에 해마에서 생성된 뉴런의 기능

성인이 된 후에 해마에서 생성된 뉴런의 정확한 기능을 밝혀내는 일은 결코 쉬운 작업이 아니었다. 신경과학자들은 오랜 연구 끝에, 최근에야 이에 대한 세 가지 기능을 밝혔다.

첫 번째는 기분 조절 기능이다. 실제로 메커니즘은 아직 완전히 밝혀지지 않았지만, 해마의 뉴런 생성 기능이 손상되면 우울증을 유발한다는 사실이 입증되었다.[3]

두 번째는 특이하게도 뇌가 기억을 능동적으로 잊는 과정과 관련이 있다. 즉, 생존에 불필요하다고 판단한 정보들을 지워내는 기능인데, 이를 기억 삭제clearance of memories라고 부른다. 그렇다. 뇌가 망각하려고 일부러 새로운 뉴런을 생성한다는 것이다.[4] 말이 되냐고? 이렇게 생각해 보자. 칠판에 글씨를 쓰다 보면 언젠가 공간이 부족해진다. 그럴 땐 기존 내용을 지우거나, 아니면 아예 새로운 칠판, 즉 '새로운' 뉴런을 가져와야 한다. 기억 형성에 가장 중요한 마지막 기능이 효력을 발휘하는 것은 바로 이 지점이다. 성인기에 해마에서 형성된 기억은 구체적이고 세세한 정보를 구별해서 기억하는 패턴 분리pattern separation를 담당한다. 이 기능은 비슷한 정보들 사이의 미세한 차이를 구별하고 정확하게 기억하는 데 결정적이다.[5] 예를 들어, 1066년에 벌어진 헤이스팅스 전투를 공부하고 있다고 하자. 이때, '11세기' 같은 큰 범주의 정보는 해마에서 생성된 뉴런 없이도 기억할 수 있다. 하지만 '66년'이라는 연도를 기억하는 데에는 반드시 해마의 성인기 뉴런 생성이 필요하다. 이런 이유로 학창시절에는 해마의 뉴런 생성 기능을 최상의 상태로 유지하는 것이 매우 중요하다.

신체 활동의 역할

자, 이제 본론으로 들어가 보자. 이 모든 것은 신체 활동과 무슨 상관이 있을까? 그 대답은 간단하다. 놀랍게도 해마의 성인기 뉴런 생성은 운동을 하면 활성화된다.

매일 최소한의 신체 활동을 하지 않으면, 해마는 뉴런 생성 활동을 멈추고 파업에 들어갈 것이다. 이러한 사실은 실험으로 명확히 증명되었다. 성체 생쥐의 움직임을 일정 기간 제한하자, 해마에서 생성되는 새로운 뉴런의 수가 현저히 감소했다. 이 현상은 오랜 기간 침대에 누워 지낸 환자들에게서도 그대로 나타난다. 예컨대 척추 골절로 움직일 수 없거나, 긴 혼수상태에서 깨어난 사람들은 심각한 우울증 증상과 함께 기억력 저하를 겪는다. 오늘날 재활 치료 프로그램에 가벼운 운동을 포함하는 것도 바로 이러한 이유 때문이다. 이러한 원리는 학습에도 적용된다.

중요한 점은, 그렇다고 모든 사람이 운동선수가 될 필요는 없다는 사실이다. 방구석 붙박이만 아니면 된다. 침대와 냉장고와 책상을 오가는 생활은 겉으로는 편안하고 효율적으로 보이겠지만, 건강뿐만 아니라, 뇌에도 매우 해롭다. 인류의 조상이 숲을 누비며 사냥과 채집을 했다는 사실을 기억하자. 그렇기에, 매일 반드시 최소한의 신체 활동을 해야 한다. 방식은 다양하다. 20분 정도 강도 높은 운동을 하는 것도 좋고(이왕이면 유산소운동이 좋다), 30분 정도 좋아하는 운동을 즐기는 것도 괜찮다. 그것이 부담스럽다면 동네를 한 바퀴 돌며 느긋하게 산책하는 것도 좋다.

기타 메커니즘

뉴런 생성 외에도, 최소한의 신체 활동이 인지능력 향상에 미치는 영향과 관련된 메커니즘은 수없이 많다. 모든 메커니즘을 자세히 설명할 수는 없지만, 엔도르핀과 세로토닌의 분비 증가 정도는 짚고 넘어갈 만하다. 엔도르핀과 세로토닌은 기분을 좋게 만들어줄 뿐 아니라, 인지능력을 향상하고, 건강한 상태를 유지하는 데도 큰 영향을 미친다. 결론은 하루에 최소한의 신체 활동을 하는 것은 하면 좋고, 안 하면 할 수 없는 선택 사항이 아니다. 학생이든 연구자든 공부하는 사람 누구에게나, 신체 활동은 절대적인 의무이자 학습법의 핵심에 있는 필수 사항이다.

공부와 운동을 병행하는 법

이제 바쁜 학창 시절에 어떻게 일일 최소 운동량을 충당할 것인가라는 쉽지 않은 문제가 남았다. 시험 기간이 아닐 때는 비교적 여유가 있겠지만, 시험 기간에는 어떻게 해야 할까? 게다가 때에 따라 몇 달 동안 계속 시험을 볼 수도 있는데 말이다. 이와 관련해서 나만의 지극히 은밀한 비법을 당신과 공유하려 한다.

운동과 공부라는 두 마리 토끼를 동시에 잡기 위한 시간을 확보할 수 있는 가장 효과적인 방법은 그 두 활동을 동시에 하는 것이다. 사실, 앞서 7장에서 그 방법을 이미 소개한 적이 있는데, 그것은 바로 소리 내어 복습하기다. 소리 내어 복습하기는 서서 할 수도 있고, 방에서 걸으면서 할 수도 있다. 그런 식으로 복습을 하면 심박수를 높이는 데 도움이 된다. 시험 기간에 나를 비롯한 내 친구들은 12시간에서 16시간 동안 이런 식으로 공부했는데, 그 정도면 외부로 나가지 않아도 일일 운동량이 충분히 충족된다. 하지만, 솔직히 말하면 내 진짜 비법은 따로 있다. 대학교 시절 아무에게도 말하지 않았던 비장의 무기를 당신에게만 공개하려 한다. 이름하여, '아르노 강변' 방식이다.

나만의 노하우

9장에서 소개했던 플래시 카드 복습법을 기억하는가? 플래시 카드는 말 그대로 포켓 사이즈여서 자연 속을 거닐며 산책할 때 가지고 다니기에 안성맞춤이다. 카드만 있으면 혼자서 문제를 내기도 하고, 대답도 하면서 큰 소리로 복습할 수 있다. 이 완벽한 수식을 완성하기 위해 딱 한 가지 부족한 건 적합한 장소다. 여기서 당신에게 내가 세상에서 가장 사랑하는 장소, 아르노 강변을 따라 길게 뻗은 피사의 공원을 소개하겠다.

피사 사람들은 이 공원을 '레 피아제 Le Piagge'라 부르지만, 나는 이곳을 '아르노 강변 공원'이라 부를 것이다. 아르노 강변 공원은 잿빛 도시와 시끄러운 소음이 갑자기 사라지고, 도시에 산소를 공급하는 초록빛 녹지가 펼쳐지는 매혹적인 곳이었다. 원래 공원 조성 목적과는 상관없겠지만, 내 눈에 그곳은 학생을 위한 낙원처럼 보였다.

나는 특히 강을 따라 길게 뻗은 산책로가 좋았다. 복잡한 오솔길을 헤맬 필요 없이, 자동 조종 모드를 켠 것처럼 2.5킬로미터 남짓 되는 구간을 아무런 생각 없이 오가며 걷기에 완벽했다. 공원에서 내가 가장 좋아하는 공간은 바로 공원

양쪽으로 난 산책로를 가로지르는 기묘한 콘크리트 제방이다. 아마도 강이 범람할 때를 대비해서 만든 구조물이겠지만, 45도 경사의 널찍한 벽 위로, 불과 50센티미터 남짓한 폭의 통로가 난 제방은 나만의 특별한 산책로였다. 사람들은 너무 좁아서 오르기를 꺼렸지만, 내게는 다른 산책자들과 부딪히지 않고 완전히 집중할 수 있는 최고의 장소였다. 벽면의 기울기 덕분에 야생 염소가 아닌 이상 아무도 나란히 걸을 수 없었기 때문이다. 제방 위에 올라서면, 피사에서 가장 신선한 공기를 마시며, 봄날의 풍경을 즐길 수 있었다.

제방 위에 올라 시험공부를 하면서 얼마나 많은 시간을 보냈던가. 공부할 내용이 많을 때는 하루에 20킬로미터를 걷는 날도 있었다. 모든 영화 대본을 혼자 산책하면서 썼다는 우디 앨런처럼 말이다. 정적과 신선한 공기, 자연의 아름다움이 이루는 흔치 않은 특별한 조합 덕분에 학습이라는 행위 자체가 미적인 경험이 되었고, 나는 그 경험을 충만하게 만끽했다. 아름다움을 눈으로 마시고, 지식을 소리 내어 흡수하는 그 시간은 단순한 공부가 아니라, 삶 그 자체였다.

물론 공공장소에서 '청중'이 보는 앞에서 큰 소리로 복습할 때는 민망함이 따를 수밖에 없다. 하지만 그 해결책은 간단하다. 그냥 신경을 끄면 된다. 그것도 완전히. 아마 피사 시민 중에는 셔츠 주머니에 플래시 카드를 잔뜩 꽂은 채, 한 손에는 카드 묶음을 들고, 제방 위를 오가며 혼잣말로 고성능 분자, 수학 공식과 온갖 난해한 증상들을 외우던 미친놈을 기억하는 사람들이 있을 것이다. 하지만 그런 사람들은 결코 로런츠 변환Lorentz Transformation의 수식들이 뿜어내는 수학적 완벽함과 봄날 아침 6시에 라인의 황금 서곡이 울려 퍼지는 피사의 아름다움이 만들어낸 마법 같은 순간을 알지 못할 것이다. 진심으로 공부를 사랑하고 싶다면, 이를 감정적인 경험으로 만들어야 한다. 그렇게 공부한 내용은 평생 잊히지 않을 것이다.

22

실전

슬럼프와
스트레스 관리법

슬기로운 학창 생활을 위한 여정을 마무리하기 전에, 요즘 학생들 사이에서 널리 퍼지고 있는 문제에 대해 '열린 성찰'을 해보려 한다. 그것은 바로 시험 전에 불안한 심리를 겪는 증세인데, 최근에는 이러한 증상을 시험공포증examophobia이라 부른다. 시험이 다가올수록 점점 더 커지는 초조함과 불안감, 거대한 산을 향해 질주하고 있는 것 같은 기분 말이다. 시험 때만 되면 머리가 걱정으로 가득 차면서 '지금 공부를 시작해 봤자 이미 늦은 건 아닐까?'라는 의구심이 생긴다. '시험을 망치면 어떡하지?' '창피해서 어떻게 얼굴을 들고 다니지?' 등의 생각이 꼬리에 꼬리를 물고 이어진다.

그러면 이제부터라도 두 배, 아니 네 배는 더 많이 공부해야겠다고 마음을 먹는다. 잠도 안 자고, 밥도 안 먹고, 하루에 최소한 1,500페이지 분량은 공부해야겠다고 마음을 다잡는다. 그렇게 자신을 쥐어짜고 몰아붙이다, 결국에는 전속력으로 달리던 자동차가 멈춰 서듯

폭발하게 된다. 그 결과로 나타나는 현상이 바로 번아웃 증후군이다. 참고로 의대생 셋 중 한 명이 번아웃 증상을 보인다고 한다.[1] 사실, 공부하다 보면 누구나 이런 극도로 불안한 순간을 경험하게 된다. 성실하고 욕심 많은 학생일수록 더욱 그렇다. 이러한 불안은 학업 성과에 어떤 영향을 미칠까? 그리고, 어떻게 하면 이런 상황을 피할 수 있을까? 언제나 그렇듯, 해답은 우리 뇌의 작동 방식에 숨어 있다.

스트레스가 공부에 미치는 영향

스트레스는 신경과학에서 잠재적으로 위험성이 있는 자극에 대한 유기체의 반응을 표현하는 용어다. 다시 말해, 인간을 포함한 동물이 어떤 위협에 처했을 때 보이는 익숙한 반응, 즉 '투쟁-도피fight or flight 반응'을 가리킨다. 스트레스에 대한 일반적인 개념은 에너지 자원을 최대한 빨리 생존을 위해 필요한 신체 체계로 재분배하는 기제다. 물론 상황에 따라 공격자와 정면으로 맞설 수도 있고, 아니면 꼬리를 내리고 도망칠 수도 있다. 이 기제를 조절하는 시스템이 바로 그 유명한 시상하부-뇌하수체-부신 축이다. 인체의 수호성인과도 같은 이 세 기관은 연쇄 반응으로 각각 코르티코트로핀 방출 호르몬CRH, 부신피질자극 호르몬ACTH, 코르티솔이라는 세 가지 호르몬을 순차적으로 분비한다.

가장 먼저 결정을 내리는 뇌 영역은 시상하부다. 시상하부는 진화적으로 매우 오래된 영역으로, 내분비계 대부분을 조절하는, 일종의 조정 센터 역할을 한다. 시상하부는 뇌의 다양한 영역으로부터 정보를 받아들이는데, 위험한 상황이라고 판단되는 즉시 스트레스 스위치를 켠다. 그리고 그 순간(간접적으로), 스트레스 호르몬이라 불리는 코르티솔이 분비된다. 코르티솔은 군대의 지휘관과 같아서 확성기로 몸 전체를 향해 '비상 상황'을 선포한다. 코르티솔은 먼저 간에 명령을 내려 체내에 저장되어 있던 에너지를 글루코스로 전환해 혈액으로 방출하게 한다. 글루코스는 신체에서 가장 빠르게 사용할 수 있는 에너지원이다. 이렇게 방출된 글로코스는 근육뿐만 아니라 뇌에도 공급된다. 그와 동시에 코르티솔은 아드레날린 분비를 촉진한다. 아드레날린은 심장에게 더 빠르고 강하게 펌프질을 하라고 지시하고, 그 결과 혈압이 상승한다. 그렇게 몸 전체가 투쟁이나 도피를 위한 준비 태세에 들어간다. 이때 소화 기능과 염증 반응처럼 당장 생존에 필요하지 않은 기능들은 일시적으로 속도가 느려진다. 이러한 기제는 마치 전시 체제에 돌입한 국가와 같아서 일상적인 활동은 잠시 멈추고, 사용 가능한 모든 자원을 군대에 집중시킨다.

유스트레스와 디스트레스

앞서 스트레스의 생리학에서 살펴본 내용을 바탕으로 짐작할 수 있듯이, 스트레스가 학습에 미치는 영향은 양면적이다. 스트레스는 기본적으로 비상 상황을 알리는 경보 시스템이다. 이 시스템이 짧은 시간, 적당한 강도로 작동할 때, 에너지를 뇌에 집중시켜 인지 수행 능력이 향상되는 긍정적인 효과를 낸다.

이럴 때 우리는 기운이 넘쳐서, 시험과 같은 중요한 도전 과제에 최상의 컨디션으로 임할 수 있다. 신경과학에서는 이런 긍정적 스트레스를 유스트레스eustress라고 부른다. 반면, 경보 시스템이 과하게 작동하면 오히려 부정적인 영향을 미친다. 예를 들면 스트레스 상태가 지나치게 오래 이어지거나, 급성 스트레스라도 강도가 높으면 신체에 최악의 영향을 미친다. 이런 상태에서는 긍정적인 긴장감 아니라, 불안과 공황을 경험하고, 결과적으로 인지 수행 능력도 급격히 떨어진다. 이처럼 부정적인 형태의 스트레스를 디스트레스distress라고 한다.

디스트레스가 기억에 미치는 영향

이제 본격적으로 만성 스트레스가 우리 뇌에 어떤 영향을 미치는지 살펴보자. 만성 스트레스의 영향은 뇌의 특정 부위에 집중되는데, 그곳은 어디일까? 두말할 필요도 없이, 학습과 기억의 가장 중요한 자원인 해마다(1장 참조).

실제로 만성 스트레스 상태에서는 해마의 부피가 눈에 띌 정도로 감소하는 위축 현상이 일어난다. 급성 스트레스 상황도 이보다 낫지 않다. 과다한 코르티솔은 기억 인출 능력을 강하게 억제한다(6장 참조). 급성 질환이나 수술 때문에 스트레스 상태가 며칠만 이어져도 기억력이 거의 완전히 손상된다. 실제 실험용 쥐에게 다량의 코르티솔을 딱 한 번 주입했더니, 집으로 돌아가는 길을 못 찾고 미로에서 헤맸다고 한다. 이런 상황이 시험을 볼 때 벌어지면 어떻게 될까? 망신살이 뻗치겠지만, 솔직히 누구나 한 번쯤은 겪을 수 있는 일이다.

스트레스 관리에도 기술이 있다

이 시점에서 가장 중요한 것은 디스트레스 상태에서 벗어나는 방법이다. 그러려면 가장 먼저 자신에게 솔직해져야 한다. 현재 실행 중인 학습 계획이 지속적인 불안과 정서적 긴장 상태에 몰아넣고 있지는 않은지 스스로 점검해야 한다. 만약 그렇다면, 용기를 내 주변 사람들에게 도움을 청해야 한다. 가족이나 선생님 그리고 무엇보다 담당 의사에게 이러한 문제를 이야기해야 한다. 그렇지 않으면, 빠져 나올 수 없는 번아웃의 악순환에 빠질 위험이 있다.

스트레스는 지극히 개인적이고 심리적인 문제이므로, 긴장을 풀 수 있는 보편적이고 표준화된 방법을 제시하기는 어렵다. 그러니 이번에도, 당신을 위해 나만의 노하우를 공유할 생각이다.

나만의 노하우

시험 전에 불안한 가장 큰 이유는 대개 크고 작은 이유로 학습 진도를 제대로 나가지 못해서이다. 이러한 불안을 치료할 수 있는 가장 좋은 방법은 공부를 하는 거다. 단, 여기서 말하는 공부란 잠도 자지 않고, 식음을 전폐하고, 삶의 모든 즐거움을 포기하는 광기 어린 공부가 아니다. 그보다는 온건히 집중하고, 몰입하고, 머리를 능동적으로 쓰면서 공부하는 것이 더 중요하다. 시험을 앞두고 살짝 치솟는 불안에서 생기는 에너지가 바로 유스트레스인데, 우리는 서퍼가 파도를 타듯 그러한 에너지를 활용해, 공부에 최대한 몰입하고, 짧은 시간에 최대의 성과를 내야 한다. 꾸벅꾸벅 졸면서 책상 앞에 앉아 있거나, 근무 시간 채우듯 형식적으로 책장을 넘기는 것이 아니라, 불안을 연료로 삼아야 한다.

이와 동시에, 준비하고 있는 시험과 적당히 거리를 두고 객관화해서 바라봐야 한다. 즉, 시험이 실제로 지니는 비중과 의미를 냉정하게 따져봐야 한다는 의미다. 당장은 눈앞에 닥친 시험이나 수행평가가 인생 최대의 과제처럼 느껴지지만, 5년, 10년이 지나면 시험을 봤는지, 심지어 몇 점을 받았었는지 잘 기억나지 않는다. 시험은 살면서 최선을 다해야 할 수많은 순간 중 하나일 뿐이다. 중요한 것은 그 경험을 잘 축적하는 것이다. 덧붙이자면, 성적이나 IQ가 인생의 성공을 예측하는 좋은 지표가 아니라는 사실은 이미 여러 연구로 입증되었다. 교사들의 기대와는 달리, 통계상 성적, IQ와 직업 성취도 간 상관관계는 매우 낮은 것으로 나타났다.[2] 창의성이나 카리스마 같은 자질은 시험으로 평가할 수 없기 때문이다. 본래 인생은 예측 불가능하고, 어딘지 짓궂은 면이 있다. 지금까지 내가 만난 비범한 사람들이 가진 공통적인 특징은 바로 매일같이 날아드는 인생의 비수와 화살(혹은 조금 더 직설적으로 말하자면 '재수 없는 일')을 유쾌하게 비웃는 능력이었다. 무슨 일이 일어나든, 웃어넘길 수 있는 여유를 가지고, 출생에서 죽음까지 우리의 삶을 관통하는 아이러니를 즐기는 것, 헤라클레이토스가 말한 '판타레이$\pi\acute{\alpha}\nu\tau\alpha\ \rho\varepsilon\hat{\iota}$', 즉 만물의 '흐름'*에 몸을 맡기는 것. 시험 공포증을 치유하는 길은 바로 거기에 있다.

---

* 고대 그리스 철학자 헤라클레이토스의 사상을 대표하는 표현으로, 세상 모든 것은 끊임없이 변하며 고정된 것은 없다는 뜻이다.

실전

언어는 뇌에
어떻게 저장되는 걸까?

"제 아들이 선생님과 함께 지내는 동안, 지적으로 크게 성장할 것이라 기대합니다. 특히, 지적 욕구를 자극하는 선생님과의 대화가 아들의 지식을 넓히는 데 큰 도움이 되리라 믿습니다. 제 아들의 외국어 실력이 아직 많이 부족하니, 열심히 공부하도록 독려해 주시길 바라며, 필요하다면 개인 교습도 주선해 주시기를 부탁드립니다."[1]

때는 1895년. 한 아버지가 스위스 아르고비아 주립고등학교에 다니는 아들의 하숙집 주인이자 아리고비아 주립고등학교 교사인 요스트 빈텔러Jost Winteler에게 절박한 편지를 보낸다. 아들의 외국어 실력이 나아지도록 어떻게든 도와달라는 호소를 담은 편지 말미에는 헤르만 아인슈타인이라는 서명이 적혀 있다. 그리고 외국어 실력이 형편없는 그 '문제아'의 이름은 바로 알베르트다.

그렇다. 현대 물리학의 창조자, 과학사에서 가장 빛나는 별, 우주의 가장 은밀한 비밀을 풀어낸 천재조차 우리 같은 범인들과 다른 바없이 영어를 비롯한 외국어를 배우느라 애를 먹었다니. 그는 평생 외국어 때문에 힘들어했다. 스스로 "나는 외국어를 배울 때 어설프고 무능하다"라고 고백할 정도였다.[2] 너무나 진솔한 천재의 고백을 들으면, 외국어 때문에 고통받는 요즘 학생들은 안도의 한숨을 내쉴 것이다. 아인슈타인은 영어 철자법을 도무지 이해할 수 없어서 단어의 올바른 발음은 알아도 이를 글자로 옮겨 적지 못하겠다고 했다. 또 모국어가 아닌 언어로 강의를 해야 한다는 소식을 듣고 당황해서 이렇게 말했다고 한다.

"예상보다 빨리 미국으로 출국해야 하는 바람에 강의 준비를 전혀 하지 못했습니다. 저는 영어에 능숙하지 않고, 제 서툰 프랑스어 실력으로는 즉흥적으로 강의를 할 수 없어서 이것은 매우 심각한 문제입니다."[3]

이 짤막한 일화가 당신의 마음을 조금은 편하게 해주었길 바란다. 이제부터 우리가 다룰 주제가 다름 아닌 외국어 학습이기 때문이다. 새로운 언어를 배운다는 것은 누구에게나, 심지어 알베르트 아인슈타인에게조차, 매우 어렵고 엄청난 노력이 필요한 일이다. 외국어 학습이 이토록 버겁게 느껴지는 근본적인 이유는, 언제나 그렇듯 우리의 뇌라는 복잡한 미궁에 숨겨져 있다.

이번 장에서는 외국어 학습과 관련된 뇌과학 이론을 간단히 살펴보고, 다음 장에서 본격적으로 외국어를 효율적으로 암기하기 위한, 기발하고도 흥미진진한 학습법들을 소개할 테니 빨간 펜을 준비하시라.

언어는 뇌에 달려 있다

먼저 실용적이고 재미있는 내용으로 시작하기 위해 언어 신경과학에 관한 미시적인 개요를 준비했다. 말 그대로 요약의 요약의 요약이다.

그림 29에 나와 있는 고전적인 뇌 해부도를 보면, 인간의 뇌에는 언어를 관장하는 두 영역이 있는데, 바로 브로카 영역_{Broca's area}과 베르니케 영역_{Wernicke's area}이다. 이때 브로카는 프랑스식으로 브로카_{brocà}라고 발음하고, 베르니케는 독일식으로 베르니케_{vèrniche}라 발음한다.

먼저 알아둘 점은 이러한 명칭들은 오늘날에도 쓰이기는 하지만, 그보다는 역사적 의미가 깊다는 사실이다. 실제로 이 피질 영역들은 경계와 기능이 다소 모호하며, 개인차가 크다. 신경과학에서 자주 일

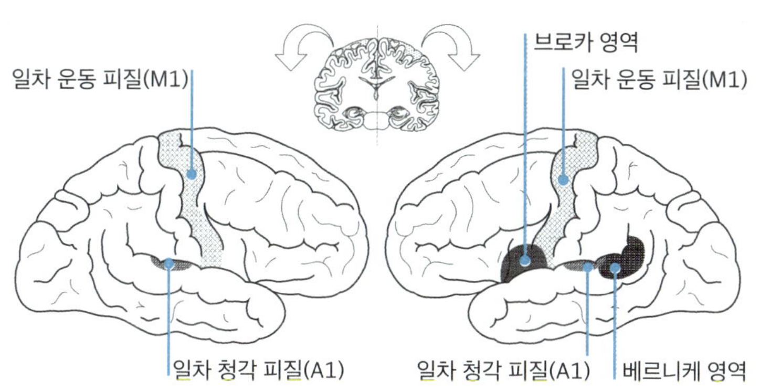

그림 29. 브로카 영역과 베르니케 영역

어나듯, 이 두 영역의 존재는 대체로 기이한 사고나 국소 뇌졸중 등으로 인해 특정 피질 부위에 국소 손상을 입은 희귀한 환자들을 연구한 결과 밝혀졌다. 브로카 영역과 베르니케 영역이 손상된 환자는 임상학에서 실어증이라 부르는 증세를 보인다. 그리스어로 '없다'라는 의미의 *ἀ*와 '언어'를 뜻하는 *φάσις*가 합성되어 만들어진 이름인 실어증은 말 그대로 언어 능력의 상실을 의미한다. 이때 어느 영역이 손상되었는지에 따라 브로카 실어증 또는 베르니케 실어증로 구분한다. 이 외에도 전도성 실어증, 전반성 실어증, 초피질 운동성 실어증, 초피질 감각성 실어증 등 다양한 변형이 다수 존재하지만, 여기서는 우리의 두 스타, 브로카와 베르니케에 집중하겠다. 두 영역은 외국어 학습법을 이해할 수 있는 매우 흥미로운 단서들을 제공할 것이다!

브로카 영역

우리의 첫 번째 주인공은 프랑스의 신경학자 폴 피에르 브로카Paul Pierre Broca다. 그는 1861년에 오늘날 자신의 이름을 따서 부르게 된 실어증을 처음 묘사했다. 문제의 피질 영역은 전두엽 하부에 위치하며, 혀·입술·후두의 근육을 조절하여 발화를 가능하게 하는 일차 운동 피질과 '수상쩍게' 가까운 곳에 자리하고 있다. 실제로 오늘날 우리는 단순하게 표현하면 브로카 영역이 언어의 '기표signifier'*를 담당하며, 두 가지 중요한 역할을 수행한다는 것을 알고 있다. 브로카 영역은

---

* 스위스의 언어학자 페르디낭 드 소쉬르Ferdinand de Saussure의 기호 이론에서, 귀로 들을 수 있는 소리로써 의미를 전달하는 외적外的 형식을 이르는 말. 말이 '소리'와 그 소리로 표시되는 '의미'로 성립된다고 할 때, 전자를 가리킨다.

한편으로는 언어의 흐름을 일차 운동 피질에 전달할 운동 명령으로 변환하여 발화를 가능하게 하고, 다른 한편으로는 문법을 담당한다.

나는 이 기능을 들을 때마다 어린 시절에 읽었던 레모니 스니켓 시리즈에 나오는 '조세핀 숙모'*가 생각난다. 브로카 영역은 조세핀 숙모처럼 거친 개념을 다듬어 정제되고 구조화된 문장으로 빚어내기를 즐기는 듯하다. 이 영역이 손상된 브로카 실어증 환자들은 두 가지 유형의 증상을 보인다. 첫 번째 증상은 단어를 발음하는 것을 힘들어한다. 음절 하나하나를 수도꼭지에서 물방울 떨어지듯 힘겹게 말하거나, 심하면 신음 소리만 낸다. 두 번째 증상은 "나/사과/먹다"와 같은 형태의 문장을 말하는 것으로, 즉, 관사, 대명사, 동사 변화, 어미 변화와 같은 문법적 요소들이 거의 모두 생략된, 극도로 건조하고 기본적인 표현만 한다. 단, 이들의 언어 이해 능력은 표현 능력에 비해 완전하지는 않지만, 상당 부분 유지되는 편이다.

베르니케 영역

우리의 두 번째 주인공은 독일의 신경정신과 의사 카를 베르니케 Carl Wernicke다. 그는 브로카가 자신의 이름을 딴 실어증을 기술한 지 몇 년 후인, 1874년에 자신의 이름을 딴 실어증을 처음 기술했다. 브로카 영역은 측두엽의 상부와 후방 부위에, 그중에서 또 다른 '수상쩍은 이웃'인 일차 청각 피질 바로 옆에 자리하고 있다.

---

* 화재로 부모를 잃은 삼남매가 가족의 오랜 비밀을 밝히는 모험 영화로, 삼남매의 양육자인 조세핀 숙모는 문법에 집착하고 범공포증이 있는 성격의 인물이다.

실제로 베르니케 영역의 주된 역할은 언어의 '기의signified'*를 담당하는 것이다. 즉, 베르니케 영역은 통역사처럼 일차 청각 피질에서 전달받은 소리를 의미로 변환한다. 또 우리가 말할 때, 의미상 온전하고 논리적인 문장을 구성하는 일을 담당한다. 베르니케 실어증 환자들은 마치 범람하는 강물처럼, 유창한 문장들을 끊임없이 쏟아낸다. 그들의 입에서 나오는 문장은 문법적으로는 정교하지만, 완전히, 혹은 거의 완전히, 무의미하다. 이때 당연히 구어 지시를 이해하는 능력은 아예 상실된다. 이들은 상상만 해도 끔찍한 지상의 지옥에서 사는 셈이다.

뇌의 편측성

마지막으로, 언어를 관장하는 영역들에는 매우 독특한 특징이 있다. 제2차 세계대전 직후, 스무 살을 갓 넘긴 일본인 신경과 의사 준 아쓰시 와다Juhn Atsushi Wada는 효과가 즉각 나타나는 마취제를 뇌로 이어지는 주요 동맥인 내경동맥 중 한쪽 내경동맥에 직접 주입하고, 이어서 반대쪽에도 주입하는 실험을 진행했다. 이렇게 탄생한 실험이 바로 '와다 검사Wada test'다.

실험 결과, 피실험자 대부분은 좌뇌를 마취했을 때 언어 이해와 발화가 완전히 불가능해졌다. 하지만 놀랍게도, 우뇌를 마취했을 때는, 깨어 있는 좌뇌만 사용하면서, 아무렇지 않게 말하고 이해할 수 있었

---

* 소쉬르의 기호 이론에서, 귀로 들을 수 있는 소리로써 의미를 전달하는 외적 형식을 이르는 말. 말이 '소리'와 그 소리로 표시되는 '의미'로 성립된다고 할 때, 후자를 가리킨다.

다. 당시에는 지금처럼 정교한 장비가 없었지만, 이 실험을 거쳐 대부분의 경우, 브로카 영역과 베르니케 영역을 비롯한 언어 관련 피질 영역이 양쪽 뇌에 한 쌍씩 있는 것이 아니라, 한쪽(거의 항상 좌측)에만 존재한다는 사실이 드러났다. 브로카 스스로 말했듯 "우리는 좌뇌로 말한다." 1990년대 기능적 자기공명영상의 등장으로 이는 사실로 입증되었다.

소중한 언어 영역

언어 영역이 한 세트만 존재한다는 것은 매우 특이하다. 알다시피, 뇌의 거의 모든 구조는 쌍으로 존재하기 때문이다. 인간은 해마 두 개, 운동 피질 두 개, 시각 피질 두 개, 청각 피질 두 개를 가지고 태어난다. 반면에 거의 모든 사람은 언어 피질을 단 한 개 가지고 태어난다. 그러니 언어를 담당하는 '우세' 반구도 하나다. 그리고 다음 표를 보면 알 수 있듯, 오른손잡이의 90퍼센트는 좌뇌가 언어 우세 반구다.[4]

언어 우세 반구	오른손잡이(인구의 90%)	왼손잡이(인구의 10%)
전형적인 경우 (좌뇌)	88%	78%
우세성이 없을 경우(좌뇌+우뇌)	12%	15%
비전형적인 경우 (우뇌)	0%	7%

이 놀라운 특성은 우리에게 한 가지 교훈을 주는데, 그것은 언어를 생산하고 이해하는 뇌의 장치가 값지고, 귀하고, 많은 역할을 담당하고 있다는 사실이다. 심지어 예비 부품도 없다. 우리가 지금까지 읽은 모든 문장, 나눈 모든 대화, 그리고 평생 발화한 모든 단어는 하나

도 빠짐없이 우리 뇌 속에 있는 조그마한 피질 영역을 거쳐 갔다. 만약 그 특정한 영역에 있는 뉴런을 잃게 된다면, 한 줄기 빛도 없는 새까만 어둠 속에서 정처 없이 헤매는 불쌍한 영혼과 다를 바 없다.

언어가 저장되는 곳

이쯤 되면 언어를 관장하는 이 중요한 장치가 어떻게 새로운 언어 학습이라는 엄청난 과제를 감당하는지 당신도 궁금할 것이다. 그럼 이 질문에 답해 보자. 우리가 배우는 언어들은 모두 같은 장소에 저장되는 걸까? 아니면 분리된 영역에 자리를 잡는 걸까? 다시 말해, 인간의 대뇌피질에 이탈리아어를 위한 영역, 영어를 위한 영역, 프랑스어를 위한 영역이 따로 존재하는 걸까? 이 흥미로운 질문에 대한 초기 단서들은 다언어 화자에 발생한 뇌 손상 연구 사례에서 발견되었다.

옛날 옛적 남미에 한 소녀가 살고 있었다. 소녀는 볼리비아에서 태어나 자라며 스페인어를 썼다. 그러다 열 살 때 미국에 이민을 간 후 영어로 학업을 하면서, 영어를 완벽하게 구사할 수 있게 되었다. 소녀는 상황에 따라 두 언어로 자유롭게 '생각'할 수 있게 되었다. 그런데 19세 때 심각한 뇌전증을 앓게 돼 신경과 진료를 받게 되었다. 뇌 CT 촬영 결과, 뇌전증의 원인이 좌뇌에 있는 거대한 동정맥 기형MAV 때문인 것으로 밝혀졌다. 동정맥 기형은 머릿속을 누르고 있는 거대한 동맥과 정맥 덩어리다. 일종의 혈관 실타래 같은 동정맥 기형이 파열되면 생명이 위태로워질 수 있어서, 반드시 제거해야만 했다.

그런데 불행히도 동정맥 기형은 전두엽, 측두엽, 두정엽이 만나는 틈새에 자리 잡고 있었다. 브로카 영역, 베르니케 영역을 비롯해 언어 회로 대부분이 자리하고 있는 곳 말이다. 수술 전, 소녀는 영어와 스페인어로 와다 검사를 받았는데, 그 결과는 명확했다. 소녀의 언어 우세 반구는 동정맥 기형이 있는 좌뇌였다. 그렇지만 동정맥 기형이 너무 커서, 위험을 무릅쓰고서 제거할 수밖에 없었다.

그로부터 2년 뒤, 신경외과 의사들은 언어 영역의 손상을 최소화하려고 최선을 다하며 수술을 진행했다. 두 달 후, 병원을 찾았을 때, 소녀의 영어는 여전히 훌륭했지만, 스페인어는 완전히 엉망이었다.

소녀는 올바른 단어를 떠올리지 못하고 언어적 아노미 증상을 보였고, 실제 단어를 어설프게 흉내 낸 우스꽝스러운 단어를 내뱉는 바람에(착어증) 가족들이 매번 고쳐줘야 했다. 예를 들어, 스페인어로 깔때기를 의미하는 엠부도embudo 대신 엔두로enduro라고 했고, 재갈을 의미하는 보잘bozal 대신 로잘rozal이라고, 비서를 의미하는 세그레타리아segretaria 대신 세크라리아secraria라고 말했다.

소녀의 뇌 속에 살던 두 '목소리' 중, 영어 화자는 신경외과 의사의 메스를 무사히 피했으나, 스페인어 화자는 망가져버린 것이다. [5]

언어별로 다른 저장 위치

앞서 극단적인 사례를 비롯한 유사 사례들 때문에, 우리가 구사할 수 있는 여러 언어 중에서 특정 언어 능력만 선택적으로 손상될 수 있다는 사실이 밝혀졌다. 비록 간접적이긴 하지만, 이러한 증거들은 우리의 질문에 기본적인 답을 제공한다. 어떤 때에는, 언어마다 뇌에서 위치한 거처가 다른 것이다. 놀랍지 않은가? 그뿐만이 아니다. 언어의 위치 분리로 인한 '선택적인' 손상은 두 언어를 배우는 시점의 시간적 간격이 클수록 더 자주, 그리고 더 뚜렷하게 나타나는 경향이 있는 것으로 나타났다. 더 나아가, 나이가 어릴 때 배우고, 숙련도가 높은 언어일수록, 마치 뇌에서 차지하는 영역이 더 넓기라도 한 것처럼, 손상에 대한 면역력이 더 강한 것으로 나타났다.

이번에도 기능적 자기공명영상 덕분에 언어별로 저장 위치가 다르다는 이 흥미로운 이론의 진위를 입증할 수 있게 되었다. 이중언어 화자를 모집해 두 집단으로 나눈다고 가정해 보자.

- 평균 나이 약 30세의 참가자 여섯 명으로 구성된 첫 번째 집단의 이중언어 화자들은 태어나면서 두 언어를 모두 사용하며 자란 사람들이다. 이들은 대개 다른 국가 출신의 부모를 둔 사람들로, 흔히 '원어민 이중언어 화자' 또는 '조기 이중언어 화자early bilinguals'라 불린다.
- 첫 번째 집단과 같은 나이의 참가자 여섯 명으로 구성된 두 번째 집단의 이중언어 화자들은 성인이 된 후 학습을 거쳐 외국어를 습득한 사람들이다. 이들은 '후천적 이중언어 화자bilingue tardivi, late bilinguals'라고 한다.

이제 모든 참가자에게 두 언어로 '어제 하루 동안 무슨 일을 했는지'를 묘사하게 하고, 이 과정을 자기공명영상으로 촬영한다. 여기서

330

한 가지 문제가 있다. 말을 하는 기계적 행위는 두개골에 미세한 움직임을 유발하는데, 이는 MRI 영상의 품질을 망가뜨릴 수 있다. 그래서 연구자들은 피험자들에게 실제로 말하는 대신 '내적 발화', 즉 마음속으로만 묘사하라고 한다.

각각의 언어로 전날 있었던 일을 묘사할 때 어떤 뇌 영역이 활성화되는지 MRI 촬영으로 확인해 본 결과, 모든 참가자에게서 공통적으로 전두엽의 브로카 영역과 측두엽의 베르니케 영역이 활성화되는 모습이 관찰됐다. 그렇다면 과연 활성화되는 브로카 영역과 베르니케 영역의 위치가 언어별로 동일할까? 그 부분은 상황에 따라 다르다. 이 실험에서는 표에서도 알 수 있듯 다음과 같은 결과가 나타났다.[6]

- 원어민 이중언어 화자의 경우, 언어에 상관없이 동일한 브로카와 동일한 베르니케 영역이 활성화됐다.
- 후천적 이중언어 화자의 경우에는 흥미롭게도 언어별로 활성화되는 브로카 영역이 물리적으로 분리되는 것으로 나타났다. 즉, '모국어'를 사용할 때와 '외국어'를 사용할 때 다른 영역을 사용했다는 의미다. 이때 두 영역 간 거리는 평균 6.4밀리미터에 달했다. 반면, 베르니케 영역은 두 언어 모두 동일한 영역이 활성화됐다.

	조기 이중언어 화자	후천적 이중언어 화자
브로카 영역 '중심' 간 거리	1.53(± 0.78)mm	6.43(± 1.83)mm
베르니케 영역 '중심' 간 거리	1.58(± 0.79)mm	1.88(± 0.62)mm

외국어를 배울 때 뇌에서 일어나는 일

외국어를 배울 때 뇌에서 일어나는 일을 단순하게 설명하면 다음과 같다. 먼저 통역가의 역할을 하는 베르니케 영역이 강화되면서 새로운 규칙을 배우고, 이를 통해 익숙하지 않은 발음을 인식하고, 그 소리를 의미로 변환할 수 있게 된다. 다른 한편으로 '문법 선생님'인 브로카 영역에 새롭게 배우는 언어의 문법과 구문을 전담할 새로운 공간이 마련된다.

외국어 학습은 엄청난 과제다. 뇌는 성인기의 대뇌피질에 남아 있는 한정된 뇌 가소성(1장 참조)을 활용하여, 완전히 새로운 임무를 수행할 수 있게 대뇌피질의 한 구역 전체를 재배치하는 대규모 작업에 착수한다. 이는 새로운 세입자를 받으려고 방 구조를 천장에서 바닥까지 싹 개조하는 것과 같다. 보다시피 외국어를 배우는 일은 엄청난 노력과 에너지가 필요하다. 그리고 이러한 사실은 신경과학적으로도 입증되었다. 외국어 배우기는 알베르트 아이슈타인처럼 뇌 가소성이 뛰어나고 뇌를 사용하는 훈련이 잘 된 사람도 애를 먹을 정도로 엄청난 노력이 필요하다.

2단계 소멸

가뜩이나 배우기 어려운 외국어인데, 설상가상으로 새로 습득한 어휘에 대한 기억마저 앞서 다룬 일반적인 기억 소멸 메커니즘에 따라 일정 기간만 유지된다. 만일 당신이 일정 기간 외국어 강의를 수강한 뒤, 최소한만 사용하면minimal practice 강의를 들으면서 습득한 어휘는 얼마 동안 유지될까? 연구에 따르면, 영어가 모국어인 사람들이 스페인어를 배운 후 사용을 별로 하지 않으면, 공부를 하면서 외운 단어에 대한 기억이 3년 안에 모두 사라진다고 한다. 좋은 소식도 있다. 1단계 '대량 소멸'에서 살아남은 어휘는 장기 기억 속에 남아 있다가 25년이 지난 후에야 2단계 소멸 단계를 맞는다고 한다.[7]

소멸에 영향을 미치는 요인

흥미롭게도, 3년 만에 찾아오는 '대학살'에서 살아남는 어휘의 양은 주로 두 가지 요인 때문에 결정된다. 첫 번째 요인은 예상하기 쉽다. 외국어 강좌 수강 기간이다. 두 번째 요소는 다소 의외인데, 바로 어휘 복습 주기이다.

당신은 2장에서 살펴본 간격 효과를 기억할 것이다. 복습 주기 간격을 멀리 떨어뜨려 배치하는 분산 연습이, 짧은 간격을 두고 몰아서 복습하는 것(집중 연습)보다 훨씬 견고하고 장기적으로 기억된다.

이 학습법은 특히 외국어 어휘를 암기할 때 효과적이다. 예를 들어, 스페인어를 전혀 모르는 친구 네 명에게 스페인어 단어 300개를 가르친다고 하자. 이들 중 몇 명에게는 8주 간격으로 13회 복습하게 하고, 다른 몇 명에게는 2주 간격으로 26회 복습하게 한다고 하자. 실험 결과, 장기적으로는 26회 복습 세션을 2주 간격으로 진행한 그룹과 8주 간격으로 13회의 복습 세션을 진행한 두 그룹이 같은 성과를 보이는 것으로 나타났다.[8] 무슨 뜻이냐고? 절반의 노력으로 같은 성과를 이뤘다는 것이다. 물론 단기적으로는 복습 간격이 짧을수록 기억이 더 잘 유지되는 것처럼 보인다. 그러나 이것은 착시 효과에 불과하다. 장기적으로는 언제나 분산 연습의 효과가 더 좋다. 그리고 외국어 학습은 이 원리가 가장 빛을 발하는 영역이다.

24

실전

외국어를
모국어처럼 배우는 법

이제 드디어 효율적인 외국어 학습을 위한 비법을 익힐 때가 왔다. 앞서 우리는 외국어 학습에 필요한 기본적인 신경과학적 지식을 살피고, 최소한의 노력으로 최대의 효과를 거두려면 가능한 긴 시간에 걸쳐 복습을 분산해야 한다는 사실을 확인했다. 우리의 목표는 우골리노 백작*처럼 탑에 틀어박혀 옥스퍼드 영어사전을 통째로 씹어 먹는 것이 아니라 외국어를 일상적으로 접하면서 몇 달, 아니 몇 년 동안 즐겁게 반복할 수 있는 재미있는 학습법을 찾는 것이다. 외국어 학습에 도움이 되는 불변의 원칙은 분산이다. 즉, 외국어에 노출되는 빈도를 삶의 모든 영역 전반으로 넓히는 것이다. 삶이라는 빵에 언어라는 크림치즈를 펴 바르는 것이다. '무엇'을 해야 하는지는 분명해졌

---

* 단테의 《신곡》 지옥편에 등장하는 인물. 배신죄로 탑에 갇혀 굶어 죽으며 자식들의 시신을 먹었다고 전해지는 비극적 인물로, 지옥에서 그를 배신한 루제로 대주교의 머리를 영원히 갉아먹는 모습으로 등장한다.

으니, 다음은 '어떻게' 할지를 고민해 보자.

원어민과 교류하라

첫 번째 조언은 길바닥에 굴러다니는 돌멩이도 알 법한 사실인데, 최대한 여행을 많이 하는 것이다. 여행은 돈이 많이 들 것이라고 생각할 수 있다. 그런데, 정말 그럴까? 그렇지 않다. 간단한 인터넷 검색만 해봐도 저렴한 어학연수나 다양한 문화 교류 기회가 무수히 많다(적어도 코로나 이전에는 그랬다).

또, 에라스뮈스Erasmus* 프로그램부터 학부 연구 장학금까지 전공에 상관없이 몇 개월 동안 해외 대학교에서 공부할 수 있는 다양한 장학제도도 존재한다. 원하면 굳이 해외에 나가지 않더라도 국내에서, 심지어 온라인으로 외국인과 만날 수 있다. 이와 관련해서는 두 가지 유형의 사이트가 있다.

첫 번째 유형은 온라인 언어 학습 커뮤니티online language learning communities다. 이러한 사이트는 세계 각국의 펜팔 친구와 연결해 주며, 원어민과 대화를 나눌 수 있게 돕는다. 두 번째 유형은 언어 교환 사이트language exchange다. 국내에 거주하는 외국인을 찾아 만나고, 서로의 언어를 가르쳐주는, 말 그대로 윈-윈win-win 전략이다.

---

* 유럽연합 국가들 사이의 교환 학생 프로그램.

원어민과의 올바른 대화법

많은 언어 교사가 원어민과 가벼운 대화를 나눌 때 사용하면 효과적이라고 강력히 권하는 방법이 있다. 대화 중에 처음 듣는 단어와 뜻을 수첩에 적어두는 것이다. 이것은 좋은 방법이다. 앞 장에서 살펴본 것처럼, 한 단어를 기억에 확실히 각인시키려면 적어도 수십 차례 그 단어에 노출되어야 한다. 앞선 실험에서는 무려 13차례에 걸쳐 복습해야 했다. 시간 간격을 두고 복습하더라도 마찬가지다. 특히 일상에서 접하기 힘든 단어나 전문용어일 때, 그 단어를 다시 접할 기회가 거의 없을 수 있다. 그러니 그 순간을 놓치지 말고, 10초에서 15초만 투자해 기록해 두지 않으면, 그 단어는 기억에서 영영 사라져버린다.

또 원어민 친구들과 대화할 때는 문법, 어휘, 어색한 표현, 발음 등 대화하면서 범하는 모든 오류를 지적해 달라고 요청해야 한다. 예의는 잠시 접어두고, 잘못되었거나 부자연스럽다고 느껴지는 모든 요소를 거침없이 수정해 달라고 부탁하지 않으면, 대화하면서 잘못된 문장 구조나 부정확한 발음이 오히려 굳혀질 수 있다.

나만의 노하우

나는 초등학교 저학년 때부터 세계 곳곳에 펜팔 친구들을 두었고, 고등학교 시절에는 매년 여름마다 몇 달씩 외국에 나가 현지 학교에 다녔다. 그러면서 깨달은 점이 있다면, 그것은 바로 여행으로 언어를 배우려면 단체 여행은 절대 금물이라는 사실이다. 이탈리아인 100명과 여행을 떠나면, 여행 내내 이탈리아어만 쓰게 될 것이 뻔하다.

여행의 핵심은 외국의 문화와 일상 속에 온전히 뛰어드는 것이고, 이러려면 탐험가처럼 혼자서 떠나서 현지 학교에 다니며 현지 가정에서 홈스테이하는 것이 가장 좋다.

호주와 뉴질랜드는 이러한 목표를 이룰 수 있는 최적화된 여행지다. 남반구는 계절이 북반구와 반대여서, 기존 학교 수업을 하루도 빼먹지 않고도 영미권 고등학교 생활을 경험할 수 있다. 게다가 이 나라들은 매우 개방적이고 다문화적이라, 대부분 현지 고등학교들이 저렴한 비용으로 학교에서 수업도 듣고, 현지 가정에서 생활하게 해주는 국제 학생 프로그램을 운영하고 있다. 국제 학생들을 호스팅하는 사람들은 대부분 성품이 훌륭하고, 올곧으며, 열린 사고방식을 가진 사람들로, 거의 봉사에 가까운 마음으로 학생을 맞이했다. 덕분에 나는 고등학교 1학년 여름방학부터 5년 동안 미국, 호주, 뉴질랜드, 그리고 유럽 절반에 걸쳐 약 100개 도시를 방문했고, 수많은 학교의 교복을 입어 보았으며, 열두 가구에 달하는 훌륭한 현지 가정에서 생활할 수 있었다. 그렇게 만난 많은 사람과 정이 들어서 지금도 연락을 이어가고 있다.

교환 학생 경험으로 나는 다른 국가의 교육 방식이 이탈리아와 얼마나 다른지 깨닫고, 그 장단점을 직접 체험할 수 있었다. 그리고 그 덕분에 상이한 두 교육 방식을 어떻게 보완할지 알 수 있었다. '영원한 이론가'적인 이탈리아의 교육 전통과 영미권 특유의 실증주의가 어우러져, 서로 다른 세계관과 문화적 관점을 아우르는 다채로운 팔레트가 만들어졌다. 그 경험은 단순히 내 언어 능력만 향상한 것이 아니라, 오랫동안 내 지적 호기심을 북돋는 원동력이 되었다.

자막 켜고 볼까, 끄고 볼까?

영화

이제 주제를 예능 쪽으로 바꿔보자. 내 가장 친하고 똑똑한 대학교 동창 중에 영화관에 가자고 할 때마다 영어로 된 영화만 보려고 했던 녀석이 있다. 그것은 그가 원칙주의 영화광이어서가 아니라, 영화가 외국어의 파동 속에 온전히 몰입할 수 있는 훌륭한 기회라는 것을 알았기 때문이다. 영화를 볼 때는 우리의 인지 자원이 부분적으로만 소모되기 때문에, 남은 자원을 대사를 이해하고, 외국어의 자연스럽고 자발적인 억양을 '삼투하듯' 흡수하는 데 쓸 수 있다. 물론 당신은 '맞는 말이긴 한데, 외국어를 처음 배울 때는 영화 내용을 하나도 못 알아듣지 않나?'라고 생각할 수 있다. 타당한 반론이지만, 이와 관련해서 초보자도 쉽게 외국어 콘텐츠를 즐길 수 있는 팁을 소개하겠다.

자, 이제 차근차근 진도를 나가보자. 뻔한 이야기지만, 첫 번째 팁은 원어 자막의 활용이다. 어학 강좌에서는 자막의 효과를 맹신하고 적극적으로 활용하지만. 실험심리학에서는 온도 차가 있다. 예를 들어, 영어 강좌 수강생들을 세 그룹으로 나눈다고 생각해 보자.

- 첫 번째 그룹에는 자막 없이 영화를 그대로 보여준다.
- 두 번째 그룹에는 같은 영화에 자막을 넣어서 보여준다.
- 세 번째 그룹에는 먼저 영화의 모든 대사를 인쇄한 스크립트를 나눠 준 뒤, 자막 없이 영화를 보여준다.

첫 테스트에서는 자막과 스크립트의 도움으로 두 번째와 세 번째 그룹 학생들이 영화의 줄거리를 더 깊이 이해하는 경향을 보였다. 하지만 여기에는 함정이 있었다. 학생들에게 리스닝 테스트를 보게 하자, 두 번째와 세 번째 그룹의 점수가 첫 번째 그룹보다 현저히 낮은 것으로 나타난 것이다. 그렇다. 영화 줄거리조차 겨우 이해한 첫 번째 그룹 학생들이 리스닝 테스트에서는 영화 내용을 완벽히 이해한 나머지 그룹 학생들보다 월등하게 뛰어난 성과를 나타낸 것이다. 이 현상의 원인은 인지 부하 이론으로 설명할 수 있다. 자막이나 대본은 중복 자극으로 작용해 영화의 시청각 처리 과정을 방해하고, 뇌를 인지 과부하 상태로 만든다.[1, 2]

결론적으로, 자막은 조심해서 활용해야 한다. 물론 영화의 이해도를 높이고, 생소한 단어의 정확한 철자를 배울 수 있다는 장점은 있다. 하지만 회화 능력을 높이는 데는 도움이 되지 않거나, 오히려 방해될 수 있어서 신중하게 사용해야 한다.

아무리 자막이 있어도, 언어를 배운 지 얼마 되지 않은 입문자들에게는 영화가 벅찰 수 있다. 어린아이도 무리 없이 볼 수 있을 정도로 대사가 단순하고, 기억하기 쉽고, 이해하기 쉬운 장편 영화가 있으면 얼마나 좋을까?

사실 그런 영화는 이미 존재한다. 그것도 아주 가까운 곳에. 그것은 바로 애니메이션이다! 당신이 나와 동년배라면, 위대한 애니메이션 명작들과 함께 어린 시절을 보냈을 것이다. 수년이 지난 지금도 나는 그때 보았던 애니메이션 장면과 대사를 또렷하게 기억한다. 그렇다면 마음 깊숙이 묻혀 있는 그런 기억들을 활용해서 어린 시절의 명작들을 다시 보는 건 어떨까? 차이가 있다면 이번에는 심바, 뮬란, 도널드 덕이 독일어, 프랑스 혹은 스페인어로 말할 것이라는 사실이다. 게다가 아동용 콘텐츠는 어린이 시청자들이 기억하기 좋게 반복, 후렴구, 유행어를 비롯한 다양한 캐치프레이즈catchphrase* 가 나오도록 정교하게 구성되어 있어서 교재로 안성맞춤이다. 비슷한 맥락에서, 배고픔만 견딜 수 있다면, 텔레비전 광고도 비슷한 효과를 낼 수 있다.

외국어로 최대한 재밌게 놀아라

영화나 애니메이션뿐 아니라, 십자말풀이, 비디오게임, 뉴스, 독서 등 이러한 방식으로 활용할 수 있는 오락 콘텐츠는 다양하다. 게다가 이러한 콘텐츠는 자신의 언어 능력에 맞게 난이도를 조절할 수 있다는 장점이 있다. 예컨대, 외국인을 위한 십자말풀이가 없으면, 원어민 아동용 십자말풀이를 해도 되고, 비디오게임은 자막 기능을 사용하면 된다. 독서로 말하자면, 위키백과의 '쉬운 영어 위키백과Simple English'부터 뉴스로 배우는 프랑스어 사이트en Français facile까지 외국어를 공부하는 학생들이나 외국인 학습자를 위해 쉬운 언어로 자료를 제공하는 웹사이트만 해도 수없이 많다. 마지막으로, 음악도 빼놓을 수

---

* 상품, 브랜드, 캠페인 등의 특징이나 핵심 메시지를 짧고 인상적인 문구로 만들어 사람들의 주의를 끌고 기억에 남게 하는 문구.

없다. 좋아하는 곡의 가사를 외워두면, 앞서 23장에서 나온 '최소 사용'으로 인한 기억 소멸 현상을(부분적이나마) 피해, 평생 가사에 나오는 단어들을 잊지 않도록 도움을 줄 것이다.

음악은 내게 너무나 중요하다. 중세 음악, 고대 음악을 포함한 클래식 애호가로서, 음악은 내 학업, 그중에서도 특히 언어 학습에 생명력을 불어넣어 주었다. 여기서 내가 말하는 언어 학습은, 현대어만 포함하는 것이 아니다. 시간을 초월한 고대 언어 학습에도 음악은 매우 유용하다. 고대어는 현대어의 정수와도 같아서, 고대어를 알면 현대를 살아가는 언어 '사용자'인 우리도, 품격 있는 문체와 함축적인 표현을 사용할 수 있게 된다.

이 자리에서 나는 라틴어로 된 성가를 언급해야만 한다. 라틴어 성가 중에는 명곡이 너무나 많다. 여기에 중세 라틴어, 프랑스 고어인 랑그 도일langue d'oïl, 중세 고지 독일어Mittelhochdeutsch*로 된 보석 같은 작품도 있다. 심지어 현대 작품 중에 고대 그리스어와, 복원한 라틴어로 작곡한 작품들도 있다. 순수한 매력의 〈다니엘의 극Ludus Danielis〉**에서 발터 폰 데어 포겔바이데Walther von der Vogelweide***에 이르기까지, 칼 오르프Carl Orff의 〈아프로디테의 승리Trionfo di Afrodite〉에서 이고르 스트라빈스키Igor' Stravinskij의 〈오이디푸스 왕Oedipus Rex〉에 이

---

* 1050년부터 1350년까지 사용된 독일어의 고어로, 독일 남서부 방언의 조상이다.

** 구약성서 〈다니엘서〉의 '사자 굴에 던져진 다니엘' 이야기와 '벨사살의 연회'를 음악과 연극으로 재현한 전례극.

*** 12~13세기, 독일의 대표적 음유시인.

르기까지 이러한 장르의 음악 세계는 방대하다.

음악은 언어에 친밀하고도 정서적인 의미를 덧입혀, 기억 파일을 뇌에 기록할 수 있는 빠른 경로를 제공한다. 이런 음악을 학습법 전반, 특히 언어 학습의 중요한 기둥으로 인정하지 않은 것은 어리석은 일이다. 그 언어가 살아 있는 언어든, '죽은' 언어든 말이다.

얼마나 많은 단어를 알아야 할까?

이제 주제를 바꿔서, 어휘에 관해 이야기해 보자. 그 전에 먼저 이 질문에 대한 답을 생각해 보자. 유럽어를 모국어로 사용하는 원어민은 평균적으로 몇 개의 단어를 알고 있을까? 또, 유럽어를 외국어로 배운 학생들은 해당 외국어 단어를 몇 개나 알고 있을까? 정답을 훔쳐보지 말고 책을 덮고 어림잡아 계산해 보자. 여기서 '단어vocabulariesi'는 어휘 변화를 하지 않은 '어휘 항목', 사전에 실린 어족word families을 의미한다.

그럼 이제 책을 덮고 한 번 생각해 보자. 정답을 들을 준비가 되었나? 우리는 인간이 가진 어휘 데이터베이스 규모를 터무니없이 과대평가하는 경향이 있다. 실제로 원어민 영어 화자는 평균적으로 약 1만 5,000개에서 2만 개의 어휘 항목을 알고 있다. 물론 개인차가 매우 커서, 어떤 사람은 1만 개 수준인 반면, 어떤 사람은 6만 개에 이르기도 한다. 이 중에서도 일상적으로 사용되는 단어는 약 3,000개에 불과하며, 그중 상위 800개만으로도 일상 대화의 75퍼센트를 이해할 수 있다.[3] 이제 두 번째 질문으로 가보자. 다음은 그리스 학생들을 대상으로, 유럽 공통 기준에 따른 영어·프랑스어 학습 단계별 평균 어휘 수를 측정한 여러 연구 결과를 정리한 표다.[4,5]

언어별로 자신이 얼마나 많은 단어를 알고 있는지 궁금하다면, 온라인에서 쉽게 확인할 수 있다. 공신력 있는 무료 어휘 측정 테스트가 꽤 많은데, 나는 개인적으로 세계적인 언어학자 폴 네이션Paul Nationa의 테스트를 추천한다. 이 테스트는 my.vocabularysize.com에서 무료로 이용할 수 있다.

어학 학습 단계	학생이 알고 있는 평균 어휘 수
A1	1,300
A2	1,950
B1	2,840
B2	2,970
C1	3,450
C2	3,800

워드 뱅크

이제 목표가 눈앞에 보인다. 어떻게 해야 1만 개에 달하는 어휘를 효율적으로 암기할 수 있을까?(이를 빨리 뽑아버려야 고통도 빨리 끝난다는 속담처럼) 체계화된 암기 방식을 선호한다면 워드 뱅크Word banks라는 놀라운 방식이 있다. 물론, 이 방식을 죽도록 싫어할 사람도 있을 것이다. 하지만, 아무리 고통스러워도 농축된 어휘를 혈관에 직접 '주입하는' 워드 뱅크야말로 가장 적은 시간에 큰 효과를 볼 수 있는 수

단임은 부정할 수 없다. 일종의 미니 사전과 같은 워드 뱅크는 외국어를 학습할 때 작업 효율성을 높이는 컨베이어 벨트 역할을 한다. 물론 워드 뱅크를 활용하면서 영화를 볼 때나 책을 읽을 때처럼 감동할 일은 없을 것이다. 워드 뱅크는 공장에서 물건을 찍어내는 것처럼 반복적이고 기계적이지만, 대신 매우 고효율high throughput적인 학습법이다.

영화, 책, 신문과 같은 외국어 콘텐츠에 지속적으로 노출되는 것은 본질적으로 앤솔로지anthology, 즉 선집選集적인 성격을 지닌다. 그리스어로 '꽃'을 의미하는 ἄνθος와 '고르다'를 의미하는 λέγω의 합성어인 어원에서 알 수 있듯, 외국어를 학습할 때 이러한 콘텐츠를 활용하는 것은 마음에 드는 작품에서 어휘라는 꽃을 '골라 담는' 데 그칠 수 있다. 반면, 워드 뱅크 활용은 그 꽃들을 실어 나르는 컨베이어 벨트를 가동하는 것과 같다. 게다가 연구 결과, 어휘를 범주별로 나누어 학습하는 방식이 단어 간 유사성, 차이, 모국어와의 연관성을 쉽게 파악하는 데 도움이 되며, 이를 통해, 더 빠르고 지속적인 기억 강화를 촉진한다는 사실이 밝혀졌다.[6]

그뿐만이 아니다. 여기에 디지털 기술이 결합하면서 워드 뱅크의 효율성이 앞서 언급한 학습법 기본 정리(프롤로그 참조)에 더 잘 부합하는 방향으로 발전할 수 있게 되었다. 실제로 고전적인 워드 뱅크를 더 몰입하기 쉽고, 견딜 만하게 해주는 다양한 외국어 학습이 개발되었다. 요즘은 어휘가 실제 생활에서 어떻게 사용되는지 예시를 담은 짧은 오디오·비디오 팟캐스트 자료를 손쉽게 찾을 수 있다. 그보다 더 좋은 것은 퀴즈 형태의 인터랙티브 워드 뱅크다. 여기에서 가상 플래시 카드virtual flashcards 소프트웨어로 유명한 Anki를 언급하지 않을 수 없다(9장 참조). Anki는 카드식 단어 암기 프로그램인데, 거의 모든 언어로 무료 워드 뱅크를 서비스하고 있다. 외국어를 공부할 때 이런 프로그램을 사용하면, 단어를 맞추고 틀리는 수많은 시행착오를 거듭하며 재미있게 공부할 수 있다.

기억의 도시

워드 뱅크가 또 다른 방식으로 진화한 흥미로운 사례는 바로 기억술과의 결합이다. 그렉 샌더스Greg Sanders와 앨런 슐츠Alan Schultz는 기억의 궁전(18장 참조) 기법을 외국어의 어휘에 전체에 적용해, 이를 가상의 도시로 구현할 것을 제안했다. 예를 들어, 독일어 명사로 이루어진 기억의 도시를 만들 때, 이를 남성명사der 구역, 여성명사die 구역, 그리고 중성명사das 구역이라는 세 개의 대구역으로 나누는 것이다. 이때 학습자가 특정 명사와 그 명사의 복수형까지 떠올릴 수 있도록 각 구역에 있는 건물의 외관이나 자체의 형태에 특정한 시각적 단서를 부여한다.[7] 우리는 이렇게 구축한 기억의 도시를 머릿속으로 산책하는 것처럼 거닐 수 있다. 대로, 골목길과 그림 같은 광장을 지나면서 독일어 어휘를 체계적으로 복습하는 것이다. 이미 알고 있는 사실이지만, 이러한 과정은 두정엽 피질이 지닌 뛰어난 기억 효율성을 최대화해 준다.

당신과 나는 이제 완전히 허물없는 사이가 되었으니 마음속 깊이 숨겨두었던 이야기를 고백하려고 한다. 이번에 들려줄 이야기는 내가 실제로 적용했던 방법이 아니라, 만약 나 같은 정신 나간 구석이 있는 사람이 외국어를 가르치게 된다면 어떻게 할지를 전제로 생각해 낸, 나만의 이상적인 언어 학습법이다. 당신도 아시다시피, 나는 원래 어원(14장 참조)에 관심이 많다.

그런 내가 외국어 교육 패러다임에서(적어도 인도유럽어족에 한해서) 가장 문제 삼고 싶은 부분은, 외국어 교육의 불연속성, 즉 각기 다른 외국어를 서로 단절된 것으로 취급하는 방식이다. 예컨대, 사람들은 보통 영어, 스페인어, 스웨덴어, 러시아어 등의 각기 다른 언어 강의를 들으면서, 이러한 언어들을 서로 완전히 독립된 과목으로 다룬다. 언어들 사이에 아무런 공통점이나 연결점이 존재하지 않는 것처럼 말이다.

하지만 사실은 그렇지 않다. 이 언어들은 모두 원시 인도유럽어에서 진화했는데, 그 과정에서 서로 문화적 관계를 맺고, 영향을 미쳤다. 이 외에도 교차오염cross-contamination, 외래어 차용 등의 현상을 겪었다. 그런데도 우리는 여러 외국어를 다른 '텃밭'처럼 독립적으로 다루었으며, 1,000년이 넘는 언어 형성사를 무시하면서, 이를 기반으로 적용할 수 있는 다양하고 효과적인 기억술을 활용할 기회를 놓치고 있다. 나의 언어 학습법을 단 한 단어로 요약한다면, 그것은 바로 병렬화다.

먼저, 배우고 싶은 언어의 개수를 미리 정하자. 이를테면 여섯, 일곱 개 정도의 언어를 배운다고 하자. 그 뒤에 형용사 변화, 수동태 등 어휘나 문법과 관련된 주제를 정한 다음, 이 모든 주제를 공부하기로 마음먹은 모든 언어에서 병렬적으로 다룬다. 이렇게 하면, 학생들은 인류가 동일한 개념을 표현하려고 선택한 다양하고 매혹적인 해법들을 직접 비교할 수 있다. 그 과정에서 당신은 수많은 해법 중에서 가장 정교하고 함축적인 해법은 언어가 바뀌어도 생존하며 전해진다는 사실을 확인하게 될 것이다. 생물학에서 우성 유전자가 여러 종에 걸쳐 보존되는 다윈의 법칙처럼 말이다.

반면 어휘를 학습할 때는, 라틴어와 고대 그리스어라는 공통된 뿌리에서 파생된 단어들의 어원과 계보를 살펴보자. 기원이 같은 인도유럽어족 언어 간 유사 패턴을 적극적으로 활용하면 어휘 학습에 도움이 된다. 언어 간 유사 패턴은 단어를 언어를 하나씩 따로 학습하면 잘 보이지 않지만, 여러 언어를 나란히 비교하면 선명하게 드러난다. 예를 들어, 이탈리아어 età, 영어 age, 프랑스어 âge는 모두 나이를 의미하는 라틴어 aetas에서 나왔다는 사실을 알고 있었나? 영어의 uncle, 프랑스어 oncle, 독일어 onkel 역시 모두 삼촌을 의미하는 라틴어 avunculus(avus의 애칭형)에서 파생되었다.

반면에 한 단어가 언어별로 의미가 다른 단어로 파생될 때도 있다. 예를 들면 수도승을 의미하는 라틴어 nonnus의 경우, 이탈리아에서는 나이 많은 남자라는 의미의 nonno(할아버지)로, 그리고 영국과 독일에서는 각각 수녀를 의미하는 nun과 nonne로 이어졌다.

그뿐만 아니라, 병렬적 언어 학습법을 활용하면 두 언어 간에 발음은 비슷하지만, 뜻이 다른 '거짓 친구false friends'에 해당하는 단어들에 대한 꽤 그럴듯한 논리적 설명도 찾을 수 있다. 예컨대, 영어 spade와 독일어 spaten은 '삽' 또는 '괭이'를 뜻하지만, 단어의 형태만 보면 이탈리아어 spada(검)나 라틴어 spata(칼날)와 직접적인 연관이 있을 것 같다. 하지만 알고 보면 이들은 모두 '칼날이나 주걱 모양의 넓적한 도구'를 뜻하는 그리스어 σπάθη(spáthē)에서 파생되었다. 또, 영어 captive와 프랑스어 captif는 라틴어 captivus(포로)의 원뜻을 그대로 유지하고 있다. 그런데 이탈리아어에서는 중세 교회에서 사용된 captivus diaboli(악마의 포로)라는 표현이 퍼지면서, 이 어근이 부정적인 함의를 띠게 되었고, 결국 현대어의 cattivo(나쁜)라는 뜻으로 굳어졌다.

이런 예는 수십 페이지를 채울 수 있을 정도로 많다. 나는 체계적인 병렬식 언어 학습법으로 열 개, 심지어 열다섯 개 언어를 한꺼번에, 더 정확히 말하자면 한 개의 강의를 통해, 배울 수 있다고 믿는다. 게다가 이런 학습법은 언어들을 독립적으로 공부하는 학습 방식보다 기억에 부담이 적다.

나는 '한 개 가격에 열 개를 가져가는' 병렬식 학습법이야말로 수많은 단어를 앵무새처럼 맹목적으로 외우는 기존 방식보다 훨씬 흥미롭고, 지적으로도 자극적인 방법이라고 확신한다.

25

실전

여러 과목을
함께 공부하라

이 책의 마지막 장에 당신을 위한 특별한 선물을 마련했다. 결론을 맺기 전에 잠시 쉬어가는 시간이라고 생각해도 좋다. 이 장은 인간을 구원하는 현대 과학의 귀중한 가치인 다학제성divertissement의 심오하고 헤아릴 수 없는 아름다움을 알리기 위한 기념비이자, 찬가가 될 것이다. 미리 말하자면, 이번 장은 매우 개인적인 성격을 띨 것이다. 나는 여기서 학생이자 학자로서 내게 큰 영향을 준 세 가지 일화를 소개할 것이다. 이 일들은 내 삶에 중요한 흔적을 남겼으며, 내가 다섯 개의 전공을 병행하게 된 결정적인 동기가 되었다.

생물학자가 고장 난 라디오를 고칠 수 있을까?

첫 번째 에피소드: '텃밭'

나의 멘토 파비오 레키아Fabio Recchina 교수님을 처음 만난 건, 산탄나고등연구대학원 의대 수업 첫날이었다. 그는 차분하고 편안한 목소리로 "그래, 연구를 하고 싶다고?"라고 물었다. 그리고 "최고 수준의 학자가 되고 싶다면, 의사의 언어를 아는 것만으로는 부족하지. 공학자, 생물학자, 물리학자, 컴퓨터공학자의 언어를 모두 알아야 해"라고 말했다.

그는 이어 진지한 표정으로 "각 학문이 자기 '텃밭'에만 갇혀 있는 한(교수님은 언제나 텃밭이라는 단어를 썼다), 우리는 눈앞의 문제를 풀 수 있는 가장 적당한 도구를 사용하지 않는 치명적인 잘못을 저지르게 된다네"라고 말했다.

교수님 말씀이 옳았다. 모든 문제에 동일한 사고방식mindset으로 접근할 수는 없다. 어떤 문제는 잘못된 '언어'로 표현하는 순간 해결이 불가능해진다.

이는 고전적인 언어 소통의 문제이자, 더 근본적으로는 수학, 물리와 같은 수학적 검증이 가능한 하드 사이언스의 정교한 코드를 일상적이고 경험적인 응용과학의 영역으로 옮기는 데 따르는 어려움에 관한 이야기다.

그때 교수님이 가방에서 "생물학자는 라디오를 고칠 수 있을까?Can a Biologist Fix a Radio?"라는 제목의 기사가 인쇄된 종이 한 장을 꺼내 들었다. 이 글에서 저자 유리 라제브니크Yuri Lazebnik는, 생물학자가 자신의 학문적 사고방식(레키아 교수의 표현대로라면, 자신의 '텃밭')을 바탕으로 어떻게 고장 난 라디오를 고치려 할지 상상하고 있다.[1]

고장 난 라디오

먼저, 생물학자는 인터넷에서 동일한 모델의 정상적으로 작동하는 라디오를 잔뜩 주문한다. 이것은 세포 배양부터 동물 실험까지 다양한 질병을 연구하는 방식에 대한 적절한 비유다. 라디오가 배송되면, 생물학자는 라디오의 내부 구조를 관찰하며 수많은 부품이 제대로 들어있는지 확인하고, 이를 색깔과 크기에 따라 분류한다. 그런 다음, 제대로 작동하는 라디오의 부품들을 하나씩 손상하거나 분리해 본다. 이는 곧 라디오의 '표현형phenotype*'을 확인하는 과정으로, 쉽게 말해 유전자 결손 개체, 유전적 변형이 있거나 크리스퍼CRISPR 유전자 가위**를 사용할 때 라디오가 계속 작동하는지 살펴보는 것이다. 이후 그는 끝없는 연구를 거쳐 라디오의 모든 부품에 기묘한 이름을 붙이면서, 라디오의 작동에 핵심적인 부품들을 찾아낸다. 예를 들어, 유리 라제브니크는 농담 삼아 안테나를 가장 중요한 부품Most Important Component, MIC이라 부른다. 안테나 길이가 길수록 더 잘 작동한다는 사실을 확인한 라제브니크는 생물학자답게 "안테나가 늘어나는 데는, 진화론적인 이유가 있다"라고 해석한다. 이어서 그는 정말 중요

---

* 생명체의 관찰 가능한 특징적인 모습이나 성질로, 눈 색깔이나 키와 같은 생김새뿐만 아니라 행동, 발생, 생리학적 또는 생화학적 특성 등 구별 가능한 다양한 생명현상을 포함한다.
** DNA를 정확하게 잘라내고 편집할 수 있는 혁신적인 도구.

한 부품Really Important Component, RIC, 의심할 여지 없이 가장 중요한 부품 Undoubtedly Most Important Component, U-MIC 등등을 발견해 나간다. 그 글을 꼭 한 번 읽어보기를 권한다. 정말 재미있다.[2]

결론이 뭐냐고? 정신없이 뒤엉킨 화살표들이다. 어떤 부품은 다른 부품을 작동시키고, 또 어떤 부품은 다른 부품의 작동을 억제한다는 사실은 알 수 있지만, 이런 식으로는 아무리 연구해도 라디오에 대한 전반적인 이해가 피상적인 수준에 머물게 된다. 자, 이 시점에서 유리 라제브니크는 막을 걷어 올려 문제의 해답을 공개하는데, 그것은 바로 공학자의 눈으로 라디오를 바라보는 것이다. 공학의 언어를 자유자재로 구사하는 공학자는 라디오를 생물학과는 완전히 다른, 그보다 훨씬 단순한 방식으로 해석하는데, 그것은 생물학이라는 텃밭 안에서는 상상할 수 없었던 수학적인 전기회로도라는 언어다.

(1부) 다학제적 사고방식

고장 난 라디오는 어떤 패러다임과 형식을 적용하는지에 따라 풀기 불가능해 보였던 문제도 풀 수 있게 된다는 사실을 보여준다. 라디오의 작동은 양적이고 수치적인 문제이며, 이를 가장 효율적으로 설명하는 방식은 당연히 공학의 언어다. 만약 동일한 문제를 어울리지 않는 질적 언어로 표현하려 한다면, 간결하게 표현하는 데 실패해서, 도저히 해석할 수 없는 화살표들만 잔뜩 남을 것이다.

이러한 기준은 다른 모든 학문에도 똑같이 적용된다. 어떤 분야에 종사하든, 모든 문제는 '고정관념에서 벗어난 사고 방식out of the box'으로 접근해야 한다. 그래야 문제가 훨씬 단순해지고, 해결 방안이 잘 떠오른다. 다른 학문의 관점을 '빌리는' 이러한 접근법은 전공이 같은 여러 사람의 접근법과는 확실히 차별화된다. 최고 수준의 과학자나 전문가가 되려면, 한 가지가 아니라 다양한 사고방식을 모아두었다가, '포켓용 도구 세트'처럼 필요할 때 꺼내 쓸 수 있어야 한다.

나는 교수님에게 이렇게 물었다. "그런데, 교수님. 다학제적 사고를 할 수 있는 능력을 키우려면 실제로 무엇을 해야 하나요?" 그리고, 그때 나는 처음으로 복수 전공이라는 도전적인 해결 방안을 전해 들었다.

우물 안 개구리가 되지 마라

두 번째 에피소드: 포스터

그로부터 몇 달 후, 나는 처음으로 수학과 건물에 발을 디뎠다. 당시 나는 극도로 긴장된 상태였는데, 당신은 그런 내 마음을 이해할 수 있을 것이다. 당시 나는 의대 2학년이었는데, 수학과 건물에 있는 것이 물 밖으로 나온 물고기처럼 어색했다. 그날 내가 수학과를 찾은 것은 미래에 나의 '수학 분석학 1' 담당 교수가 되어줄 분과 전공 외 시험 준비를 위한 면담 때문이었다. 나는 교수님에게 전공이 아닌 과목 수업을 듣겠다는 다소 무모한 의지를 보이면서 그런 결정을 내린 이유와 연구에 전념하고 싶은 마음, 그리고 작은 텃밭 이야기를 포함한 복수 전공을 결심하게 된 배경을 설명했다. 여기서 두 번째 에피소드가 시작한다.

흡족한 표정으로 내 이야기를 듣고 난 교수님은 자리에서 일어나더니 "나를 따라오게"라고 말하고는 수학과의 긴 복도를 따라 묵묵히 걸어가기 시작했다. 나는 아무런 생각 없이 어미 닭의 뒤를 졸졸 따라가는 병아리처럼 교수님의 뒤를 따랐다. 복도를 몇 개나 지나고, 계단을 몇 번 오르내리면서 주위를 둘러보았지만, 갈수록 길을 잃은 기분이었다. 낯선 곳에서 나 자신이 한없이 작아지는 것만 같았다. 그러다 드디어 교수님이 복도 한가운데서 멈춰 서더니 트로피를 보여주듯이 자랑스럽게 웃으며 벽에 걸린 포스터 하나를 가리켜 보였다. 거기에는 이런 문구가 적혀 있었다.

"적분을 발견하고, 논문에 75회나 인용된 연구원."[3]

타이 모델

교수님은 내게 그 의문의 포스터에 얽힌 이야기를 들려주었다. 그것은 1994년에 일어난 사건으로, 전 세계 수학자들을 배꼽 잡게 만든 해프닝이었다.

당뇨병 전문의였던 메리 M. 타이Mary M. Tai라는 사람이 저명한 의학 학술지에 '포도당 내성 곡선 및 기타 대사 곡선 아래의 전체 면적을 계산하는 수학적 방법'이라는 논문을 발표해 큰 관심을 모았다. 그런데 알고 보니 그 대단한 방법이라는 것이 수학자들이 이미 17세기 후반부터 알고 있는 적분이었던 것이다.[4]

논문에 나오는 '타이 모델Tai model'은 다음과 같다. "곡선 아래의 전체 면적은 축의 두 값 사이에 있는 영역을 직사각형과 삼각형으로 나누어 계산한다."

혹시 고등학교 수학 시간에 적분을 배울 때 나오는 직사각형 근사법이 떠올랐다면, 그 기억이 맞다. 전 세계의 수학자들이 이 '놀라운' 발견에 미소를 지었고, 내가 다니던 대학교에서는 누군가가 지나치게 좁고 경직된 학문적 시각이 만들어내는 함정을 상기시키려고 이 포스터를 수학과 복도에 붙여두었다.

농담은 차치하고, 교수님은 이 연구자가 보여준 창의성에 진심으로 감탄했다. 그럴 만도 한 것이 그 연구자는 말 그대로 '이미 있는 바퀴를 다시 발명'한 셈이니 말이다. 그는 오로지 자기 힘으로 뉴턴과 라이프니츠가 300년 전에 이룬 위대한 발명을 새롭게 찾아낸 것이었다.

(2부)다학제적 사고방식

이 일화는 학문 간에 지나치게 높은 성벽을 쌓을 때 나타날 수 있는 위험을 향한 경고다. 메리 M. 타이는 순진하게도 자신이 혁신적인 발견을 했다고 믿었다. 심지어 저명한 국제 학술지 편집자들조차 그 '발명'이란 것이 실은 매우 기본적인 수학 지식에 지나지 않음을 전혀 눈치채지 못했다는 사실은 레키아 교수님이 말했던 텃밭 이야기가 얼마나 예언적이고 현실적이었는지 보여준다.

말할 것도 없이, 그날 나를 면담해 준 수학과 교수님도 복수 학위를 받으려는 나의 의지를 격려해 주며 이런 말씀을 해주셨다. "그래야 전공과 인접한 학문에서 이미 알려져 있거나, 아니면 정말로 뻔한 지식을 재발견하는 데 평생을 허비하지 않을 테니 말일세." 지금 생각해도 정말이지 주옥같은 말이었다.

성관계 파트너 수를 세는 방법

세 번째 에피소드: 포물선

의대 4년 차에 이르렀을 무렵, 나는 다섯 개의 전공에 완전하게 몰입해 있었다. 그해, 나는 몇 개의 국제 장학금을 받게 되어, 하버드와 MIT에서 일정 기간을 보낼 수 있는 행운을 얻었다. 나는 자폐 스펙트럼 장애를 다루는 의학 연구 프로젝트에 참여했는데, 그 과정에서 고도로 수준 높은 수학적, 생명공학적 도구들이 활용되었다. 그곳에서 나는 피사에서 수년간 땀 흘리며 쌓아 올린 다학제적 지식을 처음으로 실전에 활용했으며, 그로 인해 커다란 전율과 만족을 맛보았다. 여기서 나의 세 번째이자 마지막 에피소드가 시작된다.

연구 과정에서 나는 하버드와 MIT의 교육 자료를 활용하며, 추상적이고 수학적인 몇 가지 주제를 심화할 기회를 얻었다. 혼자서 그래프 이론을 공부하던 중에 MIT의 톰 레이튼Tom Leighton 교수[5]의 온라인 강의를 접하게 되었는데, 나는 바로 그의 강의에 매료되었다. 세계적인 학자인 톰 레이튼 교수가 그래프 이론 수업의 서두에서 들려준 유쾌한 '우화' 속에서, 나는 4년 전, 대학교 입학 첫날에 레키아 교수님이 내게 해주었던 예언의 눈부신 실현을 목격했다.

성관계 파트너 수라는 오랜 논쟁거리

레이튼 교수의 질문은 이러했다. 한 인구 집단(이를테면 이탈리아)에서 남성과 여성 중 누가 더 많은 성관계 파트너를 가질까? 여기서 편의상 성별은 남성과 여성, 두 가지로만 한정하고, 이성 간의 관계만 고려하자. 이렇게 하는 이유는 순전히 계산을 수학적으로 단순화하기 위해서이다. 이 질문을 조금 더 전문적인 수학 용어로 풀어쓰면 이렇게 표현할 수 있다. 평균적으로 남성(M)이 평생 관계를 갖는 여성의 수를 P_M이라 하고, 여성(F)이 평생 관계를 갖는 남성의 수를 P_F라고 하자. 우리의 목적은 이 두 숫자 중 어느 쪽이 더 크고, 또 그 차이가 얼마인지 알아내는 것이다.

미리 말하자면, 두 수치는 동일하지 않다. 즉, 이 이야기의 끝에는 승자가 있다는 의미다. 직감적으로는, 어느 쪽이 더 많은 파트너를 가질까? 남성일까, 아니면 여성일까? 그리고 그 차이는 얼마나 클까? 하지만 그보다 더 중요한 질문은 따로 있다. 당신이 이 문제를 조사해야 하는 사회학 연구자라면, 어떤 방식으로 접근하겠는가? 이 주제는 언뜻 시시해 보일 수도 있지만, 사회과학계에서는 여기에 답을 찾으려고 엄청난 예산을 쏟아 미국인 수천 명을 대상으로 여러 차례 대규모 설문 조사를 실시했다.

레이튼 교수의 설명에 따르면, 1994년 시카고대학교가 미국인 2,500명을 대상으로 진행한 인터뷰 결과, $P_M:P_F = 1.74$라는 비율이 나왔다. 즉, 남성이 여성보다 74퍼센트 더 많은 성관계 파트너를 갖고 있다고 응답한 것이다. 2004년에 미국 방송사 ABC 뉴스가 1,500명을 대상으로 인터뷰를 진행했는데, 이때는 $P_M:P_F$의 비율이 3.33인 것으로 나타났다. 남성의 응답에 따르면, 남성이 성관계를 한 여성의 수가 여성이 성관계를 한 남성의 수보다 세 배나 많았던 셈이다.

결국, 레이튼 교수는 이렇게 상충하는 데이터를 보면서 '화끈한' 설문 조사 결과에 뭔가 잘못된 것이 있는 것 같다고 결론 내린다. 그런

데 애초에 이 오래된 논쟁에 대한 답을 찾는 데 수백만 달러를 들여 설문 조사를 할 필요가 없었다. 해답은 우리 코앞에 있었으니까. 이 문제의 해답은 그래프 이론의 수학으로 쉽게 구할 수 있는 것이었다.

그림 30을 사용해 아주 간단하게 설명하겠다. 그래프란, 점(노드)의 집합과 그것들을 연결하는 선(간선)으로 이루어진 수학적 구조다. 먼저, 종이 왼쪽에 이탈리아에 있는 모든 남성을 나타내는 점을 하나씩 그린다고 하자. 이탈리아의 남성 인구는 약 2,890만 명(이탈리아 통계청 ISTAT 기준)이다. 마찬가지로, 종이 오른쪽에는 이탈리아에 있는 모든 여성을 나타내는 점을 하나씩 그린다. 이탈리아의 여성 인구는 약 3,040만 명이다. 이제 성관계를 간선으로 표현해 보자. 여기서는 계산의 단순화를 위해 이성 간 관계만 고려했으므로, 모든 간선은 반드시 왼쪽(남성을 나타내는 점)에서 시작해 오른쪽(여성을 나타내는 점)에서 끝난다. 이러한 맥락에서 생각하면, P_M은 남성을 나타내는 각각의 점에서 뻗어 나가는 간선의 평균 개수다. 즉, P_M은 결국 전체 간선 수를 전체 남성 수로 나눈 값이라는 의미다. 같은 방식으로 P_F는 여성을 나타내는 점들과 연결된 간선의 평균 개수다. 즉, P_F는 전체 간선 수를 전체 여성 수로 나눈 값이다. 우리가 구하려는 것은 두 값의 비율 P_M:P_F이다. 그런데 계산을 해보면, 분자와 분모에 있는 전체 간선 수가 서로 약분되어 사라지고, 결국 P_M: P_F는 전체 여성 수를 전체 남성 수로 나눈 것이 된다. 여기에 이탈리아 통계청 자료를 대입하면, 3,040만 ÷ 2,890만=1,052가 된다. 즉, 이탈리아 인구를 기준으로, 평균적으로 남성은 여성보다 약 5퍼센트 더 많은 성관계 파트너를 갖는 셈이다.

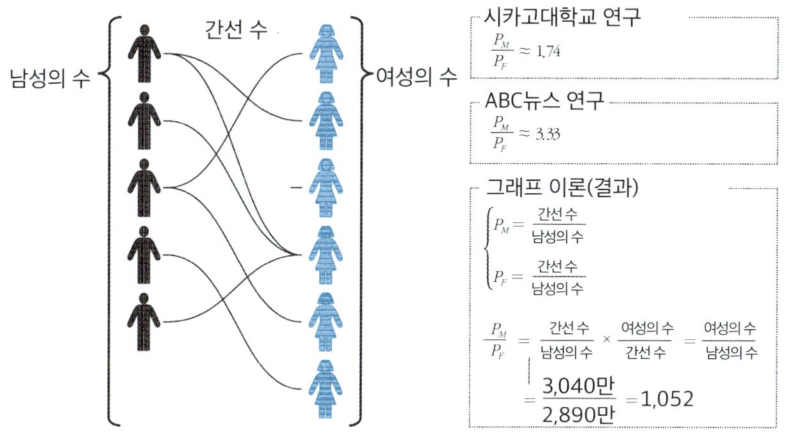

그림 30. 레이튼 교수의 문제

이러한 결론에 이르기까지 든 총 연구 비용은? 0유로다.

(3부)다학제적 사고방식

이것은 사회학 학자들의 부실한 수학적 기초 때문에 연구 방식이 지나치게 복잡해지고, 결과마저 미심쩍게 된 또 하나의 사례다. 만약 이들이 전공 지식에 기초적인 수준이라 할지라도 전공 외 학문 지식을 접목했다면, 몇 년 동안 시간을 허비하고 거액의 연구 예산을 날리는 일을 피할 수 있었을 것이다. 사실 이것은 그래프 이론의 아주 기초적인 개념만 알았다면 누구나 단 5분 만에 답을 구할 수 있는 문제였다.

하버드와 MIT에서의 일정을 마치고 이탈리아로 돌아온 후에, 나는 약간 냉소적인 마음으로 재미 삼아 대학교 강연 중에 이 문제를 활용하기로 했다. 의학과 생물학을 전공하는 젊은 학생들에게 문제를 제시하며, 앞서 언급한 두 가지 익명 설문 조사의 상반된 결과를 보여주었다. 그런 다음 나는 학생들에게, 올바른 답을 얻을 수 있는 실험 전략을 고안해 보라 했다. 학생들은 이 질문에 실로 기상천외한 대답을 내놓았다. 나를 배꼽 빠지게 웃게 만든 학생들의 대답은 다음과 같다.

- 설문을 익명으로 하지 말고, 응답자와 파트너의 실명을 적게 하여 교차 검증하게 하자는 제안. 상상해 보라. 어느 날 어떤 사람이 당신 집 초인종을 누르더니, 자기가 연구자랍시고 "어떤 아가씨가 당신과 잠자리를 했다는데 사실인지 확인해 주시겠습니까?"라고 묻는 장면을.

- 아무도 눈치채지 못하게 다른 질문을 섞어서 위장한 설문지를 만들자는 제안. 날씨가 어떤지, 좋아하는 색깔은 무엇인지 묻다가, 갑자기 "아, 그런데 말이죠, 지금까지 몇 명과 성관계를 했나요?" 하고 슬쩍 묻는 방식으로 말이다.

- 피부 아래 마이크로칩을 심자는 제안. 대체 어떤 대학교 윤리위원회가 이런 연구를 승인할지 의문이다.

- 교차 검증형 설문을 하자는 제안. 그러니까 응답자 본인에게 묻는 대신, 그 또는 그녀의 애인에게 "당신의 연인이 몇 명과 잠자리를 했다고 생각합니까?"라고 물어보자는 말이다.

- 난교, 눈 가리기 파티 등에 대해 익명으로 물은 후 민감한 상황을 고려해 답을 어느 정도 보정하자는 제안. 농담이 아니다. 정

말로 이렇게 응답한 학생이 있었다.

- 프라이버시 보호 따위는 잊어버리고 참여자들을 생체 데이터를 기반으로 성관계 여부를 판별하는 앱에 강제로 가입시키자는 제안.
- 데이팅 앱에 '오늘 상대와 잠자리를 했습니까?'라는 버튼을 추가하자는 제안. 무작위 앱 이용자들의 신뢰할 만한 대답을 어떻게 믿겠는가.
- 성행위를 매개로 퍼지는 무해한 바이러스를 연구 대상 집단에 퍼뜨리고, 각 바이러스 클론이 고유한 DNA '바코드'를 발현하게 하여 추적하는 방식. 윤리위원회 멤버들이 뒷목 잡고 쓰러질 만한 제안이다.

50명의 의대생과 생물학 전공 대학생들은 마이크로칩이니 성 매개 바이러스니, 교차 설문이니 하는 온갖 기발한 아이디어를 쏟아냈지만, 종이 한 장과 연필 한 자루로 기초적인 수학 지식을 기반으로 한 간단한 그래프를 그릴 생각은 아무도 못했다. "원숭이도 나무에서 떨어진다"라는 말이 틀린 말은 아니다.

공부는 의지가 아니라 뇌과학이다

마침내 우리 여정의 끝에 다다랐다. 당신과 작별할 생각에 마음이 무겁다. 마무리하기 전에, 내가 이 책으로 당신에게 전하고 싶었던 메시지를 일종의 세속적인 〈사도신경〉 형식으로 압축해서 정리해 보겠다.

나는 우리 사회의 학습법 교육 방법이 근본적으로 변화하고 있다고 믿는다. 그 변화는 갈수록 '증거'에 기반을 두게 될 것이다. 특히 맹목적인 관성이 아니라, 데이터로 재현할 수 있는 과학적 증거에 기반하게 될 것이다. 그러나 이와 동시에, 우리 각자가 틀에서 벗어난 새로운 방식으로 직접 실험해서 얻어낸 주관적이고 메타인지적인 증거도 배제하지 않을 것이다.

나는 광범위하고 다학제적인 지식이 직업과 관련된 우리의 삶을 근본적으로 변화시킬 수 있다고 믿는다. 다학제적 지식은 단순한 수행 행위를 창조적이고 독창적이고, 감히 말하건대 예술적이라고도 할 수 있는 행위로 변모시킬 수 있다. 스스로 자신의 학문 분야를 빚어내고, 변화시켜, 흔적을 남길 수 있는 능력으로 얻는 해방감은, 우리가 일상적인 활동에서 얻는 만족감에 코페르니쿠스적 전환을 가져올 것이라 믿는다.

나는 다학제성이란, 어떤 학위를 취득하는 과정에서 이따금 다른 전공 과목을 끼워 넣는 것은 아니라고 믿는다. 다학제성이란 자신의 전공 분야와는 전혀 다른 분야를 전공하는 학생이나 전문가 집단 속으로 직접 뛰어들어 그 집단에 완전히 동화되는 것이다. 그들의 공기를 호흡하며, 다양한 사람들의 서사dramatis personae를 받아들여, 자신의 정체성에 맞는 사유 방식과 행동 방식으로 구현하는 것이다. 모두가 천재적인 지능beatiful mind을 가질 수는 없지만, 원한다면 누구나 천재적인 사고방식beautiful mindset은 가질 수 있다.

나는 우리 인생의 궁극적인 의미는 세상을 떠난 후에 남길 영향에 있다고 믿는다. 이러한 관점에서, 학습은 인간이 할 수 있는 가장 가치 있는 행위다. 학습은 선대가 남긴 지식을 물려받는 '경험의 승수'이기도 하고, 우리 개개인이 이 세상에 남기는 '영향의 승수'이기도 하다.

나는 억지로, 혹은 그저 교육과정에 포함되어서 공부하는 것이 아니라, 배움의 기쁨과 자신의 지식을, 싸울 가치가 있는 목적에 사용하려는 열망으로 공부할 때, 학습이 심리적으로도 지속 가능해진다고 믿는다.

나는 모든 인간이 탁월한 학생이자 탁월한 인간이 될 잠재력을 지니고 있다고 믿는다. 그러한 목표에 도달하려면 타고난 본성을 인정하고, 더 나아가 우리 뇌의 작동 메커니즘을 이해해야 한다고 믿는다.

마지막으로, 나는 이 모든 것이 진실이라고 믿으며, 당신이 처음 이 책을 펼쳐 들게 한 질문에 대한 답을 얻었으리라 믿는다. 그 질문이 무엇인지는 모르지만, 그 답은 첫 문장부터 우리와 함께 있었다고 확신한다. 그것은 바로 Γνῶθι σεαυτόν, '너 자신을 알라'이다.

감사의 말

원고를 과학적으로 검토해 준 존경하는 교수님들과 동료들에게 특별한 감사를 드린다. 그들은 유리 보찌Yuri Bozzi 교수님, 시모나 그라지올리Simona Grazioli 박사, 지안카를로 로그로스치노Giancarlo Logroscino 교수님, 프란체스카 롱헤나Francesca Longhena 박사, 리카르도 푸롤리Riccardo Ruffoli 교수님, 지오르지오 비박쿠아Giorgio Vivacqua 교수님이다.

주

프롤로그 | 뇌를 알면 공부라는 고통에서 해방된다

1   Kornell, N., Bjork, R.A., *The Promise and Perils of Self-Regulated Study*, in 《Psychonomic Bulletin & Review》, 14, 2007, pp. 219-224.

2   Karpicke, J.D., Butler, A.C., Roediger III, H.L., *Metacognitive Strategies in Student Learning: Do Students Practise Retrieval When They Study on Their Own?*, in 《Memory》, 17, 2009, pp. 471-479, http://dx.doi.org/10.1080/0965821080264700917.

3   Callender, A.A., McDaniel, M.A., *The Limited Benefits of Rereading Educational Texts*, in 《Contemporary Educational Psychology》, 34, 2009, pp. 30-41.

4   Pashler, H. et al., *Learning Styles: Concepts and Evidence*, in 《Psychological Science in the Public Interest》, 2009, pp. 105-119, https://doi.org/10.1111/j.1539-6053.2009.01038.x9.

5   Nolen-Hoeksema, S. et al., *Atkinson & Hilgard's Introduction to Psychology*, Wadsworth Pub Co, 2008.

1 오해 | 기억이 잘 안 되는 건 머리가 나빠서다?

1   Nikolił, D. et al., *Distributed Fading Memory for Stimulus Properties in the Primary Visual Cortex*, in 《PLoS Biology》, 7, 2009, e1000260.

2   Alain, C., Woods, D.L., Knight, R.T., *A Distributed Cortical Network for Auditory Sensory Memory in Humans*, in 《Brain Research》, 812, 1998, pp. 23-37.

3   Baddeley, A., *Working Memory: Theories, Models, and Controversies*, in 《Annual Review of Psychology》, 63, 2012, pp. 1-29.

4   Sternberg, R.J., Sternberg, K., *Cognitive Psychology*, Wadsworth Pub Co, 2012.

5   Funahashi, S., *Working Memory in the Prefrontal Cortex*, in 《Brain Sciences》, 7, 2017, p. 49.

6   Murdock Jr., Bennet, B., *The Serial Position Effect of Free Recall*, in 《Journal of Experimental Psychology》, 64, 1962, pp. 482-488.

7   Miller, G.A., *The Magical Number Seven, Plus or Minus Two: Some Limits on Our Capacity for Processing Information*, in 《Psychological Review》, 63, 1956, pp. 81-97.

8   Ericsson, K.A., Chase, W.G., Faloon, S., *Acquisition of a Memory Skill*, in 《Science》, 208, 1980, pp. 1181-1182.

9   Sheffield, F.D., Roby, T.B., Campbell, B.A., *Drive Reduction Versus Consummatory Behavior as Determinants of Reinforcement*, in 《Journal of Comparative and Physiological Psychology》, 47, 1954, pp. 349-354.

10   Buzsáki, G., *Hippocampal Sharp Wave-ripple: A Cognitive Biomarker for Episodic Memory and Planning*, in 《Hippocampus》, 25, 2015, pp. 1073-1188.

11   Bir, S.C. et al., *Julius Caesar Arantius (Giulio Cesare Aranzi, 1530-1589) and the Hippocampus*

of The Human Brain: History Behind the Discovery, in 《Journal of Neurosurgery》, 122, 2015, pp. 971-975.

12 Corkin, S., *Permanent Present Tense: The Unforgettable Life of the Amnesic Patient, H.M.,* Basic Books, 2013.

13 Buzsáki, G., *Hippocampal Sharp Wave-ripple: A Cognitive Biomarker for Episodic Memory and Planning,* in 《Hippocampus》, 25, 2015, pp. 1073-1188.

14 Budson, A.E., Price, B.H., *Memory Dysfunction*, in 《The New England Journal of Medicine》, 352, 2005, pp. 692-699.

15 Hebb, D.O., *The Organization of Behavior: A Neuropsychological Theory,* Psychology Press, 1949.

16 Josselyn, S.A., Köhler, S., Frankland, P.W., *Finding the Engram*, in 《Nature Reviews Neuroscience》, 16, 2015, pp. 521-534.

17 Bradshaw, G.L., Anderson, J.R., *Elaborative Encoding as an Explanation of Levels of Processing,* in 《Journal of Verbal Learning and Verbal Behavior》, 21, 1982, pp. 165-174.

2 오해 | 복습은 매일 반복할수록 좋은 것이다?

1 Ebbinghaus, H., *Über das Gedächtnis: Untersuchungen zur experimentellen Psychologie,* Wissenschaftliche Buchgesellschaft, 1885.

2 Kitson, H.D., *The Plateau of Despond, in How to Use Your Mind. A Psychology of Study, Being a Manual for the Use of Students and Teachers in the Administration of Supervised Study,* J.B. Lippincott Company, 1916, pp. 154-165.

3 앞의 내용.

4 Arnott, E., Dust, M., *Combating Unintended Consequences of in-Class Revision Using Study Skills Training,* in 《Psychology Learning & Teaching》, 11, 2012, pp. 99-105.

5 Rawson, K.A., Kintsch, W., *Rereading Effects Depend on Time of Test,* in 《Journal of Educational Psychology》, 97, 2005, pp. 70-80.

6 Cepeda, N.J. et al., *Distributed Practice in Verbal Recall Tasks: A Review and Quantitative Synthesis,* in 《Psychological Bulletin》, 132, 2006, pp. 354-380.

7 Carpenter, S.K., *Spacing and Interleaving of Study and Practice, in Applying Science of Learning in Education: Infusing Psychological Science into the Curriculum,* Society for the Teaching of Psychology, 2014, pp. 131-140.

8 Shea, J.B., Morgan, R.L., *Contextual Interference Effects on the Acquisition, Retention, and Transfer of a Motor Skill,* in 《Journal of Experimental Psychology. Human Learning and Memory》, 5, 1979, pp. 179-187.

9 de Croock, M.B.M., van Merriënboer, J.J.G., *Paradoxical Effects of Information Presentation Formats and Contextual Interference on Transfer of a Complex Cognitive Skill,* in 《Computers in Human Behavior》, 23, 2007, pp. 1740-1761.

3 오해 | 공부를 못하는 이유는 의지가 약해서다?

1 Pascarella, E.T., Terenzini, P.T., *How College Affects Students: A Third Decade of Research,* vol. 2, Jossey-Bass, 2005.

2 Bjork, R.A., Dunlosky, J., Kornell, N., *Self-Regulated Learning: Beliefs, Techniques, and Illusions,* in 《Annual Review of Psychology》, 64, 2013, pp. 417-444.

3 Siegesmund, A., *Using Self-Assessment to Develop Metacognition and Self-regulated Learners,* in 《FEMS Microbiology Letters》, 364, 2017.

4   Cirillo, F., *The Pomodoro Technique (The Pomodoro)*, in 《SoftwareEngineering》, 54, 2006, pp. 1-35.

4 실전 | 뇌가 좋아하는 암기법

1   Riegel, M. et al., *Effect of Emotion on Memory for Words and Their Context,* in 《The Journal of Comparative Neurology》, 524, 2016, pp. 1636-1645.

2   Boser, U., *Effective Learning and the Best Way to Study,* in 《The Learning Agency Lab》, 2020, https://www.the-learningagency-lab.com/the-learning-curve/How-to-study-moreeffectively/.

3   Weinstein, Y., McDermott, K.B., Roediger H.L., *A Comparison of Study Strategies for Passages: Rereading, Answering Questions, and Generating Questions,* in 《Journal of Experimental Psychology: Applied》, 16, 2010, pp. 308-316.

4   McNamara, D.S., *SERT: Self-Explanation Reading Training*, in 《Discourse Processes》, 38, 2004, pp. 1-30.

5   Corsi, R.L. et al., *Carbon Dioxide Levels and Dynamics in Elementary Schools: Results of the TESIAS Study, in Proceedings of Indoor Air 2002 (9th International Conference on Indoor Air Quality and Climate) – June 30-July 5, 2002,* 2002.

6   Usha, S. et al., *Is CO2 an Indoor Pollutant? Direct Effects of Lowto-Moderate CO2 Concentrations on Human Decision-Making Performance,* in 《Environmental Health Perspectives》, 120, 2012, pp. 1671-1677.

7   Durkin, K., Rittle-Johnson, B., *The Effectiveness of Using Incorrect Examples to Support Learning About Decimal Magnitude,* in 《Learning and Instruction》, 22, 2012, pp. 206-214.

8   Robinson, F.P., *Effective Study,* Harper & Brothers, New York - London 1946.

9   Schmeck, R.R., *Learning Strategies and Learning Styles,* Springer, Boston (MA) 1988, doi:10.1007/978-1-4899-2118-5.

5 실전 | 경제적으로 필기하라

1   Omelicheva, M.Y., Avdeyeva, O., *Teaching with Lecture or Debate? Testing the Effectiveness of Traditional Versus Active Learning Methods of Instruction,* in 《PS: Political Science and Politics》, 41, 2008, pp. 603-607.

2   Steinert, Y., Snell, L.S., *Interactive Lecturing: Strategies for Increasing Participation in Large Group Presentations,* in 《Medical Teacher》, 21, 1999, pp. 37-42.

3   De Lorenzo, R.A., Abbott, C.A., *Effectiveness of an Adult- Learning, Self-Directed Model Compared with Traditional Lecture-Based Teaching Methods in Out-of-Hospital Training,* in 《Academic Emergency Medicine》, 11, 2004, pp. 33-37.

4   Greene, E.B., *The Relative Effectiveness of Lecture and Individual Reading as Methods of College Teaching,* in 《Genetic Psychology Monographs》, 4, 1928, pp. 459-563.

5   Kitson, H.D., *How to Use Your Mind: A Psychology of Study,* Dodo Press, 2007.

6   Mayer, R.E., Mathias, A., Wetzell, K., *Fostering Understanding of Multimedia Messages Through Pre-Training: Evidence for a Two-Stage Theory of Mental Model Construction,* in 《Journal of Experimental Psychology: Applied》, 8, 2002, pp. 147-154.

7   Katayama, A.D., Crooks, S.M., *Outline Notes: Differential Effects of Studying Complete or Partial Graphically Organized Notes,* in 《The Journal of Experimental Education》, 71, 2003, pp. 293-312.

8   Chai, M.T. et al., *Exploring EEG Effective Connectivity Network in Estimating Influence of Color on Emotion and Memory,* in 《Frontiers in Neuroinformatics》, 13, 2019.

9   King, A., *Comparison of Self-Questioning, Summarizing, and Notetaking-Review as Strategies for*

Learning from Lectures, in 《American Educational Research Journal》, 29, 1992, pp. 303-323.

10   Small, G.W., *The Memory Bible: An Innovative Strategy for Keeping Your Brain Young,* Hachette Books, New York 2003.

6 오해 | 사소한 건 기억나고 중요한 건 망각하는 이유?

1   Nitsch, R., Stahnisch, F.W., *Neuronal Mechanisms Recording the Stream of Consciousness – A Reappraisal of Wilder Penfield's (1891-1976) Concept of Experiential Phenomena Elicited by Electrical Stimulation of the Human Cortex,* in 《Cerebral Cortex》, 28, 2018, pp. 3347-3355.

2   Dalla Barba, G., Decaix, C., 《*Do You Remember What You Did on March 13, 1985?*》. *A Case Study of Confabulatory Hypermnesia,* in 《Cortex》, 45, 2008, pp. 566-574.

3   Jankovic, J. et al., *Bradley and Daroff's Neurology in Clinical Practice,* Elsevier Science Health Science, 2021.

4   Tulving, E., *Intratrial and Intertrial Retention: Notes Towards a Theory of Free Recall Verbal Learning,* in 《Psychological Review》, 71, 1964, pp. 219-237.

5   Kim, J., Kim, M., Yoon, J.H., *The Tip-of-the-Tongue Phenomenon in Older Adults with Subjective Memory Complaints,* in《PLoS One》, 15, 2020, e0239327.

6   Erdelyi, M.H., *Hypnotic Hypermnesia: The Empty Set of Hypermnesia,* in 《International Journal of Clinical and Experimental Hypnosis》, 42, 1994, pp. 379-390.

7   Tulving, E., Pearlstone, Z., *Availability Versus Accessibility of Information in Memory for Words,* in 《Journal of Verbal Learning and Verbal Behavior》, 5, 1966, pp. 381-391.

8   Anderson, J.R., *A Spreading Activation Theory of Memory,* in 《Journal of Verbal Learning and Verbal Behavior》, 22, 1983, pp. 261-295.

9   Godden, D.R., Baddeley, A.D., *Context-Dependent Memory in Two Natural Environments: On Land and Underwater,* in 《British Journal of Psychology》, 66, 1975, pp. 325-331.

10   Smith, S.M., Glenberg, A., Bjork, R.A., *Environmental Context and Human Memory,* in 《Memory & Cognition》, 6, 1978, pp. 342-353.

11   Williams, M.D., Hollan, J.D., *The Process of Retrieval from Very Long-Term Memory,* in 《Cognitive Science》, 5, 1981, pp. 87-119.

12   Gates, A.I., *Recitation as a Factor in Memorizing,* in   rchives of Psychology》, 6, 1917.

7 실전 | 머릿속에 든 걸 밖으로 꺼내는 훈련

1   McDaniel, M.A., Howard, D.C., Einstein, G.O., *The Read-Recite- Review Study Strategy: Effective and Portable,* in 《Psychological Science》, 20, 2009, pp. 516-522.

2   Kornell, N., Metcalfe, J., *The Effects of Memory Retrieval, Errors and Feedback on Learning,* in *Applying Science of Learning in Education: Infusing Psychological Science into the Curriculum,* Society for the Teaching of Psychology, 2014, pp. 225-234.

3   Oakley, B., *A Mind for Numbers: How to Excel at Math and Science(Even If You Flunked Algebra),* TarcherPerigee, New York 2014.

8 실전 | 직접 만든 정보가 기억이 더 잘 나는 이유

1   Bertsch, S., Pesta, B., *Generating Active Learning, in Applying Science of Learning in Education: Infusing Psychological Science into the Curriculum,* Society for the Teaching of Psychology, 2014, pp. 71-77.

2   van Blerkom, D.L., van Blerkom, M.L., Bertsch, S., *Study Strategies and Generative Learning:*

What Works?, 2014, pp. 7-18, http://dx.doi.org/10.1080/10790195.2006.1085019037.

3　Richland, L.E., Kornell, N., Kao, L.S., *The Pretesting Effect: Do Unsuccessful Retrieval Attempts Enhance Learning?*, in Journal of Experimental Psychology: Applied〉, 15, 2009, pp. 243-257.

4　Clark, J.M., Paivio, A., *Dual Coding Theory and Education, in 〈Educational Psychological Review〉*, 3, 1991, pp.149-210.

9 실전 | 상위권이 반드시 지키는 노트 정리 칠계명

1　Mayer, R.E., Heiser, J., Lonn, S., *Cognitive Constraints on Multimedia Learning: When Presenting More Material Results in Less Understanding,* in 〈Journal of Educational Psychology〉, 93, 2001, pp. 187-198.

2　Mayer, R.E. et al., *Increased Interestingness of Extraneous Details in a Multimedia Science Presentation Leads to Decreased Learning,* in 〈Journal of Experimental Psychology: Applied〉, 14, 2008, pp. 329-339.

3　Kapp, F.G. et al., *Protection from UV Light is an Evolutionarily Conserved Feature of the Haematopoietic Niche,* in 〈Nature〉, 558, 2018, pp. 445-448.

4　Sadeghi, N., Soleimani, H., A *Description and Evaluation of Hot Potatoes Web-Authoring Software in Educational Settings,* in 〈Theory and Practice in Language Studies〉, 5, 2015, p. 2407.

5　Leitner, S., *So Lernt Man Lernen: Der Weg zum Erfolg,* Verlag Herder, Freiburg im Breisgau 2000.

10 실전 | 수학, 여러 주제의 문제를 섞어 풀어라

1　Shea, J.B., Morgan, R.L., *Contextual Interference Effects on the Acquisition, Retention, and Transfer of a Motor Skill,* in 〈Journal of Experimental Psychology. Human Learning and Memory〉, 5, 1979, pp. 179-187.

11 오해 | 과잉정당화 효과가 공부 의욕을 떨어뜨린다?

1　VanDeVelde Luskin, C., *Mark Lepper: Intrinsic Motivation, Extrinsic Motivation and the Process of Learning,* Stanford Bing Nursery School, Stanford (CA) 2003.

2　Ryan, R.M., Deci, E.L., *Self-Determination Theory and the Facilitation of Intrinsic Motivation, Social Development, and Well-Being,* in 〈American Psychologist〉, 55, 2000, pp. 68-78.

3　Tak, H.J., Curlin, F.A., Yoon, J.D., *Association of Intrinsic Motivating Factors and Markers of Physician Well-Being: A National Physician Survey,* in 〈Journal of General Internal Medicine〉, 32, 2017, pp. 739-746.

4　Lepper, M.R., Greene, D., *Turning Play into Work: Effects of Adult Surveillance and Extrinsic Rewards on Children's Intrinsic Motivation,* in 〈Journal of Personality and Social Psychology〉, 31, 1975, pp. 479-486.

5　Greene, D., Sternberg, B., Lepper, M.R., Overjustification in a Token Economy, in 〈Journal of Personality and Social Psychology〉, 34, 1976, pp. 1219-1234.

6　Nolen-Hoeksema, S. et al., *Atkinson & Hilgard's Introduction to Psychology,* Wadsworth Pub Co, 2008.

7　Tang, S., Hall, V.C., *The Overjustification Effect: A Meta-Analysis,* in 〈Applied Cognitive Psychology〉, 9, 1995, pp. 365-404.

8　Stern, Y., *Cognitive Reserve in Ageing and Alzheimer's Disease,* in 〈The Lancet Neurology〉, 11, 2012, pp. 1006-1012.

12 실전 | 공부하고 싶은 마음을 끌어내는 기술

1   Chew, S.L., *Helping Students to Get the Most out of Studying, in Applying Science of Learning in Education: Infusing Psychological Science into the Curriculum,* Society for the Teaching of Psychology, 2014, pp. 215-223.

2   Gardner, H., *Frames of Mind: The Theory of Multiple Intelligences,* Basic Books, New York 2011.

3   Parkinson, C.N., *Parkinson's Law,* in 《The Economist》, 1955.

4   McKenzie, T.L., Rushall, B.S., *Effects of Self-Recording on Attendance and Performance in a Competitive Swimming Training Environment,* in 《Journal of Applied Behavior Analysis》, 7, 1974, pp. 199-206.

13 오해 | 멀티태스킹이 집중력을 훔친다고?

1   Sanbonmatsu, D.M. et al., *Who Multi-Tasks and Why? Multi-Tasking Ability, Perceived Multi-Tasking Ability, Impulsivity, and Sensation Seeking,* in 《PLoS One》, 8, 2013, e54402.

2   Paulos, L., *Multitasking Madness,* in 《Scholastic Choices》, 23, 2007, pp. 10-13.

3   Beanland, V., Pammer, K., *Minds on the Blink: The Relationship between Inattentional Blindness and Attentional Blink,* in 《Attention, Perception, & Psychophysics》, 74, 2012, pp. 322-330.

4   Cheng, C., Li, A.Y., *Internet Addiction Prevalence and Quality of (Real) Life: A Meta-Analysis of 31 Nations Across Seven World Regions,* in 《Cyberpsychology, Behavior, and Social Networking》, 17, 2014, pp. 755-760.

5   Vuilleumier, P., Trost, W., *Music and Emotions: From Enchantment to Entrainment,* in 《Annals of the New York Academy of Sciences》, 1337, 2015, pp. 212-222.

6   Jenkins, J.S., The Mozart Effect, in 《Journal of the Royal Society of Medicine》, 94, 2001, pp. 170-172.

14 실전 | 기억의 달인을 만드는 비장의 무기들

1   Robbins, S.B. et al., Do *Psychosocial and Study Skill Factors Predict College Outcomes? A Meta-Analysis,* in 《Psychological Bulletin》, 130, 2004, pp. 261-288.

15 실전 | 어렵거나 긴 개념이라도 쉽게 외우는 법

1   Bower, G.H., *Mental Imagery and Associative Learning, in Cognition in Learning and Memory,* vol. VII, John Wiley & Sons, Hoboken (NJ) 1972, p. 263.

2   McDaniel, M.A., Masson, M.E.J., *Altering Memory Representations Through Retrieval,* in 《Journal of Experimental Psychology: Learning, Memory, and Cognition》, 11, 1985, pp. 371-385.

3   Bear, M.F., Connors, B.W., Paradiso, M.A., *Neuroscience: Exploring the Brain,* Jones & Bartlett Learning, Burlington (MA) 2006.

16 실전 | 1,000자리 숫자라도 바로 기억하는 법

1   O'Brien, D., *How to Pass Exams,* Duncan Baird Publishers, Toronto (ON) 2000.

2   *Harry Lorayne Is the Yoda of Memory-Training,* in 《Time Magazine》, 2000.

18 실전 | 책 한 권을 통째로 외우는 법

1.   Maguire, E.A. et al., *Routes to Remembering: the Brains Behind Superior Memory,* in 《Nature Neuroscience》, 6, 2003, pp. 90-95.

2   Harris T., *Hannibal* , Mondadori, Milano 2001.

19 오해 | 잠을 줄여서라도 공부를 해야 한다?

1   Curtis, G., *Your Life In Numbers,* Dreams, 2017, www.dreams.co.uk/sleep-matters-club/your-life-in-numbers-infographic/.

2   Stickgold, R., *Neuroscience: A Memory Boost While You Sleep,* in 《Nature》, 444, 2006, pp. 559-560.

3   Rattenborg, N.C. et al., *Evidence that Birds Sleep in Mid-Flight,* in 《Nature Communications》, 7, 2016, pp. 1-9.

4   Lyamin, O.I. et al., *Cetacean Sleep: An Unusual Form of Mammalian Sleep,* in 《Neuroscience & Biobehavioral Reviews》, 32, 2008, pp. 1451-1484.

5   Burke, K.L., *Birds Can Sleep While Flying,* in 《American Scientist》, 104, 2016, p. 331.

6   Miller, G., *On the Origin of Sleep,* in 《Science》, 2009, blogs.sciencemag.org/origins/2009/08/on-the-origin-of-sleep.html.

7   Buzsáki, G., *Hippocampal Sharp Wave-ripple: A Cognitive Biomarker for Episodic Memory and Planning,* in 《Hippocampus》, 25, 2015, pp. 1073-1188.

8   Fernandes, D., Carvalho, A.L., *Mechanisms of Homeostatic Plasticity in the Excitatory Synapse,* in 《Journal of Neurochemistry》, 139, 2016, pp. 973-996.

9   Iliff, J.J. et al., *A Paravascular Pathway Facilitates CSF Flow Through the Brain Parenchyma and the Clearance of Interstitial Solutes, Including Amyloid β,* in 《Science Translational Medicine》, 4, 2012, 147ra111.

10   Xie, L. et al., *Sleep Drives Metabolite Clearance from the Adult Brain,* in《Science》, 342, 2013, pp. 373-377.

11   Choy, E.H.S., *The Role of Sleep in Pain and Fibromyalgia,* in 《Nature Reviews Rheumatology》, 11, 2015, pp. 513-520.

12   Buzsáki, G., *Hippocampal Sharp Wave-ripple: A Cognitive Biomarker for Episodic Memory and Planning,* in 《Hippocampus》, 25, 2015, pp. 1073-1188.

13   Siegel, J.M., *The REM Sleep-Memory Consolidation Hypothesis,* in 《Science》, 294, 2001, pp. 1058-1063.

14   Buzsáki, G., *Hippocampal Sharp Wave-ripple: A Cognitive Biomarker for Episodic Memory and Planning,* in 《Hippocampus》, 25, 2015, pp. 1073-1188.

15   Carlsson, I., Davidson, P., Ors, M., *Effects of a Daytime Nap on Primed and Repeated Remote Associates Tests and Relations with Divergent Creativity,* 2019, pp. 207-214, https://doi.org/10.1080/10400419.2019.160661931.

16   Horsager, J. et al., *Brain-First Versus Body-First Parkinson's Disease: a Multimodal Imaging Case-Control Study,* in 《Brain》, 143, 2020, pp. 3077-3088.

20 실전 | 성적과 합격을 부르는 잠자기 전략

1   *How Much Sleep Do Children Need?,* National Health Service, 2020, https://www.nhs.uk/live-well/sleep-and-tiredness/ How-much-sleep-do-kids-need/.

2   Kirszenblat, L., van Swinderen, B., *Sleep in Drosophila,* in 《Hand book of Sleep Research》, 30, 2019, pp. 333-347.

3   Roenneberg, T. et al., *Chronotype and Social Jetlag: A (Self-) Critical Review,* in 《Biology》, 8, 2019.

4   Krieger, D.T. et al., *Characterization of the Normal Temporal Pattern of Plasma Corticosteroid Levels,* in 《The Journal of Clinical Endocrinology and Metabolism》, 32, 1971, pp. 266-284.

21 실전 | 몸을 움직이면 뇌가 깨어난다

1   Malik, S. et al., *Neurogenesis Continues in the Third Trimester of Pregnancy and Is Suppressed by Premature Birth,* in 《The Journal of Neuroscience》, 33, 2013, pp. 411-423.

2   Azevedo, F.A.C. et al., *Equal Numbers of Neuronal and Nonneuronal Cells Make the Human Brain an Isometrically Scaled-Up Primate Brain,* in 《The Journal of Comparative Neurology》, 513, 2009, pp. 532-541.

3   Mueller, A.D. et al., *Sleep and Adult Neurogenesis: Implications for Cognition and Mood,* in 《Sleep, Neuronal Plasticity and Brain Function》, 25, 2013, pp. 151-81.

4   Frankland, P.W., Köhler, S., Josselyn, S.A., *Hippocampal Neurogenesis and Forgetting,* in 《Trends in Neurosciences》, 36, 2013, pp. 497-503.

5   Clelland, C.D. et al., *A Functional Role for Adult Hippocampal Neurogenesis in Spatial Pattern Separation,* in 《Science》, 325, 2009, pp. 210-213.

22 실전 | 슬럼프와 스트레스 관리법

1   Rotenstein, L.S. et al., *Prevalence of Depression, Depressive Symptoms, and Suicidal Ideation Among Medical Students: A Systematic Review and Meta-Analysis,* in 《Journal of the American Medical Association》, 316, 2016, pp. 2214-2236.

2   Terman, L.M., Oden, M.H., *The Gifted Group at Mid-Life: Thirty-Five Years' Follow-Up of the Superior Child, in Genetic Studies of Genius,* vol. V, 1959.

23 실전 | 언어는 뇌에 어떻게 저장되는 걸까?

1.   *Lettera di Hermann Einstein a Jost Winteler,* Pavia, 29 ottobre 1895.

2.   *Lettera di Albert Einstein a Willem Julius,* Praga, 15 novembre 1911.

3.   *Lettera di Albert Einstein ad Arthur T. Hadley, Berlino,* 22 febbraio 1921.

4.   Mazoyer, B. et al., *Gaussian Mixture Modeling of Hemispheric Lateralization for Language in a Large Sample of Healthy Individuals Balanced for Handedness,* in ≪PLoS One≫, 9, 2014, e101165.

5.   Gomez-Tortosa, E. et al., *Selective Deficit of One Language in a Bilingual Patient Following Surgery in the Left Perisylvian Area,* in ≪Brain and Language≫, 48, 1995, pp. 320-325.

6.   Kim, K.H.S. et al., *Distinct Cortical Areas Associated with Native and Second Languages,* in ≪Nature≫, 388, 1997, pp. 171-174.

7.   Bahrick, H.P., *Semantic Memory Content in Permastore: Fifty Years of Memory for Spanish Learned in School,* in ≪Journal of Experimental Psychology≫, 113, 1984, pp. 1-29.

8.   Bahrick, H.P. et al., *Maintenance of Foreign Language Vocabulary and the Spacing Effect,* 2017, pp. 316-321, https://doi.org/10.1111/j.1467-9280.1993.tb00571.x4.

24 실전 | 외국어를 모국어처럼 배우는 법

1   Diao, Y., Chandler, P., Sweller, J., *The Effect of Written Text on Comprehension of Spoken English as a Foreign Language,* in 《The American Journal of Psychology》, 120, 2007, pp. 237-261.

2   Diao, Y., Sweller, J., *Redundancy in Foreign Language Reading Comprehension Instruction: Concurrent Written and Spoken Presentations,* in 《Learning and Instruction》, 17, 2007, pp. 78-88.

3   Sagar-Fenton, B., McNeill, L., *How Many Words Do You Need to Speak a Language?,* in 《BBC News》, 2018, https://www.bbc.co.uk/news/world-44569277.

4   Milton, J., Alexiou, T., *Vocabulary Size and the Common European Framework of Reference for Languages,* in Richards B. et al. (a cura di), *Vocabulary Studies in First and Second Language Acquisition: The Interface Between Theory and Application,* Palgrave Macmillan, London 2009, pp. 194-211, doi:10.1057/9780230242258.

5   Milton, J., *The Development of Vocabulary Breadth Across the CEFR Levels – A Common Basis for the Elaboration of Language Syllabuses, Curriculum Guidelines, Examinations, and Textbooks Across Europe,* in Bartning, I. et al. (a cura di), *Communicative Proficiency and Linguistic Development,* European Second Language Association, 2010, pp. 211-232.

6   Marinak, B.A. et al., *The Pennsylvania Assessment System –Reading Instructional Handbook,* Pennsylvania State Department of Education, Harrisburg (PA) 1997.

7.   Sanders, G., Schultz, A., *From Goldfish Memory to Elephant Memory in 7 Days,* CreateSpace Independent Publishing Platform, Scotts Valley (CA) 2015.

25 실전 | 여러 과목을 함께 공부하라

1   Lazebnik, Y., *Can a Biologist Fix a Radio? – Or, What I Learned While Studying Apoptosis,* in 《Cancer Cell》, 2, 2002, pp. 179-182.

2   앞의 내용.

3   *Medical Researcher Discovers Integration, Gets 75 Citations,* Fliptomato, 2007, https://fliptomato.wordpress.com/ 2007/03/19/medical-researcher-discovers-integration- gets- 75-citations/.

4   Tai, M.M., *A Mathematical Model for the Determination of Total Area Under Glucose Tolerance and Other Metabolic Curves,* in 《Diabetes Care》, 17, 1994, pp. 152-154.

5.   Leighton, T., *Mathematics for Computer Science – Lecture 6: Graph Theory and Coloring,* MIT Open Courseware, 2010, https:// ocw.mit.edu/courses/electrical-engineering-and-computer-science/ 6-042j-mathematics-for-computer-science-fall-2010/ video-lectures/lecture-6-graph-theory-and-coloring/.